»Es kenne mich die Welt, auf dass sie mir verzeihe.«

Beiträge zur transkulturellen Wissenschaft

Herausgegeben von
Michael Fisch

Band 1

Michael Fisch

»Es kenne mich die Welt, auf dass sie mir verzeihe.«

Aufsätze zu Adelbert von Chamisso (1781-1838),
Paul Ernst (1866-1933) und Hubert Fichte (1935-1986)

WEIDLER Buchverlag

Titelbild:
Zitadelle von Saladin (Salah al-Din Yusuf ibn Ayyub), Kairo

In Erinnerung an Gert Mattenklott (1942-2009)

© WEIDLER Buchverlag Berlin 2015
Alle Rechte vorbehalten / All rights reserved
Printed in Germany

ISBN 978-3-89693-643-1

Das Werk einschließlich aller Teile ist urheberrechtlich geschützt.
Jede Verwertung außerhalb der engen Grenzen des Urheberrechtsgesetzes
bedarf der Zustimmung des Verlages. Das gilt insbesondere
auch für Vervielfältigungen, Übersetzungen, die Einspeicherung und
Verarbeitung in elektronischen Systemen, Text- und Data-Mining
sowie Einsatz und Training von KI-Systemen.

Herstellung durch Frank & Timme GmbH
Wittelsbacherstraße 27a, 10707 Berlin
info@frank-timme.de

www.weidler-verlag.de

Inhalt

I. Ich (ohne Schatten) konnte die Kluft nicht überspringen
Zu Adelbert von Chamissos wundersamer Geschichte des Peter Schlemihl
1. Ausgangspunkte 7
2. Reisestationen 16
3. Lektüremotive 19
4. Blindheit und Krankheit 25
5. Konstruktion des Fremden 26

II. Es kommt alles zurück, das Gute, das Schlechte, das Pech und das Glück
Der ausstehende Dialog zwischen Adelbert von Chamisso und Jacques Derrida
1. Vaterschaft ist weder ein Zustand noch eine Eigenschaft 33
2. Das Verhältnis von Nähe, Anerkennung und Einverständnis ...34
3. Mein Armes Kind, Ihnen bricht das Feld unter den Füßen weg 34
4. Wie schwer ist es, die Abwesenheit des Freundes zu ertragen 35
5. Das Gold, der Vater, der Phallus, der Monarch und die Sprache 41
6. Die Welt ist fort, ich muss dich tragen 42
7. Die Jungfräulichkeit, die Frigidität, das Papier 45
8. Ich wäre Ihnen sehr verbunden, mir seine Adresse mitzuteilen 47
9. Das Böse ist in der Welt wie ein Sklave, der das Wasser schöpft 47

III. Hier gleicht das Kunstwerk einer luftigen Seifenblase
Die Grundlagen der Weltdeutung bei Paul Ernst
1. Unterschätzung der Novellen 51
2. Vom Sozialismus zum Nationalismus 55
3. Zur Theorie der Novelle 59

IV. Die Ungleichheit besteht nur in den unwichtigen Dingen
Paul Ernsts Blick auf Afrika
1. Weltdeutung und Weltliteratur 65
2. Ägypter und Nubier 70
3. Leo Frobenius und „Negerplastik" 73
4. Araber und Berber 76

V. Ich liebe den Tourismus. Er ersetzt die Völkerwanderung
Hubert Fichtes Blick auf Islam und Koran
    1. Das Scheitern der Forschung 77
    2. Alte und Neue Welt 81
    3. Bilder einer Stadt 85
    4. Djemma el Fna 86
    5. Oedipae africaine 93
    6. Die schwarze Stadt 95

VI. Das ist mein Laster. Meine Lust. Mein Alles
Hubert Fichtes literarische Darstellung von männlicher Prostitution
    1. Hotel Garni 97
    2. Der Kleine Hauptbahnhof oder Lob des Strichs 106
    3. Eine Glückliche Liebe 109
    4. Der Platz der Gehenkten 111
    5. Schwarze Psyche und schwarze Stadt 115
    6. Forschungsbericht und Register 120

VII. Ich verstehe nur etwas von der Revolution sexueller Verhaltensweisen
Hubert Fichtes Fragen nach Gewalt und Sadomasochismus
    1. Architektur der Angst 123
    2. Homosexualität und Literatur 125
    3. Sexualität und Gewalt 130
    4. Lederszene und Sadomasochismus 132
    5. Verschwulung der Welt 136
    6. Körper und Ritual 137
    7. Die Geschichte der Empfindlichkeit 145

Nachweis 147

I. Ich (ohne Schatten) konnte die Kluft nicht überspringen
Zu Adelbert von Chamissos wundersamer Geschichte des Peter Schlemihl

1. Ausgangspunkte

Zuletzt wurde bei zahlreichen Gelegenheiten und nicht nur in Deutschland das 200. Jubiläum eines Textes von Adelbert von Chamisso begangen. Dieser oftmals als eine Erzählung einsortierter, selbst als eine Geschichte annoncierter und gegebenenfalls als ein Märchen rezipierter Text mit dem Titel „Peter Schlemihls wundersame Geschichte" entstand bekanntlich auf dem Landgut der Familie Itzenplitz im brandenburgischen Kunersdorf in den Monaten Mai bis Oktober 1813. Der Gastgeber Peter Alexander Itzenplitz war in seiner Zeit einer der reichsten Männer Preußens. Während also dort der Autor dieses im Entstehen begriffenen Textes ruhig vor sich hin botanisieren konnte, tobte ein Befreiungskrieg, an dem er selbst und zudem als Franzose aber auf deutscher Seite teilhaben sollte.[1] Chamisso notierte später:

> Die Weltereignisse im Jahre 1813, an denen ich nicht tätigen Anteil nehmen durfte – ich hatte ja kein Vaterland mehr, oder noch kein Vaterland –, zerrissen mich wiederholt vielfältig, ohne mich von meiner Bahn abzulenken. Ich schrieb in diesem Sommer, um mich zu zerstreuen und die Kinder eines Freundes zu ergötzen, das Märchen „Peter Schlemihl", das in Deutschland günstig aufgenommen und in England volkstümlich geworden ist.[2]

Sein Wunsch, nachdem Chamisso mit knapp siebzehn Jahren zum preußischen Fähnrich ausgebildet wurde und von 1798 bis 1808 zehn Jahre Militärdienst geleistet hatte und im Rang eines Premierleutnants entlassen wurde, nach fünfjähriger Pause in den Offiziersdienst zurückzukehren wurde abgelehnt:

---

1 Vgl. das Widmungsgedicht „An Adelbert von Chamisso" von Friedrich de la Motte Fouqué aus dem Jahr 1813. Abgedruckt in Adelbert von Chamisso: Peter Schlemihls wundersame Geschichte. Mit einem Kommentar von Thomas Betz und Lutz Hagestedt. Frankfurt a.M.: Suhrkamp 2003, S. 82. [Künftig zitiert als Adelbert von Chamisso: Peter Schlemihls wundersame Geschichte.]
2 Adelbert von Chamisso: Reise um die Welt. Mit 150 Lithographien von Ludwig Choris und einem essayistischen Nachwort von Matthias Glaubrecht. Berlin: Die Andere Bibliothek 2012, S. 9. Der erste Titelentwurf von 1813 lautete: W.A. Schlemiehls Abentheuer. Als Beitrag zur Lehre des Schlagschattens mitgeteilt von Adalbert von Chamisso. Cunersdorff MDCCCXIII. Zur Rede vom „Schlagschatten" vgl. Adelbert von Chamisso: Peter Schlemihls wundersame Geschichte, S. 31. Der Autor selbst definiert 1839 in einem späten Vorwort zu seinem Text: „Der lichtlose Raum, welcher auf der Seite des nicht beleuchteten Teils liegt, ist das was man Schatten nennt." Ebd., S. 87.

In einem Kriege gegen Frankreich darf ich, kann ich – der Kerl, der ich bin – nichts für mich holen wollen, aber in einem Krieg für Norddeutschland hätte ich wohl meine Knochen zu Markte tragen können, und ich war erbötig es zu tun.³

Der aus einer französischen und in der Not nach Deutschland emigrierten Adelsfamilie stammende Autor fühlte sich zwangsläufig beiden Kulturnationen zugehörig. Als der Konflikt beider Staaten in den Befreiungskriegen von 1813 bis 1815 kulminierte, empfand Chamisso das mindestens als Ich-Identitätskrise wenn nicht als Selbst-Bewusstseinsbruch. In dieser Zeit notiert er den „Schlemihl"-Text, der zunächst als Familienunterhaltung für die Kinder seines Freundes Julius Eduard Hitzig gedacht war und schließlich zu der weltbekannten Erzählung über Schattenverlust und Selbstbezug wurde.⁴

Die Thematik um den verlorenen Schatten hatte Adelbert von Chamisso bereits zehn Jahre zuvor in dramatischer Form versucht. 1803 schrieb er jenen Text „Faust. Ein Versuch" nieder, in welchem er eine erste literarische Gestaltung des Schattenmotivs unternahm. 1809 begegneten sich Adelbert von Chamisso und Justinus Kerner, der sich seit diesen Tagen intensiv für das Marionettentheater, das chinesische Schattenspiel und die Camera obscura interessierte. Kerner plante zunächst ein romantisches Reisebuch unter dem Titel „Schattenreise" und veröffentlichte 1811 tatsächlich seine Studie „Reiseschatten",⁵ die Chamisso umgehend las. Der Wechsel von Licht und Schatten, von Tag und Nacht, von Sonne und Mond, die Thematik von Reise und Bewegung betrafen spätestens in dieser Zeit – vielleicht sogar erst seit dieser Dichterbegegnung – das Werk der beiden. Beachtenswert sind in diesem Kontext ebenso die Aufzeichnungen von Ludwig Uhland, der mit Justinus Kerner in engem Kontakt stand und Briefzeugnisse zu dieser Thematik hinterließ.⁶

---

3 Brief von Adelbert von Chamisso an Karl August Varnhagen am 27. Mai 1813 aus Cunersdorf. In: Ders., Werke. Band 5: Leben und Briefe. Herausgegeben von Julius Eduard Hitzig. Leipzig: Weidmann 1856, S. 380-381.
4 Als Julius Eduard Hitzig (d.i. Isaak Elias Itzig, 1780-1849) 1824 in Berlin und in der Nachfolge von Friedrich Nicolai und Moses Mendelssohn seine literarische Mittwochsgesellschaft gründete, tat er dies mit der ausdrücklichen Absicht, dass die Teilnehmer das neueste der damals modernen Literatur vorzulesen hätten. Zu den zahlreichen und prominenten Mitgliedern gehörten unter anderem Willibald Alexis, Joseph von Eichendorff, Friedrich de la Motte Fouqué, Karl Immermann, Karl August Varnhagen van Ense und eben auch Adelbert von Chamisso. Hitzig veröffentlicht nur ein Jahr nach Chamissos Tod dessen erste Biographie. Vgl. ders., Leben und Briefe von Adelbert von Chamisso. Leipzig: Weidmann 1839.
5 Justinus Kerner: Reiseschatten. Von dem Schattenspieler Luchs. Herausgegeben von Gunter E. Grimm. Frankfurt a.M.: Insel 1996.
6 Vgl. beispielsweise Karl Mayer: Ludwig Uhland, seine Freunde und Zeitgenossen. Stuttgart: Adolph Krabbe 1867. (Zwei Bände).

Ein Allgemeinplatz besagt, dass es sich beim „Schlemihl"-Text keineswegs um ein Märchen handelt, denn wie schon Thomas Mann vor einem Jahrhundert feststellte, ist dieser Text „bei allem grotesken Einschlag zu ernst, zu modern-leidenschaftlich, um der Gattung des Märchens eingeordnet werden zu können".[7] Von einer beginnenden realistisch-bürgerlichen Erzählhaltung bis zur autobiographisch-bekenntnismäßigen Form, so Thomas Mann 1911, erscheint sein Anspruch doch auf „Wahrhaftigkeit und Realität" gerichtet und wäre ein Gattungsname zu bestimmen, dann wäre es nach ihm die „phantastische Novelle".[8]

Chamisso, der seit seiner Flucht 1792 im Lebensalter von nur elf Jahren – aufgrund der Absetzung des französischen Königs Ludwig XVI. und der Erklärung Frankreichs zur Republik – seit 1794 in Deutschland lebte, konnte kaum den Franzosen in sich selbst leugnen, wie Varnhagen in seinen „Denkwürdigkeiten" bemerkte, denn „Sprache, Bewusstsein, Sinnesart, Manieren und Wendungen, alles erinnerte an seine Herkunft".[9] Die Nachwelt muss dankbar für diese Quelle und andere historische Zeugnisse sein, denn sie kannte Adelbert von Chamisso kaum und wusste doch nur wenig über ihn. Er kam aus Frankreich und wurde ein Deutscher; sein Name ist vertraut, die Nachwelt „kann den Wert seines Werkes aber kaum begründen".[10] Chamisso diente seit 1797 gar in der preußischen Armee, schließlich im Rang eines Premierleutnants und gewann später den Offizier Varnhagen zum Freund, den er 1803 in Berlin kennenlernte. Fünfunddreißig Jahre später besucht jener Bruder im Geiste den sterbenden Chamisso, der am 21. August 1838 das Zeitliche segnete. Kurt Schleucher schrieb 1988 aus Anlass des 150. Todestages von Adelbert von Chamissos:

> Chamissos Weg aus dem Mutterland Frankreich ins erwählte Vaterland Deutschland, aus der angeborenen Sprache seiner Heimat in die ihm eingelebte Sprache seiner Dichtung, seiner Wanderung durchs Feld der Wissenschaft und den Hain der Poesie, sein Umgang mit Zeitgenossen und seine Reaktion auf den Zeitgeist, sein Schreiben und Handeln fügen sich zum Bildnis dieser fast legendären Gestalt.[11]

---

7 Thomas Mann: Chamisso. In: Ders., Essays I 1893-1914. Herausgegeben und textkritisch durchgesehen von Heinrich Detering unter Mitarbeit von Stephan Stachorski. Frankfurt a.M.: S. Fischer 2002, S. 320. (Große kommentierte Frankfurter Ausgabe. Band 14.1.)
8 Ebd., S. 320. Vor kurzem wurde auf die Ökonomie der Zeit auf der Folie einer Deckelung phantastischer Elemente unter die Bedingungen von Zeit und Raum im „Schlemihl"-Text hingewiesen. Vgl. Peter Braun: Mediale Mimesis. Licht- und Schattenspiele bei Adelbert von Chamisso und Justinus Kerner. München: Fink 2007, S. 216.
9 Karl August Varnhagen van Ense: Werke in fünf Bänden. Herausgegeben von Konrad Feilchenfeld. Band 1: Denkwürdigkeiten des eigenen Lebens. Frankfurt a.M.: Deutscher Klassiker Verlag 1987, S. 248.
10 Kurt Schleucher: Adelbert von Chamisso. Berlin: Stapp 1988, S. 7.
11 Ebd., S. 10.

Karl August Varnhagen van Ense war der bedeutende Chronist der deutschen Romantik und ließ sich gar zur Beschreibung der Physiognomie Chamissos hinreißen: „Seine langen Beine, die knappe Uniform, der Hut und Degen, der Zopf, der Stock und die Handschuhe, alles konnte ihm unvermutet Ärgernis machen." Selbst die körperliche Erscheinung mache demnach Chamisso zu einem Fremden.

Wenngleich also Chamisso in deutscher Sprache dichtete, hatte dieser nach der Zeugenaussage Varnhagens scheinbar in jungen Jahren eine „zerquetschte Aussprache". Dieser glaubwürdigen Beschreibung fügte ihr Autor am Ende sein Kompliment hinzu, dass sich Chamisso „als der bravste Kerl von der Welt zu erkennen gab" und ihm „ein vertrauter Herzbruder" wurde. Vierzig Jahre danach erinnerte sich Varnhagen immer noch an Chamissos „Wunderlichkeit" und „Ungeschicklichkeit" und er notierte: „Am meisten aber und sichtbarsten kämpfte er mit der Sprache, die er mit einer Art von Meisterschaft und Geläufigkeit radebrechte."[12] Der Kampf des seinerzeit Zweiundzwanzigjährigen sollte sich lohnen, wie eine gewohnt taktlose Feststellung von Friedrich Wilhelm III (1770-1840) mehr als drei Jahrzehnte später, aus dem Jahre 1836, noch heute belegt. Der preußische König fragte den Dichter: „Wo haben sie das Goethesche Deutsch her?"[13]

Der vermeintlich Fremde wurde ein langjähriger Einwohner Berlins, der seit 1795 dort lebte und nicht zuletzt August Wilhelm Schlegels Vorlesungen über „Romantische Poesie" (1803) und über „Schöne Literatur und Kunst" (1804) sowie dessen Wiener Vorlesungen über „Dramatische Kunst und Literatur" (1808) hörte. Der Einfluss Schlegels auf das Werk Chamissos ist in der Forschung bislang kaum gewürdigt worden. Adelbert Chamissos gemeinsame Reise mit Karl August Varnhagen van Ense nach Frankreich von Dezember 1806 bis September 1807 und seine französischen Aufenthalte zusammen mit August Wilhelm Schlegel bei Madame de Staël von 1810 bis 1811 brachten ihm sein französischen Ursprungsland nicht zwingend näher, denn immer wieder kehrte Chamisso nach Preußen zurück.

Das Buch „De l'Allemagne" (1810) der Germaine de Staël war ein Ergebnis ihrer vielen Reisen durch Deutschland in den Jahren 1804 bis 1807. Es wurde ihre Liebeserklärung an die deutsche Kunst und Literatur.[14] Dieses Buch hätte ebenso Adelbert von Chamisso schreiben kön-

---

12 Karl August Varnhagen van Ense: Denkwürdigkeiten des eigenen Lebens, S. 248-249.
13 Beatrix Langner: Der wilde Europäer. Adelbert von Chamisso. Berlin: Matthes und Seitz 2009, S. 301.
14 Im Jahr 1810 erschien das berüchtigte Buch „De l'Allemagne" und wurde sogleich verboten. Am 24. September 1811 erhielt sie ein Schreiben des französischen Innenministers und die Autorin musste innerhalb von vierundzwanzig Stunden das Land verlassen. Vgl.

nen, doch er scheint nicht der Typ der großen Gefühle und des vorzeigbaren Pathos zu sein. Wie Germaine de Staël leidet Chamisso ebenfalls an Frankreich und beide bezeichnen diese Krankheit als Napoleon Bonaparte. Chamisso selbst ist ein Franzose in Deutschland und ein Deutscher in Frankreich und konstatiert betrübt: „Je ne suis nulle part de mise, je suis partout étranger." (Ich habe nichts, wohin ich gehöre, ich bin überall fremd.) Auf einen ironischen Ausspruch der Madame de Staël antwortet Chamisso traurig: „Avez-vous déjà vu rire le diable?" (Haben Sie den Teufel schon einmal lachen gesehen?).[15]

Letztlich fand er, zerrissen zwischen (mindestens) zwei Kulturen, keine Heimat. Er ist zugleich er selbst und der Andere und damit ein Vorläufer einer Transkulturalität.[16] Auch dieser Umstand führte ihn im August 1815 auf Weltreise, und seine Teilnahme an einer Erdumsegelung als Naturforscher erschien ihm auch darum als größte Lebenschance. Der Vierunddreißigjährige reiste mit dem erst zwanzigjährigen Ludwig Choris zusammen, der die Illustrationen zum Reisetext Chamissos anfertigte, und schenkte ihm schon bald die Nürnberger Ausgabe der Schlemihl-Geschichte von 1814. Als er nach drei Jahren im Oktober 1818 in Swinemünde wieder deutschen Boden betrat, führte er doch noch das Wort von der Heimat im Munde. Schon im Dezember 1818 publizierte er seinen „Ersten Bericht über eine Expedition" in einem Pariser Verlag, aber erst 1835 erschien sein umfangreiches Buch „Reise um die Welt".[17]

Der Schlemihl-Text führte hundertundsiebzig Jahre nach seinem Erscheinen zur Gründung eines Adelbert-von-Chamisso-Literaturpreises, der jährlich an Autorinnen und Autoren verliehen wird, deren Muttersprache und (trans-)kulturelle Herkunft nicht die deutsche ist und deren Werke einen wichtigen Beitrag zur deutschsprachigen Literatur von Autoren liefern, deren Werk von einem Sprach- oder Kulturwechsel geprägt ist.[18] Die erstmals 1985 verliehene Auszeichnung erhielt der inzwischen kaum mehr wahrgenommene türkischstämmige Schriftsteller Aras Ören, später

---

Germaine de Staël: Über Deutschland. Herausgegeben von Monika Bosse. Frankfurt a.M.: Insel 1984.
15 Adelbert von Chamisso: Werke. Band 5: Leben und Briefe. Herausgegeben von Julius Eduard Hitzig. Leipzig: Weidmann 1856, S. 317.
16 Vgl. hierzu vor allem Wolfgang Welsch: Transkulturalität. Lebensformen nach der Auflösung der Kulturen. In: Information Philosophie 2 (1992) S. 5-20 und ders., Was ist eigentlich Transkulturalität? In: Kulturen in Bewegung. Beiträge zur Theorie und Praxis der Transkulturalität. Herausgegeben von Dorothee Kimmisch und Schamma Schahadat. Bielefeld: Transcript 2012, S. 25-40. [Zuerst 1999.]
17 Als neue Edition vgl. hier Adelbert von Chamisso: Reise um die Welt. (Siehe Anm. 2.)
18 Vgl. „Chamissos Enkel. Zur Literatur von Ausländern in Deutschland". Herausgegeben von Heinz Friedrich. München: Deutscher Taschenbuch Verlag 1986 und „Der gefundene Schatten. Chamisso-Reden 1985 bis 1993". Herausgegeben von Dieter Krusche. München: Iudicium 1993.

aber auch bekannte Autoren wie Libuse Monikova (1991), Rafik Schami (1993), Feridun Zaimoglu (2005) und viele andere. Heute wäre zu überlegen, ob die Öffentlichkeit einen Preis wie diesen überhaupt noch benötigt, da die zuletzt Ausgezeichneten oftmals seit Jahrzehnten in Deutschland leben und eben in deutscher Sprache schreiben. Die Schublade einer Literatur der Migration und der Migranten (um nicht mehr das missverständliche und längst überholte Wort der „Gastarbeiter"-Literatur zu strapazieren) oder der nach Ottmar Ette so bezeichneten „Literatur ohne festen Wohnsitz" schiene demnach überflüssig geworden zu sein.[19]

Nach Beendigung seines „Schlemihl"-Textes kehrte Adelbert von Chamisso aus dem brandenburgischen Oderbruch in die preußische Metropole zum Studium der Medizin, Botanik und Zoologie an die neu gegründete Berliner Universität und zur Arbeit im Zoologischen Museum zurück. Im Herbst 1814 erschien „Peter Schlemihls wundersame Geschichte", herausgegeben von Friedrich de la Motte Fouqué bei dessen Verleger Johann Leonhard Schrag in Nürnberg. Fouqué schrieb sowohl zu Eichendorffs ersten großen Roman „Ahnung und Gegenwart" (1812) als auch zur „Schlemihl"-Novelle (1813) jeweils ein lesenswertes Vorwort.

Aufgrund dieses Druckdatums könnte das 200. Textjubiläum auch mehrfach begangen werden. Darum wurde nicht zuletzt auch des 175. Todestages dieses außergewöhnlichen Dichters und Reisenden, Naturforschers und Zoologen gedacht. Das erscheint nach wie vor notwendig, denn noch im Jahr 1998 forderte Gert Sautermeister im fünften Band der „Sozialgeschichte der deutschen Literatur", man solle „dem heute unterschätzten Schriftsteller mehr Gerechtigkeit widerfahren lassen".[20] Hierbei dachte der inzwischen emeritierte Germanist nicht nur an die weltbekannte „Schlemihl"-Novelle, sondern ebenso an die von ihm so bezeichnete Gelegenheitslyrik. Schon Thomas Mann befand über den „Schlemihl"-Text, dieser sei „deutsche Meisterdichtung", wenngleich „der deutsche Schriftsteller ein Fremder, ein Ausländer war" und das sei darum „erstaunlich, mehr, es ist unerhört".[21] Bis zum Tod Adelbert von Chamisso sind immerhin fünf deutschsprachige Ausgaben und zwei französische Übersetzungen der „Schlemihl"-Geschichte erschienen.[22]

---

19 Ottmar Ette: ZwischenWeltenSchreiben. Literatur ohne festen Wohnsitz. Berlin: Kadmos 2005. Vgl. auch ders., ÜberLebensWissen. Die Aufgabe der Philologie. Berlin: Kadmos 2004 und ders., ZusammenLebensWissen. List, Last und Lust literarischer Konvivenz im globalen Maßstab. Berlin: Kadmos 2010.
20 Gert Sautermeister: Lyrik und literarisches Leben. In: Zwischen Restauration und Revolution 1815-1848. Herausgegeben von Gert Sautermeister und Ulrich Schmid. München/Wien: Hanser 1998, S. 459-484 (hier S. 475).
21 Thomas Mann: Chamisso, S. 307-308.
22 Volker Hoffmann: Anmerkungen. In: Adelbert von Chamisso: Sämtliche Werke in zwei Bänden, S. 768-769. (Siehe Anm. 27.) Bereits 1824 erschien in London die erste englische

Chamissos Gedichte hingegen vereinigen „polare Extreme", so Gert Sautermeister. Seine Lyrik reiche

> vom selbstironischen Scherz bis zur Versuchung durch die Idee des Todes, vom politisch instrumentierten Trinkspruch zum liebenswürdigen rhetorischen Blumengebinde, vom sozialen Engagement bis zur Zeitkritik in Form einer Grabrede.[23]

Insbesondere Chamissos populärstes Gedicht mit dem Titel „Was soll ich sagen?" (1819) zählt hierzu:

> Mein Aug ist trüb, mein Mund ist stumm,
> Du heißest mich reden, es sei darum.
> Dein Aug ist klar, dein Mund ist rot,
> Und was du nur wünschest, das ist ein Gebot.
> Mein Haar ist grau, mein Herz ist wund,
> Du bist so jung, und bist so gesund.
> Du heißest mich reden, und machst mirs so schwer.
> Ich seh' dich an, und zittre so sehr.[24]

Gerhard Schulz konstatierte bereits 1989 im siebten Band der „Geschichte der deutschen Literatur", dass sich Adelbert von Chamisso „nie Richtungen und Tendenzen verpflichtet gefühlt und seine Vorbilder und Muster überall gesucht [habe], wo er sie anregend und nützlich fand".[25] Auch dieser längst emeritierte Germanist erkannte das Potential der „Schlemihl"-Erzählung als einen Versuch, das reine Gewissen zu bewahren und die menschliche Gleichheit zu beachten, den Widerspruch von realer Kenntnis der Welt und die Sehnsucht nach Welterkenntnis aufzulösen und nicht zuletzt als eine „Parabel vom Menschen am Anfang des Industriezeitalters. Das machte sie modern und wird sie modern erhalten, solange dieses Zeitalter andauert."[26]

Allerdings bleibt zu konstatieren, dass es längst an der Zeit ist, eine neu kommentierte, historisch-kritische Ausgabe der Werke von Adelbert von Chamisso anzubieten. Nach wie vor gilt eine vor dreißig Jahren erschienene zweibändige Werkausgabe als zitierfähig für das literarische Werk dieses Dichters, doch große Teile seines Briefwerks sind weder übersetzt noch veröffentlicht.[27] Inzwischen ist eine neue und umfangreiche Chamisso-Biographie erschienen.[28]

Übersetzung, die nur ein Jahr später in Bosten nachgedruckt wurde. Damit besaß auch Nordamerika den „Schlemihl"-Text.
23 Gert Sautermeister: Lyrik und literarisches Leben, S. 475.
24 Zitiert nach Gert Sautermeister: Lyrik und literarisches Leben, S 317-318.
25 Gerhard Schulz: Die deutsche Literatur zwischen Französischer Revolution und Restauration. Zweiter Teil: 1806-1830. München: Beck 1989, S. 800.
26 Ebd., S. 528.
27 Adelbert von Chamisso: Sämtliche Werke in zwei Bänden. Nach dem Text der Ausgaben letzter Hand und den Handschriften. Herausgegeben von Jost Perfahl und Volker Hoff-

Die „Schlemihl"-Handlung lässt sich wie folgt zusammenfassen: Nach einer anstrengenden Seereise lernt Peter Schlemihl den reichen Kaufmann Thomas John kennen, in dessen Garten er einem eigenartigen grauen Herrn begegnet. Dieser bietet ihm, im Tausch gegen seinen Schatten, einen Säckel voller Gold, der nie versiegt. Schlemihl willigt in den Handel ein.[29] Schon bald muss er erkennen, dass dies den Ausschluss aus der menschlichen Gesellschaft bedeutet. Sobald die Menschen merken, dass er keinen Schatten hat, bekommen sie Angst und halten sich von ihm fern oder verspotten ihn.[30] Er reist deshalb über das Gebirge zu einem Badeort und richtet sich dort mit Hilfe seines treuen Dieners Bendel so ein, dass seine Schattenlosigkeit zunächst nicht bemerkt wird.[31] Schließlich verliebt er sich aber in die schöne Mina, und sein Geheimnis wird von seinem zweiten Diener Rascal verraten.[32] Nur wenn er seinen Schatten zurückbekommt, erklärt ihm Minas Vater, darf er Mina heiraten. Da erscheint der graue Mann wieder. Peter Schlemihl will seinen Schatten zurück, aber die wahre Natur des grauen Mannes offenbart sich ihm: Er ist der Teufel, freilich ein sehr höflicher, und er ist nur bereit, den Schatten zurückzugeben, wenn Schlemihl ihm dafür seine Seele überlässt.[33] Schlemihl versucht, vor ihm zu fliehen, wird aber immer wieder eingeholt. Noch einmal versucht der Teufel, ihn zu überreden, indem er

---

mann. München: Winkler 1975. (Neuauflage 1984.) Ebenso akzeptabel ist: Adelbert von Chamisso: Sämtliche Werke in zwei Bänden. Herausgegeben von Werner Feudel und Christel Laufer. Leipzig: Insel 1980. (Als westdeutsche Lizenz erschienen in München: Hanser 1982 und in Darmstadt: Wissenschaftliche Buchgesellschaft 1982.)

28 Beatrix Langner: Der wilde Europäer.
29 Peter Schlemihl ruft freudig aus: „Topp! Der Handel gilt, für den Beutel haben Sie meinen Schatten." Vgl. Adelbert von Chamisso: Peter Schlemihls wundersame Geschichte, S. 24.
30 Ein „buckeliger Schlingel" verrät Peter Schlemihl mit den Worten: „Ordentliche Leute pflegten ihren Schatten mit sich zu nehmen, wenn sie in die Sonne gingen." Oder später: „Wer keinen Schatten hat, gehe nicht in die Sonne, das ist das Vernünftigste und Sicherste." Ebd., S. 25 und S. 31.
31 Zuletzt akzeptiert es der gute Freund und Vertraute, der „brave Diener" Bendel auch „einem schattenlosen Herrn zu dienen". Vgl. ebd., S. 32 und S. 39.
32 Während Bendel als „vorsichtig" bezeichnet wird, zeigt sich im „Schlemihl"-Text Rascal schon bald als „ein abgefeimter Spitzbube", der „ganze Säcke Goldes unterschlagen" habe, zudem als ein Verräter, der um Schlemihls Braut wirbt und zuletzt als „niederträchtiger Schurke". Dieser „Bösewicht" hatte von Anbeginn das „düstre Geheimnis" des Schlemihl besessen. Vgl. ebd., S. 34 und S. 39, S. 49 und S. 50, S. 62. Schlemihl stellt bald fest, das Mina ihn „wirklich liebte" und selbst die Eltern von der „Reinheit seiner Liebe" überzeugt waren, denn Mina habe Schlemihl sie zu „lieben gelehrt". Vgl .ebd., S. 41 und S. 42.
33 Als „armer Teufel" wird im „Schlemihl"-Text der Graue und bereits vier Jahrzehnte vorher in Goethes „Faust" der Mephistopheles bezeichnet. Auf den Text-Einwurf von Peter Schlemihl: „Es scheint mir doch gewissermaßen bedenklich, meine Seele an meinen Schatten zu setzen" antwortet der „arme Teufel" mit einer rhetorischen Frage: „Was ist denn das für ein Ding, Ihre Seele?" Goethe zufolge ist die Seele das den organischen Körper belebende geistige Prinzip. In der christlichen Religion ist diese gar unsterblich. Vgl. ebd., S. 50.

ihm vor Augen führt, was für ein Ansehen Peter Schlemihl erwerben könnte. Dieser lehnt ab und wirft das Säckchen, welches er mit seinem Schatten bezahlt hatte, in einen Abgrund.[34] Damit kappt er die letzten Bande zum Teufel. Mit seinem letzten Geld kauft er sich ein Paar alte Stiefel, die sich als Siebenmeilenstiefel erweisen. Bis zum Ende der Erzählung lebt er einsam als Naturforscher.

Eine anders akzentuierte Zusammenfassung liefert der zu früh verstorbene Komparatist Gert Mattenklott:

> Peter Schlemihl, ein junger und unerfahrener Mensch, gerät durch eine Empfehlung in ein reiches Haus, wo es nicht ganz mit rechten Dingen zugeht. Ein grauer Mann beherrscht dort die Gesellschaft, indem er alles, was irgendwer entbehrt, herbeischafft aus den Abgründen seines Rockes: vom Heftpflaster über den Orientteppich bis zum Fernrohr.[35] Niemand außer Schlemihl scheint sich darüber zu wundern. Dieser, dem es unheimlich wird, flieht schließlich das Haus seines Gastgebers und den Trubel des sonderbaren Festes. Doch den er eigentlich meiden wollte, den dünnen, stillen, hageren, ältlichen Mann im knappen grauen Rock, der steigt ihm nach, und auf einer Wiese hinter dem Rosenhain des reichen Anwesens kommt es zu einem seltsamen Stelldichein. Der Graue hat sich in Schlemihl verliebt, genauer: in den Schatten, den dieser zu seinen Füßen wirft. Verlegen gesteht er die ungewöhnliche Neigung. Beide erröten. Hier und jetzt hinter dem Rosenhain will er den Schatten haben, und er bietet dafür einen unermüdlich spendenden Gold-Beutel. Schlemihl besichtigt und erprobt den Beutel und bietet dem Verführer die Hand für den Handel. Ich fahre in seinen eigenen Worten fort: „Er schlug ein, kniete dann ungesäumt vor mir nieder, und mit einer bewundernswürdigen Geschicklichkeit sah ich ihn meinen Schatten, vom Kopf bis zu meinen Füßen, leise von dem Grase lösen, aufheben, zusammenrollen und falten, und zuletzt einstecken. Er stand auf, verbeugte sich noch einmal vor mir, und zog sich dann nach dem Rosengebüsche zurück. Mich dünkt', ich hörte ihn da leise für sich lachen. Ich aber hielt den Beutel bei den Schnüren fest, rund um mich war die Erde sonnenhell, und in mir war noch keine Besinnung."[36]

Je nach Leseeindruck und Rezeptionsabsicht lässt sich dieser Text different darstellen und unterschiedlich pointieren. Das spricht für die Rezeption, vor allem aber für den Autor und sein Werk. Eine kurze Bemerkung zur Verknüpfung von Leben und Werk und zur Verbindung von Biografie und Text bei Chamisso mag Überraschendes zutage fördern. Als sich Leutnant Adelbert von Chamisso im Oktober 1805 mit seinem preußi-

---

34 Peter Schlemihl wollte seine „Seele nicht, sei es um alle Schatten der Welt, dieser Kreatur verschreiben", denn er „wusste nicht, wie es enden sollte". Vgl. ebd., S. 67.
35 Außerdem drei Reitpferde (ebd., S. 21), das Glückssäckchen (ebd., S. 23), eine Tarnkappe" (ebd., S. 50), den Schlemihlschen „Schatten" (ebd., S. 51) und zuletzt sogar den Leichnam des Thomas John (ebd., S. 69).
36 Gert Mattenklott: Blindgänger. Physiognomische Essais. Frankfurt a.M.: Suhrkamp 1986, S. 114-115.

schen Regiment in Richtung Göttingen in Bewegung setzt, begleiten ihn wahrhaftig sein kleiner Hund Figaro und sein Diener mit Namen Bendel. Nicht nur Figaro und Bendel teilt Chamisso mit Schlemihl, sondern vor allem die existentielle Erfahrung, ein Außenseiter zu werden.

Etwas Unkörperliches wie einen Schatten lohnend zu veräußern erscheint allzu leicht, aber der Schattenlose wird zum Ausgestoßenen am Rande der Gesellschaft. Die Schuld liegt auf der Hand, es war die Gier nach Reichtum. Chamisso hat sich selbst in diesem biografischen Spiel entworfen in vielerlei Gestalten. Der Ausgestoßene, der Außenseiter der Gesellschaft mag der Jude sein – und es waren nach Hans Mayer ebenso die Frauen und die Homosexuellen –, denn kein Jude entkommt seinem Judentum.[37] Die Figur verweist in ihrer Etymologie bereits auf diesen Kontext: Der ungeschickte Schlemihl ist der Unglückliche, dem in dieser Welt nichts gelingen wird. Und die Geschichte der Rezeption des Schlemihl-Textes zeigt überdies den Juden-Freund Chamisso, der keine zwanzig Jahre nach seinem Tod vergessen war. Noch heute gilt es vielerorts als Klassiker zweiter Klasse. Er wurde gar germanisiert, verbiedermeiert und als Liebling des deutschen Volkes gefeiert und vor dreißig Jahren annähernd rehabilitiert.

2. Reisestationen

Ähnlich wie Goethes Roman „Wilhelm Meisters Wanderjahre oder die Entsagenden" (1821) – die in universaler Perspektive wohl persönlichste seiner Dichtungen – symbolisieren sowohl die Novellen „Aus dem Leben eines Taugenichts" von Eichendorff (1822) und „Die Abenteuer der Silvester-Nacht" von Ernst Theodor Amadeus Hoffmann (1814) als auch „Peter Schlemihls wundersame Geschichte" (1813) von Chamisso zugleich eine Suche nach Identität und eine Erkundung der Seele. Diese Texte verstehen ein unbürgerliches Verhalten als einen Vorgriff auf das vermeintliche Glück und erkennen den Verlust dieses Glücks als bestimmend für die Bewegung in- und außerhalb des Textes an. Thomas Mann nannte das „Wanderlust und Heimatliebe" aber auch „Wissenschaft und Freundschaft".[38] Der Ruf nach Wissen und Aneignung der Welt ist ungleich größer als die spätromantische Verklärung einer Reise in die Phantasie oder eine Phantasie der Reise.

---

37 Die umfangreiche Studie „Außenseiter" wird inzwischen als Hans Mayers Hauptwerk angesehen. In diesem Band beschäftigt sich der Literaturwissenschaftler mit der literarischen Darstellung dreier Gruppen, die in der Geschichte häufig diskriminiert wurden: Frauen, männliche Homosexuelle und Juden. Vgl. Hans Mayer: Außenseiter. Frankfurt a.M.: Suhrkamp 1975.
38 Thomas Mann: Chamisso, S. 313.

Das Wandern als ein auch erotisches Motiv einerseits tritt deutlich bei Hubert Fichte auf, wenn dieser schreibt: „Ethnologie ist wie Päderastie: Man muss viel zu Fuß gehen."[39] Oder an anderer Stelle: „Die guten Päderasten in Agadir machen ihre rund zwanzig Kilometer am Tag."[40] Und schließlich auch: „Man muss gehen, dann kommt man wohin."[41] Da andererseits das künstlerische Wirken eines Ludwig Uhland, Eduard Mörike, Friedrich Rückert oder Adelbert von Chamisso nicht denkbar wäre, ohne deren literarische Freundschaften und konkrete Adressaten zu bedenken, verweist die hier vorderst genannte Textstelle nicht umsonst auf den „Schlemihl"-Text selbst.

Anders als bei Achim von Arnim, Clemens Brentano oder Friedrich de la Motte Fouque gilt der novellistische Erzähltext „Peter Schlemihls wundersame Geschichte" als besonders innovativ hinsichtlich der raffinierten und geheimnisvollen Rollengestaltung, des Wechselspiels von Auflösung und Illusion, der Grenzziehung zwischen Lüge und Wahrheit, einer Relativierung ehedem idealer Positionen und der ungeschminkten Darstellung von Sinnkrisen. So findet sich beispielsweise schon bei Willibald Alexis der passende Aufschrei:

> Das Geschrei ist die Hauptsache, die Worte macht der Zufall. Dort lauten sie: – Religion! Königthum, Congregation! – Hier: – liberale Ideen, Aufklärung, Fortschritt des Jahrhunderts. – Durch tönt die wahre Losung mit Metallklang: – Geld! –.[42]

In „Peter Schlemihls wundersamer Geschichte" heißt es hingegen geradezu republikanisch:

> Die Welt hat nie Grund gehabt, über Mangel an Monarchen zu klagen, am wenigsten in unseren Tagen; die guten Leute, die noch keinen mit eigenen Augen gesehen, rieten mit gleichem Glück bald auf diesen, bald auf jenen.[43]

Die Figur des Peter Schlemihl (wie ihr Autor selbst) zieht sich letztlich nach vielen Reisebewegungen doch in die Einöde (der Wissenschaft) zurück, um ihre akademischen Studien zu Flora und Fauna zu notieren. Für Adelbert von Chamissos Lebensrealität ist darum dieser Schlemihl-Text eigentlich zu einem literarischen Nebenprodukt geworden. Kaum zur Ruhe gekommen und sich an einem Ort niedergelassen, tauscht der Dichter seine nicht literarischen Manuskripte gegen die fiktive Schilderung einer

---

39 Hubert Fichte: Explosion. Roman der Ethnologie. Herausgegeben von Ronald Kay. Frankfurt a.M.: S. Fischer 1993, S. 142. (Die Geschichte der Empfindlichkeit, Band XIX.)
40 Hubert Fichte: Die Geschichte der Nanà. Roman. Herausgegeben von Ronald Kay. Frankfurt a.M.: S. Fischer 1990, S. 102. (Die Geschichte der Empfindlichkeit. Band XVII.)
41 Hubert Fichte: Explosion, S. 146.
42 Willibald Alexis (d.i. Georg Wilhelm Heinrich Häring, 1798-1871): Gesammelte Novellen [in vier Bänden]. Berlin: Duncker & Humblot 1831, S. 146. (Hier: Band IV.)
43 Adelbert von Chamisso: Peter Schlemihls wundersame Geschichte, S. 40.

abwechslungsreichen Lebensphase. Zwar bleibt Chamisso immer noch in gewohnter Form ein exakter Beobachter und ein nüchterner Autor, der die vermeintliche Geschichte eines vermeintlichen Unglücksraben – des oftmals in der Forschung überpointiert als linkischer Pechvogel und (von Chamisso selbst) als „Trotzkopf"[44] bezeichneten Peter Schlemihl – notiert, aber zugleich ist er der Erzähler einer Wahrnehmungsgeschichte, genauer einer Augen-Novelle, einer Seh-Geschichte, einer Blick-Erzählung.

So heißt es im Text an prominenter Stelle: „Es schwebte immerwährend dieser ernste Moment meines Lebens vor meiner Seele, und ich vermochte es nur zweifelnden Blickes, mit Demut und Zerknirschung anzuschauen" und „denn klar stand plötzlich meine Zukunft vor meiner Seele".[45] Selbst im Prozess der Selbsterkennung steht nach der Trennung vom Teufel der bedeutende Satz: „Ich öffnete endlich die Augen",[46] der gefolgt wird von Peter Schlemihls Erkenntnis: „Ich sah mich an auf den neuen Charakter, den ich in der Welt bekleiden sollte."[47]

Das erzählte Verfahren von Wahrnehmung und Selbsterkenntnis des Protagonisten spiegelt sich in den fiktionalen Darstellungen aus dem Kontext von Visualität und Visuellem. Der Blick auf die Gesellschaft als ein Sehensakt wird zur Diagnose mit den Augen eines Außenseiters. Die Bilanz scheinbarer Verluste drückt sich in der ökonomischen Erkenntnis aus, dass mit Geld alles möglich sei und dennoch vergeblich. Der vermeintliche Pechvogel wird zum Diagnostiker auch dieser Zeit – zweihundert Jahre später.

Im Anfang der Geschichte, die sowohl einer Fabel als auch Parabel ähnelt, wird das Thema um die Bedeutung des Geldes sogleich aufgeworfen, indem der vermeintlich reiche Thomas John ausruft: „Wer nicht Herr ist wenigstens einer Million, der ist, man verzeihe mir das Wort, ein Schuft!"[48] Warum dem so sei, wird zuerst nicht begründet. Zuletzt stellt sich heraus, dass John wie Schlemihl beim gleichen Händler, dem Grauen sein Geld und Gold erwarbt, um den Preis, dass Thomas Johns Leiche zu

---

44 Ebd., S. 61. Ludwig Börne notierte am 19. April 1803 in sein Tagebuch: „Die jüdischen Wörter Mies, Schlemihl und mehrere kann man im Deutsch gar nicht ausdrücken. Man sollte sie aufnehmen und ihnen das Bürgerrecht geben. Es würde aber sehr viel Mühe kosten, dem, der keinen Umgang mit Juden gehabt hat, den Begriff, den man mit diesen Wörtern verbindet recht deutlich zu machen. Ich sehe gar nicht ein, wie man das machen will." Ludwig Börne: Sämtliche Schriften. Herausgegeben von Inge und Peter Rippmann. Band 4: Briefe I, Dreieich: Melzer 1977, S. 39. Der im Jahr 1786 im jüdischen Ghetto von Frankfurt am Main geborene Ludwig Börne musste, ähnlich wie Adelbert von Chamisso, die deutsche Sprache erst mühsam lernen. Börne starb ein Jahr vor ihm 1837 im Alter von nur einundfünfzig Jahren und Chamisso wurde nur siebenundfünfzig Jahre alt.
45 Adelbert von Chamisso: Peter Schlemihls wundersame Geschichte, S. 74.
46 Ebd., S. 70.
47 Ebd., S. 71.
48 Ebd., S. 18.

Peter Schlemihl spricht: „Durch das gerechte Gericht Gottes bin ich gerichtet; durch das gerechte Gericht Gottes bin ich verdammt."[49]

Diese Anspielung auf das Johannes-Evangelium (lateinisch: Vulgata 7 : 24) signalisiert, dass der Hochmut des Geldes seine Strafe finden wird. Geht es nicht darum „eine Rolle in der Welt zu spielen"? Aus Eitelkeit wird ein Rausch und es gilt „den Rausch aus dem Kopf zu zwingen".[50] Der Eitelkeit des Geldes und dem Hochmut, etwas darzustellen, verfällt bedeutend deutlicher und bodenloser als Schlemihl, sein Verräter Pascel, der zunächst sechs Millionen Goldstücke für Güter und noch mehr besaß und schließlich doch bestraft wird, denn „was man anfangs mit Gutem nicht will, dass muss man am Ende doch gezwungen [tun]",[51] denn „man entgeht seinem Schicksal nicht".[52] Hier tritt das christliche Motiv der Buße und Barmherzigkeit auf.

Der Teufel flüstert ein, er „handle bloß, wie Sie [Peter Schlemihl] denken" und „ein jeder denke auf seinen Vorteil in dieser Welt", denn ein jeder wolle, „dass die Reichen besonders gut mit ihm stehen". Das klingt geradezu so, als wären „List und Gewalt" notwendig, um reich und mächtig zu werden, und sollte das nicht genügen, so sollte ein jeder mit diesem Ansinnen den Teufel anrufen. Wer dem nicht folgt, ließe sich sozialkritisch im Sinne Chamissos anfügen, der sitze da „ohne Schatten und ohne Geld".[53] Neun Monate vor seinem Tod notierte Adelbert von Chamisso im November 1837, dass „es also das Wirkliche ist, von dem in der wundersamen Geschichte Peter Schlemihls die Rede ist". Bei all der Bedeutung des Geldes, von der die Finanzwirtschaft uns seit jeher zu überzeugen versucht, appelliert der Autor an seine Leser: „Denkt an das Solide."[54]

3. Lektüremotive

Thomas Mann widmet Werk und Leben Adelbert von Chamissos mindestens zweifach seine Aufmerksamkeit. Zunächst erscheint am 25. Dezember 1910 ein Lektürebericht zum „Peter Schlemihl" im Berliner Tageblatt und im Oktober 1911 ein Porträt des Autors unter dem Titel „Chamisso". In dieser Schreibphase beschäftigt sich Thomas Mann bereits mit den Vorarbeiten zu seiner Erzählung „Der Tod in Venedig", die erstmals in den beiden Heften der Neuen Rundschau im Oktober und November

---

49 Ebd., S. 69.
50 Ebd., S. 33.
51 Ebd., S. 57.
52 Ebd., S. 61.
53 Ebd., S. 68.
54 Ebd., S. 108.

1912 veröffentlicht wird.⁵⁵ Das zentrale Thema dieser Novelle ist „ausgerechnet Knabenliebe" und konnte „als legitimer Anlass zu schöpferischer Erneuerung erscheinen, was zu einem wichtigen Teil ein Beitrag der Quellen, die Thomas Mann in seiner persönlichen wie kompositionellen Not befragt und benutzt hat", wie es im neuesten Kommentar zur aktuellsten Textedition dieser Erzählung heißt.⁵⁶

Der Roman „Buddenbrooks: Verfall einer Familie" (1901) ist das früheste unter den großen Werken von Thomas Mann und gilt heute als der erste deutschsprachige Gesellschaftsroman mit Weltgeltung. Ein Jahrzehnt brauchte dieser Autor, um mit der Erzählung „Der Tod in Venedig" (1912) bei seinem Lesepublikum Anklang zu finden. Der Publikumserfolg des Romans „Der Zauberberg" (1924) ebnete dem Autor den Weg zur Verleihung des Nobelpreises für Literatur im Jahr 1929; wenngleich dieser ausdrücklich für die „Buddenbrooks" verliehen wurde.

Vor einem Jahrhundert also las Thomas Mann Peter Schlemihls „romantisches Außenseitertum vor allem als ein erotisches" und hat es „damit auch auf die eigene Lebenssituation bezogen". Achtzig Jahre später fragte der Literaturwissenschaftler Heinrich Detering „inwiefern sich Chamissos Erzählung als homoerotische Camouflage auffassen lässt".⁵⁷ Darunter wären nach ihm „lauter produktive Effekte des Zwangs zur Camouflage, lauter kleine Siege der Literatur über Sprachlosigkeit und Sprechverbot, gar ein ‚Gegendiskurs' gegen Eingrenzungen, Sanktionsdrohungen, Pathologisierung"⁵⁸ zu verstehen. Dieser „Gegendiskurs" könnte zu Bestimmungen von „homosexueller Identität" und „homosexuellen Lebensbedingungen" führen, wie es an gleicher Stelle heißt, doch ist es nicht Heinrich Deterings Absicht,

> Schlemihls und Platens [...] Insel doch noch auf einer Landkarte einzutragen, sondern nur, diese Utopie zu entziffern und die Umstände zu bestimmen, unter denen sie entstand.⁵⁹

---

55 Thomas Mann: Der Tod in Venedig. In: Ders., Frühe Erzählungen 1893-1912. Herausgegeben und textkritisch durchgesehen von Terence J. Reed unter Mitarbeit von Malte Herwig. Frankfurt a.M.: S. Fischer 2004, S. 501-592. (Große kommentierte Frankfurter Ausgabe. Band 2.1.)
56 Thomas Mann: Frühe Erzählungen 1893-1912. Kommentar von Terence J. Reed unter Mitarbeit von Malte Herwig. Frankfurt a.M.: S. Fischer 2004, S. 374. (Große kommentierte Frankfurter Ausgabe. Band 2.2.)
57 Thomas Mann: Essays I 1893-1914. Kommentar. Herausgegeben und textkritisch durch gesehen von Heinrich Detering unter Mitarbeit von Stephan Stachorski. Frankfurt a.M.: S. Fischer 2002, S. 393. (Große kommentierte Frankfurter Ausgabe. Band 14.2.) Jüngst stellt Beatrix Langner in ihrer Chamisso-Biografie fest, dass „der erotische Dichter Chamisso bis heute auf seine Entdeckung wartet." Vgl. dies., Der wilde Europäer, S. 84.
58 Heinrich Detering: Das offene Geheimnis. Zur literarischen Produktivität eines Tabus von Winckelmann bis zu Thomas Mann. Göttingen: Wallstein 1994, S. 345.
59 Ebd., S. 346.

Die Siebenmeilenstiefel erwirbt Schlemihl nicht zuletzt und nicht aus Zufall bei einem „schönen blondlockigen Knaben".[60]

Wird hier etwa ein „düstres Geheimnis" zum „schimpflichen Gebrechen"?[61] Handelt es sich im „Schlemihl"-Text um die „Fiktionalisierung eigener Erfahrungen" seines Autors Chamisso? Wirkt eine „zerstörerische Liebe" auf den Protagonisten, der mit dem Teufelspakt „den Fluch auf sich geladen" hat? Nach Detering scheinen diese Fragen legitim zu sein.[62] Er deutet Adelbert von Chamissos Text für Thomas Manns Leben sogar als „produktive Verarbeitung der als dominierend herausgearbeiteten Lebenserfahrungen", denn zwischen „romantischer Wanderlust" und „Sehnsucht ins Exotische" dominieren „Freundschaften mit gleich gestimmten Jünglingen", um nicht zuletzt die bekannte Maxime von August von Platen zu erwähnen, die oft von Thomas Mann zitiert wurde: „Es kenne mich die Welt, auf dass sie mir verzeihe."[63] In seinem Chamisso-Essay schreibt Mann offenkundig in eigener Sache: „Dichter, die sich selbst geben, wollen im Grunde, dass man sie erkenne."[64]

Thomas Mann beschreibt in seinem Aufsatz über „Peter Schlemihl" den Teufel wohlwollend als „stillen, dünnen, hageren, länglichen, ältlichen Mann" mit „knapp anliegenden Schoßtaschen", der „wohl ausgerüstet" und „geschickt verpackt" erscheint. Diese Adjektive entnimmt er dem Originaltext, unterschlägt zugleich weitere Beschreibungen wie „devot", „blass" und „demütig".[65] Dieser „sonderbare Liebhaber" sei „überhöflich und verlegen", sogar von „bestürzter Höflichkeit. Das betört den Schlemihl, der das „düstre Geheimnis (einsamer Existenz) nicht mehr als übertrieben empfindet".[66]

Wie Chamisso noch später zu sagen pflegte: „Der Teufel ist nicht so schwarz, als man ihn malt."[67] Bekanntermaßen wird der Teufel im Gegensatz zum Weiß als der Farbe der Unschuld schwarz dargestellt. Kolportiert ist ein Gespräch des Autors mit dem Philosophen Arthur Schopenhauer, in dem Adelbert von Chamisso fordert: „den Teufel nicht zu

---

60 Adelbert von Chamisso: Peter Schlemihls wundersame Geschichte. S. 72.
61 Ebd., S. 30.
62 Thomas Mann: Essays I 1893-1914. Kommentar, S. 394-395.
63 Ebd., S. 430-431. Vgl. auch Inge Jens: Es kenne mich die Welt, auf dass sie mir verzeihe. Thomas Mann in seinen Tagebüchern. Frankfurt am Main: S. Fischer 1989. [Vortrag.]
64 Thomas Mann: Chamisso, S. 314.
65 Adelbert von Chamisso: Peter Schlemihls wundersame Geschichte, S. 19, S. 21 und S. 22.
66 Thomas Mann: Peter Schlemihl (1910). In: Ders., Essays I 1893-1914. Herausgegeben und textkritisch durchgesehen von Heinrich Detering unter Mitarbeit von Stephan Stachorski. Frankfurt a.M.: S. Fischer 2002, S. 278 bis 281. (Große kommentierte Frankfurter Ausgabe. Band 14.1.)
67 Adelbert von Chamisso: Peter Schlemihls wundersame Geschichte, S. 65.

schwarz zu malen, ein gutes Grau sei ausreichend",[68] und der Graue im „Schlemihl"-Text übernimmt den Gedanken, wenn er über sich selbst sagt: „Der Teufel ist nicht so schwarz, als man ihn malt."[69] Schlemihl selbst fühlt sich allerdings „zur philosophischen Spekulation keineswegs berufen" und will nicht „das Wort auffinden, das aller Rätsel Lösung sei".[70]

1975 ist es Hubert Fichte, der diese Offerte einer „Lesart durch die rosa Brille" aufgreift und in seinen „Elf Übertreibungen" notiert:

Heine, der den schwulen Außenseiter Platen denunzierte, schätzte den schwulen Außenseiter Adelbert von Chamisso. „Peter Schlemihl" ist ein Wunderwerk, über romanische Ordnungen geworfene romantische Schleier. Hier ist alles Schattenspiel, Gleichnis, um den verlorenen Schatten. Die Mutter Sonne, der Vater des Schattens. Die aufgehobene Verdoppelung. Das Geheimnis, das den Mittag scheut und die Ehe hintertreibt, ihn durch alle Welt jagt – wie heute die Homosexuellen nach Tunis, auf die Philippinen – Neckermann macht es möglich – von Verwundern liest man sich zu Verwundern. Chamisso, der eigentümliche Wanderer zwischen den Zeichen, den Geschlechtern der Pflanzen, lässt sechzig Seiten zurück und zieht in die Südsee zu seinem Freund Kadu und träumt davon, den Wal zu zähmen, um seine Arbeitskraft der Weltwirtschaft zugänglich zu machen.[71]

Der Ulea-Indianer Kadu, der sich als Kammerdiener von Adelbert von Chamisso während dessen Reise in die Südsee verdingte, wurde im Rousseau-Stil des „Edlen Wilden" gepriesen; dieser sei „einer der schönsten Charaktere, die er [Chamisso] im Leben getroffen, und einer der Menschen, die er am meisten geliebt [habe]".[72] Seine Freundschaft zu Kadu und ihrer beider Zusammenleben auf den polynesischen Ratak-Inseln wird zur Geschichte einer traumhaften Verbindung. Chamisso preist in seiner Beschreibung „Reise um die Welt" die Schönheit der von ihm so bezeichneten „Wilden", denn er findet die Schönheit in der einfachen und nicht verunstalteten Natur. Er findet, dass die Schönheit sich dort überall mit der Zweckmäßigkeit paart. Chamisso feiert die Anmut und Kraft der Natur, die Schönheit und Geschmeidigkeit der Körper und das anmutige Lächeln seines Freundes Kadu.

Hubert Fichte erwähnt es nicht, aber Adelbert von Chamissos Schatten-Novelle von 1811 dient der Vorlage für Hans Christian Andersens Schatten-Märchen von 1847. Allerdings: „Nachgeahmt hat Andersen in

---

68 Arthur Schopenhauer: Gespräche. Neue, stark erweiterte Ausgabe herausgegeben von Arthur Hübscher. Stuttgart: Frommann Holzboog 1971, S. 60-61.
69 Adelbert von Chamisso: Peter Schlemihls wundersame Geschichte, S. 65.
70 Ebd., S. 64.
71 Hubert Fichte: Elf Übertreibungen [1975]. In: Ders, Homosexualität und Literatur 1. Polemiken. Herausgegeben von Torsten Teichert. Frankfurt a.M.: S. Fischer 1987, S. 17-18. (Die Geschichte der Empfindlichkeit. Paralipomena 1.)
72 Thomas Mann: Chamisso, S. 315 und S. 329.

der Tat nicht; seine Erzählung vom verlorenen Schatten ist gegenüber Chamissos Text ganz eigenständig."[73] Zudem lässt Chamisso, anders als Andersen, die Möglichkeit offen, dass „was man einmal verloren, man ein andermal wiederfinden könne".[74] Übrigens plädiert Hubert Fichte hundertfünfzig Jahre nach Chamisso für eine anthropologisch fundierte Ethnologie. Beide weisen erstaunliche Parallelen in ihrem Denken und in ihrem Werk auf.

Eine homoerotische Anekdote wird von Beatrix Langner berichtet. Als am 3. August 1818 die Weltreise für Chamisso und den Illustrator Ludwig Choris zu Ende war, legte ihr Schiff vor dem Palais des russischen Grafen Rumjancev in St. Petersburg an. Bei einem Mittagessen zu zweit machte der ältere Graf dem dreiundzwanzigjährigen Reisenden Avancen und versprach, ihn gegen Liebesdienste zu unterstützen. Der empfindsame und unerfahrene junge Mann war verstört. Choris notierte verschämt in sein Tagebuch: „Er umarmte mich, küsste mich, lobte mich. Sagte, ich wäre so gut, ordentlich, angenehm, hübsch usw." Der verliebte Graf beschenkte den jungen Künstler und rief aus: „Sag! Ich will, Graf, dass du mein bist!"[75]

Hans Christian Andersen, über dessen Homosexualität ausführlich spekuliert wurde und dessen Tagebücher hierüber Auskunft geben, besuchte im Sommer 1831 Adelbert von Chamisso in Berlin.[76] Der fünfundzwanzigjährige versteht sich mit dem Fünfzigjährigen prächtig. Und auch Lord Byron oder August Graf von Platen gehören zu den äußeren Korrespondenten, die vor allem im Werk Adelbert von Chamissos ihre Spuren hinterließen.[77] Chamisso widmet dem unglücklich Liebenden die Elegie „Lord Byrons letzte Liebe" (1827) und mit Platen steht er in Kontakt für den „Musenalmanach" für das Jahr 1833.[78]

Gert Mattenklott spitzt Hubert Fichtes Thesen ein Jahrzehnt später deutlich zu, indem er auf die Verführungsszenen im „Schlemihl"-Text hinweist – doch dazu später.[79] Dass Peter Schlemihl ein „Ich ohne Schat-

---

73 Heinrich Detering: Das offene Geheimnis, S. 228.
74 Adelbert von Chamisso: Peter Schlemihls wundersame Geschichte, S. 48.
75 Journal des Malers Ludwig York Choris. Herausgegeben und kommentiert von Niklaus R. Schweizer. Bern: Lang 1999, S. 216. Adelbert von Chamisso galt mit vierzig Jahren immer noch als auffallend attraktiv. Vgl. Beatrix Langner: Der wilde Europäer, S. 262.
76 Hans Christian Andersen: Ja, ich bin ein seltsames Wesen. Tagebücher 1825 bis 1875. Göttingen: Wallstein 2000.
77 Fiona MacCarthy: Byron – Life and Legend. London: John Murray 2002.
78 Der Begriff Platen-Affäre bezeichnet eine besondere Kontroverse in der deutschen Literaturgeschichte, in der die öffentliche Auseinandersetzung zwischen Heinrich Heine und August von Platen deutlich wurde. 1827 warf Heine dem Gegner seine versteckte Homosexualität als Orientsucht in der Poesie vor, worauf Platen dem Herausforderer sein Judentum vorhielt.
79 Gert Mattenklott: Blindgänger, S. 115.

ten" ist, das bezeugt der vieldeutige Texte eindeutig selbst. Unter dem Aspekt der Stigmatisierung kann die „Schlemihl"-Novelle ebenso als Darstellung eines homosexuellen Lebens im 19. Jahrhundert gelesen werden. Mattenklott sieht in diesem Text gar eine Allegorie der Langsamkeit, ohne diese zu sentimentalisieren, ganz so „als wäre das träge Tempo bereits ein Glücksversprechen und Gewähr für den Heilsweg".

Einen Deutungsversuch hinsichtlich homosexueller Textintentionen hat der inzwischen verstorbene Literaturwissenschaftler Gert Mattenklott im Jahr 1986 unternommen, ohne jedoch ausgreifende textanalytische Argumente mitzuliefern. Heinrich Detering hat dieses Versäumnis wenige Jahre später nachgeholt, sich hierbei allerdings mehr auf den Briefwechsel zwischen Adelbert von Chamisso und Louis de la Foye konzentriert. Er resümierte schließlich des Dichters „Wunsch nach einer Liebes-Ehe und [dessen] Einsicht in deren Unmöglichkeit".[80] Chamissos Wendung zur Naturwissenschaft und der Wunsch zur Expedition und auch die Entscheidung für das Medizinstudium bestimmen dessen „entscheidenden Einschnitt" indem dieser sagt: „Ich bin einmal mit mir und der Welt in Eintracht und aus der Lüge heraus. Ich habe verständig gewählt und ausgeführt, und bin einmal was ich heiße, und heiße was ich bin."[81]

Das klingt einmal mehr als eine Flucht aus dem Dasein, um eine Suche nach der Freiheit zu ermöglichen. Peter Schlemihl selbst will sich nicht zuletzt „seine völlige Freiheit vorbehalten haben".[82] Mattenklott pointiert:

> Wissenschaft kompensiert den Verlust. Ihre Voraussetzung ist jene Ubiquität und Mobilität, die der einzige wirkliche Gewinn Schlemihls nach der Preisgabe seiner bürgerlichen Identität sind. Arbeit statt Liebe, Wissenschaft anstelle von Häuslichkeit, so befasst er sich nun mit der Natur, die er im Alltagsleben preisgegeben hatte. [...] Die Siebenmeilenstiefel [...] sind ein ambivalentes Stigma: Zeichen, dass es bei ihm nicht mit rechten Dingen zugeht und nicht so, wie es nach Menschennatürlichkeit sollte; zum anderen Symbol einer Exklusivität, die mit Verlust erkauft ist.[83]

Aus der Erfahrung dieses Stigmas entwickelte Chamisso offenkundig eine camouflierende Hülle, die sich universell übertragen ließ, so Detering. Textliche Signale bleiben auch nach seinem Tod „erkennbar als produktive Funktionen seiner homoerotischen Camouflage".[84] Bei Adelbert von Chamisso tritt eine Verbindung von Schicksal und Charakter in der Geschichte des Mannes ohne Schatten auf, „die wir bis hierhin als die iro-

---

80 Heinrich Detering: Das offene Geheimnis, S. 167.
81 Ebd., S. 171.
82 Adelbert von Chamisso: Peter Schlemihls wundersame Geschichte, S. 67.
83 Gert Mattenklott: Blindgänger, S. 116.
84 Heinrich Detering: Das offene Geheimnis, S. 174.

nisch verschlüsselte[n] Darstellung der Biographie eines Homosexuellen im 19. Jahrhundert lesen können".[85]

4. Blindheit und Krankheit

Gegen das Verstehen dieses Werkes als einer Stigmatisierungsgeschichte wendet sich Alexandra Hildebrandt. Das Schatten-Problem erhielte nach ihrer Ansicht ein besonderes Gewicht, wenn man es im „Zusammenhang zwischen Alter, Blindheit und Schattenlosigkeit" sehe.[86] Das Alter erscheint in der Ideen- und Darstellungsgeschichte als hässlich, schmerzhaft und widerwärtig, und dieses hängt scheinbar über jedem Menschenleben wie das Schwert über dem Kopf des Damokles. Im „Schlemihl"-Text selbst stehen hierfür die Adjektive: „schwach und krank" und wiederholt „grau" und „arm".[87] Der Graue ist nicht zuletzt der arme Teufel. Schlemihl selbst beschreibt, dass ihm nach langer Krankheit, „Haare, Nägel und Schatten ausgegangen" seien.[88]

Fortan ist es dem Menschen unmöglich, den Luxus des Lebens zu genießen und schließlich bittet er darum, auf die Annehmlichkeiten verzichten zu dürfen. Als Peter Schlemihl „die öffentliche Meinung [ob seiner Schattenlosigkeit] noch einmal prüfen" will, erntet er „den Hohn der Jugend" und die „Verachtung der Männer".[89] Er hat die Lektion gelernt, dass Jugend und Karriere keinen Gefahrenschutz geben. Zwei Zeilen aus dem Chamisso-Sonett „Zur Antwort an Trinius" werden von Hildebrandt als Textbeleg zitiert: „Du meintest schon den Tod? Nicht also Schatz; Ich bin von dem du fabelst – das Alter."[90]

Die Schattenlosigkeit als Symbol für Heimatverlust oder ein Leben ohne Heimat erscheint ihr in der Forschung als zu „simple und naheliegend". In diesem Punkt liegt Wahres, führt aber den jährlich vergebenen Chamisso-Preis – der ja nicht Schlemihl-Preis heißt – ins Absurde. Nicht nur darum deutet Hildebrandt den „verkauften Schatten" hinsichtlich des Aspekts einer „fehlenden Gesundheit".[91] In groben Umrissen deutet sie

---

85 Gert Mattenklott: Blindgänger, S. 115.
86 Alexandra Hildebrandt: Lebwohl, du heiterer Schein! Blindheit im Kontext der Romantik. Würzburg: Königshausen und Neumann 2002, S. 152. Vgl. dagegen Maike Arz: Literatur und Lebenskraft. Vitalistische Naturforschung und bürgerliche Literatur um 1800. Stuttgart: Metzler 1996, hier S. 145-167.
87 Adelbert von Chamisso: Peter Schlemihls wundersame Geschichte, S. 62.
88 Ebd., S. 71. (Die Motive der langen und bösen Krankheit und die drastische Beschreibung des „Grauwerdens" können für eine starke seelische Erschütterung stehen.)
89 Ebd., S. 27.
90 Adelbert von Chamisso: Zur Antwort an Trinias. In: Deutscher Musenalmanach für das Jahr 1837. Herausgegeben von Adelbert von Chamisso. (Achter Jahrgang) Leipzig: Weidmann 1836, S. 338.
91 Alexandra Hildebrandt: Lebwohl, du heiterer Schein!, S. 153.

neue Forschungsthemen für mögliche Fragestellungen an, nämlich „die kränkliche Auflösung, der Verlust der Erinnerung, das Fallen ins blinde Vergessen" und nicht zuletzt den Verlust des Augenlichts durch Blindheit (im Alter).[92]

Interessanterweise heißt Gert Mattenklotts Sammelband „Blindgänger", meint aber die Versammlung von Texten zu einem „Phantom mit verschiedenen Gesichtern, das unter und außerhalb der repräsentativen Kultur sein Unwesen treibt: Faulheit, Geilheit, Zerstreutheit, Sentimentalität, Epigonalität heißen einige seiner Namen".[93] Der Literaturwissenschaftler widmet Chamisso die Physiognomik der Langsamkeit, wenngleich sich Zuschreibungen wie Faulheit und Trägheit, Höflichkeit und Galanterie ebenfalls einer Betrachtung lohnen könnten. Zuletzt sieht Alexandra Hildebrandt gar einen „Zusammenhang von Trauer, Melancholie und Blindheit" und zitiert vier Zeilen aus Chamissos Gedicht „Die Blinde" (1831):

> Die Zeit ist abgeflossen,
> Lebwohl, du heiterer Schein!
> Es schließet die Nacht der Blindheit
> In engere Schranken mich ein.[94]

Selbst dieser Zusammenhang erinnert noch an das inzwischen zum Klassiker gewordene Melancholie-Buch (1968) von Gert Mattenklott. Zuletzt stellt Hildebrandt dann noch den behaupteten Allgemeinplatz in Szene, dass „Identität mit Gedächtnis und Erinnerung unmittelbar verbunden ist".[95] Große Wörter und kleine Redundanzen wollen ein Thema eröffnen, das kaum mehr nur gestreift wird.[96] Ob Romantik der Melancholie, Aufklärung oder soziale Befreiung das Leitmotiv ist, sei dahingestellt – vermutlich bestimmen diese Themen insgesamt Chamissos Leben und Werk.

5. Konstruktionen des Fremden

Adelbert von Chamissos bekanntester Text trägt den Titel „Peter Schlemihls wundersame Geschichte". Diese wundersame Geschichte brachte

---

92 Ebd., S. 154-156.
93 Gert Mattenklott: Blindgänger, S. 4.
94 Adelbert von Chamisso: Die Blinde. In: Deutscher Musenalmanach für das Jahr 1833. Herausgegeben von Adelbert von Chamisso und Gustav Schwab (Vierter Jahrgang) Leipzig: Weidmann 1832, S. 228.
95 Alexandra Hildebrandt: Lebwohl, du heiterer Schein!, S. 156.
96 Vgl. auch Alexandra Hildebrandt: Die Poesie des Fremden. Neue Einblicke in Adelbert von Chamissos „Peter Schlemihls wundersame Geschichte". Eschborn bei Frankfurt a.M.: Klotz 1998. Der Titel „Die Poesie des Fremden" irritiert, da in diesem Buch lediglich ältere Kommentare mit kritischen Ergänzungen versammelt sind. Als eine Chamisso-Urschrift wird unter anderem eine Textedition bezeichnet, die erschienen ist in: Peter Schlemihls Schicksale. Herausgegeben von Helmuth Rogge. Leipzig: Januspresse 1922.

dem Autor schon zu Lebzeiten Weltruhm ein. Ihm war bekannt, dass Schlemihl in hebräischer Sprache den ungeschickten Menschen, dem rein gar nichts zu gelingen scheint, bezeichnet. Also eine Art ungelenker Pechvogel, oder doch nicht?

Der Fremde Schlemihl erfährt sich selbst in diesem Text als fremd und wäre damit als subjektiv fremd zu bezeichnen. Ebenso wird er als fremd von der Gesellschaft wahrgenommen, was ihn als objektiv fremd bezeichnen lässt. Der Text wird aus der Perspektive eines ortsfremden Seefahrers erzählt, der im Zielhafen ankommt: „Nach einer glücklichen, jedoch für mich sehr beschwerlichen Seefahrt erreichten wir endlich den Hafen."[97] Drei Jahre später erlebte auch der Autor selbst die Sehnsucht nach festem Boden unter den Füßen, denn nach vierzehn Monaten an Bord war Chamisso selbst reisemüde geworden. Im Oktober 1816 notierte er: „Wenn man mich fragt (die Liebe beiseite gesetzt) wer der glücklichste Mann sei – so werde ich unbedenklich antworten: der ein Buch schreibt."[98]

Die Hafenstadt, in der er ankommt und die man in der Forschung wiederholt als Hamburg zu identifizieren meinte, ist nicht seine Heimatstadt: „Da ich übers Meer gehe und mich ein günstiger Wind soeben nach dem Hafen ruft."[99] Damit spielt dieser Text mit dem Faktum einer Dualität des Fremden. Fremd ist Schlemihl ausgezogen und fremd kommt er an, ganz entgegen der Aussage in Wilhelm Müllers ersten vier Zeilen des Gedichtes „Gute Nacht" aus dem bekannten Zyklus „Winterreise" (1827): „Fremd bin ich eingezogen, Fremd zieh' ich wieder aus. Der Mai war mir gewogen. Mit manchem Blumenstrauß."[100]

Der Fremde in Adelbert von Chamissos Text ist ein armer Tor, der schließlich ein Opfer eines weiteren Fremden wird, nämlich des Teufels. Nach Goethes „Faust" (1774) lässt sich passend zitieren: „Da steh ich nun, ich armer Thor, Und bin so klug als wie zuvor."[101] Des Teufels Bekanntschaft macht Schlemihl in einer vornehmen Gesellschaft. Dem Gastgeber dieser Tafel händigt er ein Empfehlungsschreiben aus, das ihm augenscheinlich aus einer ihm peinlichen sozialen und ökonomischen Misslage helfen soll. Allerdings bleibt er auch in dieser Gesellschaft ein kaum beachteter Fremder.

---

97 Adelbert von Chamisso: Peter Schlemihls wundersame Geschichte, S. 17.
98 Adelbert von Chamisso in einem Brief an Julius Eduard Hitzig von Ende Oktober 1816 aus Kalifornien. In: Ders., Werke. Band 5: Leben und Briefe. Herausgegeben von Julius Eduard Hitzig. Leipzig: Weidmann 1856, S. 362.
99 Adelbert von Chamisso: Peter Schlemihls wundersame Geschichte, S. 29.
100 Wilhelm Müller: Die Winterreise. Mit einem Nachwort von Friedrich Fischer-Dieskau. Frankfurt a.M.: Insel 2010, S. 15.
101 Johann Wolfgang Goethe: Faust. Urfaust. Faust (Ein Fragment) Faust (Eine Tragödie). Paralleldruck der drei Fassungen. Herausgegeben von Werner Keller. Frankfurt a.M.: Insel 1984, S. 314.

Eine weitere Anspielung auf den Goethe'schen Faust ist der Auftritt des „treuen Pudels", dessen „Liebe" dem späten Peter Schlemihl „menschliche Teilnahme und Bande" schenkt und seine Einsiedlerhöhle in der Nähe von Theben bewacht. Auch im Goethe'schen Original in den Versen 1150 bis 1323 tritt ein Pudel auf, der sich „auf der Spur des Herren" plagt, bis sich zuletzt der Teufel Mephistopheles als „des Pudels Kern" zeigt.[102] Im „Schlemihl"-Text heißt es schon zuvor „ein jeder Pudel hat seinen Schatten" und gegen Ende, dass „dieser vortreffliche Pudel seinem Herrn [...] auf der Spur nachgehen zu wollen schien".[103] Bekanntlich war auch des Philosophen Arthur Schopenhauer liebster Gefährte ein Pudel, der die Spuren seines Herrn kannte. Damit war er der philosophischen Auffassung, dass ein jeder Hund zugleich einen anderen enthalte, womit des Pudels Kern also nicht verlorenginge.[104]

Ein ebenfalls fremdes Männlein zaubert herbei, was diese Gesellschaft sich wünscht, beispielsweise ein Pflaster, einen türkischen Teppich, ein Zelt, drei Pferde – kurzum: Geisterspuk und Aberglaube. Der des Geisterspuks und Aberglaubens kundige Leser vermag diesen Zauberer als ein Werk des Teufels zu identifizieren. Allerdings bleibt dem naiven Schlemihl dieser eigentlich offenkundige Tatbestand verborgen. Schließlich geht Peter Schlemihl ein Tauschgeschäft mit dem Teufel ein. Der Teufel also tauscht des Schlemihls schönen Schatten gegen sein Glücks- und Zaubersäckchen ein, aus dem beliebig viele Goldmünzen zu entnehmen sind. Im Volksmund wie im Text werden diese Münzen mit „Fortunatus" bezeichnet.[105]

Der graue Teufel überlässt dem unerfahrenen Schlemihl die Wahl aus vielen Gaben und bietet zuletzt das „Fortunati Wünschhütlein, neu und haltbar wieder restauriert; auch ein Glückseckel, wie der seine gewesen"[106] an. Zuletzt – wie sich zeigen wird – bleibt das eigentlich nicht erreichbare Geld doch fremd für Schlemihl und es wird ihm kein Glück bringen.

Der Schatten ist das eigentlich Unheimliche in dieser Erzählung, denn er spielt mit voller Paradoxie. Der Schatten wird in der Manteltasche des

---

102 Adelbert von Chamisso: Peter Schlemihls wundersame Geschichte , S. 77.
103 Ebd., S. 58 und S. 81.
104 Vgl. hierzu auch Jürgen Schwann: Vom „Faust" zum „Peter Schlemihl": Kohärenz und Kontinuität im Werk Adelbert von Chamissos. Tübingen: Narr 1984.
105 Vgl. Adelbert von Chamissos dramatisches Spiel von 1806 „Fortunati Glückseckel und Wunschhütlein", das posthum als Fragment 1895 erschien und auf einen Jahrmarktsdruck von 1509 zurück geht, dem sogenannten „Fortunatus-Volksbuch", das neben „Reineke Fuchs" und „Till Eulenspiegel" als besonders bekannt vorausgesetzt werden kann. Vgl. hierzu „Die Historie von Fortunati Glückseckel und Wunschhütlein. Die Deutschen Volksbücher". Herausgegeben von Richard Benz. Jena: Diederichs 1912 und Walter Raitz: Fortunatus. München: Fink 1984.
106 Adelbert von Chamisso: Peter Schlemihls wundersame Geschichte, S. 23.

Teufels verstaut und wie ein handhabbares Gut behandelt. Der Text setzt damit voraus, dass der Schatten eine hintergründige Bedeutung haben könnte, vielleicht einen Doppelgänger im Unterschied zum Spiegelbild. „Der Schatten ist [...] zum Symbol aller bürgerlichen Solidität und menschlichen Zugehörigkeit geworden", so Thomas Mann und die „Schlemihl"-Novelle ist „nichts als eine tief erlebte Schilderung der Leiden eines Gezeichneten und Ausgeschlossenen". Das beweise zum Schluss, dass der Autor „den Wert eines gesunden Schattens schmerzlich zu würdigen wusste".[107]

Schließlich kommt der Tausch zustande und das gewünschte Leben in der Fremde ist für den Fremden weiterhin unmöglich, weil nicht zuletzt seine Schattenlosigkeit entdeckt wird. So ist Schlemihl unermesslich reich geworden, aber aufgrund seiner Schattenlosigkeit gezwungen, in der Nacht zu leben und wiederholt geschickte Beleuchtungen einzusetzen oder sich im Schatten seines Kammerdieners Bendel – „einem Burschen von guter Physiognomie"[108] – zu bewegen. Aber es kommt natürlich immer wieder zu traurig-komischen Effekten und Szenen, vor allem bei seinem Versuch, eine Frau zu finden. Thomas Mann bringt es auf den Punkt:

> Es kommt zur Katastrophe, der Verrat durch den ungetreuen Diener, der seinen Herrn um Millionen Dukaten bestohlen und sein Geheimnis erforscht hat, die Zusammengabe Minas mit eben diesem schurkischen, nun aber sehr reichen Rascal.[109]

Schlemihls Schattenlosigkeit führt zur Katastrophe bei der Familie der Braut, in der Schlemihl selbst erkennt: „Ich ohne Schatten, konnte die Kluft nicht überspringen."[110] Welche Kluft meint er wohl?

Nach einigen Niederlagen trifft Schlemihl abermals das graue Männlein und versucht, seinen Schatten zurückzutauschen. Er ruft aus: „Kann der Handel zurückgehen, in Gottes Namen!"[111] Dieses zuletzt erfolglose Unterfangen bewilligt der Teufel unter der Bedingung, dass Schlemihl ihm seine Seele verschreibt. Dieses paradox erscheinende Angebot ist kurios, weil doch der Schatten selbst als Repräsentant dieser Seele gilt, die ja zugleich Einheit und Identität verbürgt. Doch auf diesen Handel lässt sich Schlemihl nicht mehr ein.

Schließlich findet Peter Schlemihl als Fremder, als Heimatloser und als „wissbegieriger Reisender"[112] seine eigentliche Bestimmung. Der Fremde, das ist der Mensch ohne Identität, demnach der Mann ohne

---

107 Thomas Mann: Chamisso, S. 329.
108 Thomas Mann: Peter Schlemihl, S. 281.
109 Ebd., S. 283.
110 Adelbert von Chamisso: Peter Schlemihls wundersame Geschichte, S. 36.
111 Ebd., S. 51.
112 Ebd., S. 71.

Schatten. Er wirft in der Folge den magischen Geldsäckel, das Glücks- und Zaubersäckchen von sich und erwirbt Zauberschuhe, ein wundersames Paar Siebenmeilenstiefel. mit denen er als Naturgelehrter über den ganzen Globus irren wird. „Es war kein Zweifel, ich hatte Siebenmeilenstiefel an den Füßen."[113] Es ist für ihn ein Glück, das aber einen hohen Preis besitzt, nämlich die Freiheit von menschlichen Bindungen als der oftmals sogenannten „Heimat" zu generieren. Zuletzt ist Schlemihl wie Faust sogar zur Ehelosigkeit verdammt, trifft zuletzt die barmherzige und „gottesfürchtige Witwe" Mina wieder, die mit dem ehrfürchtigen und treuen Diener Bendel im Hospiz Schlemihlium Gutes an der erkrankten Menschheit tun, denn wer büßt, der tut „Buße der Versöhnung".[114]

Der Fremde ist also nicht so sehr der Mensch mit einer anderen Identität, nicht so sehr ein Hybrid, der in zwei Welten lebt, die sich in einem dritten Raum befindet, sondern ein Mensch ohne Identität, ohne feste Zugehörigkeit, ohne Heimat, ohne ein Ensemble heimischer Geschichten. Die einzigen Geschichten, die er erzählen könnte, wären seine Reisegeschichten. Ein weiteres Moment ist so scharfsinnig wie verfänglich: Der Fremde ist so identitätslos wie das Nullmedium Geld. Wie der Fremde bei Chamisso so ist auch das Geld ohne Schatten. Der Autor durchbricht dieses fremdenfeindliche Stereotyp (reicher Fremder und reicher Jude) indem er seinen Protagonisten den Geldsäckel (das Glücks- und Zaubersäckchen) wegwerfen lässt.

Es ließe sich in diesem Texte eine Verdoppelung des Fremden erkennen, nämlich sowohl Peter Schlemihl als auch der dämonische Fremde, der sowohl das Geld (als Glück und Zauber) als auch Tauschprinzip repräsentiert. Es ist aufschlussreich, wie die Umgebung auf Schlemihls Schattenlosigkeit reagiert, zumeist mit Entsetzen, Aggression, Abwehr, vor allem aber mit Ausschluss. Der Fremde ist dadurch definiert, dass er nicht dazu gehören darf und soll. Auf diese Weise ist die Figur des Fremden doppelt bestimmt, nämlich als fremd- und selbstbestimmt zugleich. Der Fremde wird als derjenige dargestellt, bei dem etwas nicht stimmt, der nicht zur Ordnung gehört, der etwas versteckt und der markiert ist. Hugo von Hofmannsthal hat dieses Motiv in seinem Operntext „Die Frau ohne Schatten" aufgegriffen, wenngleich die Intention auf Goethes „Unterhaltungen deutscher Ausgewanderten" (1795) zurückgeht. Das von Richard Strauß vertonte Werk wurde am 10. Oktober 1919 in Wien uraufgeführt. Elfriede Jelineks erste Veröffentlichung ist ein schmaler Lyrikband mit dem Titel „Lisas Schatten" (1967), dessen letzte Zeilen der ersten

---

[113] Ebd., S. 74.
[114] Ebd., S. 79.

Strophe des gleichnamigen Gedichttextes lauten: „lisas schatten ist ein kind. dunkle sohlen hat der wind.[115]

Die Erzählform in Chamissos Geschichte schwankt zwischen Novelle und Märchen, ähnlich wie bei Goethe, der in den „Unterhaltungen deutscher Ausgewanderten" ein Märchen in eine Novellensammlung einfügte. Verbindungen von realen und phantastischen Erzählformen gab es bereits bei Fouqués „Geschichte vom Galgenmännlein" (1810) und seiner bekannten „Undine" (1811). Die romantische Zauberoper „Undine" mit dem Libretto von Fouqué wurde in der Vertonung von E.T.A. Hoffmann als ein Singspiel am 3. August 1816 in Berlin uraufgeführt. Darauf verwies bereits Arno Schmidt in seiner monumentalen Biografie „Fouqué und einige seiner Zeitgenossen" (1958).[116] Von Arno Schmidt wird Adelbert von Chamisso wie folgt porträtiert:

> Chamisso, der redlich-düstere und Männliche, entwuchs bald der Zeit des „Grünen Almanaches"; und er hatte eine weit härtere Schule durchzumachen als der in seinen äußeren Lebensumständen vom Glück doch recht verwöhnte Fouqué, und glücklicherweise war auch sein Charakter von weit härterem Stoffe.[117]

Während Werther sich erschoss und Goethe am Leben blieb, stiefelt Schlemihl einsam und ohne Schatten durch die Welt: „Einsam war ich wie vorher mit meinem Unglück" und „ich werde allein unstet in der Welt wandern".[118] Der Autor selbst liebte das Wandern, er konnte ohne Ermüdung stundenlang laufen, wanderte zu Fuß durch den Harz oder marschierte die kilometerlange Potsdamer Straße von Anfang bis zum Ende in dem noch unbebauten Schöneberg. Der Dichter und seine Figur sind geheimnisvoll und beiderlei Charakter ist voller Widersprüche.

Zum Schluss lernt Peter Schlemihl doch noch „für meinen Lebensunterhalt selbst zu sorgen" und nachdem er, einem „christlichen Einsiedler" gleich, in einer Höhle nahe dem ägyptischen Theben lebt und das „Botanisieren" pflegt, um zuletzt als „privatisierender Gelehrter meine neue Lebensweise" zu finden.[119] Auch Adelbert von Chamisso wird sesshaft und von seinem Publikum verehrt. Der Autor und sein Held werden „etwas für das natürliche System und für die Geographie der Pflanzen ge-

---

115 Elfriede Jelinek: Lisas Schatten. München/Würzburg/Bern: Relief Verlag Eilers 1967, ohne Paginierung. Ihre österreichische Kollegin bezog einen ihrer „Romane in drei Folgen" auf jenes erstes Buch. Vgl. Marlene Streeruwitz: Lisa's Liebe. Erste, zweite und dritte Folge. Frankfurt a.M.: Suhrkamp 1997.
116 Arno Schmidt: Fouqué und einige seiner Zeitgenossen. Herausgegeben von Bernd Rauschenbach und Wolfgang Schlüter. Zürich: Haffmans 1993, S. 358. (Bargfelder Ausgabe. Werkgruppe III Essays uns Biografisches. Band 1.)
117 Ebd., S. 210.
118 Adelbert von Chamisso: Peter Schlemihls wundersame Geschichte, S. 52 und S. 63.
119 Ebd., S. 72, S. 74, S. 76-77.

tan" und „ihre Manuskripte bei der Berliner Universität niedergelegt" haben.[120] Der Autor Chamisso wurde zum Bewahrer der Geschichte von Schlemihl. Das ist eine Geschichte, die für manchen „zur nützlichen Lehre gereichen könne".[121]

---

120 Ebd., S. 82.
121 Ebd., S. 83.

II. Es kommt alles zurück, das Gute, das Schlechte, das Pech und das Glück
Der ausstehende Dialog zwischen Adelbert von Chamisso und Jacques Derrida

1. Vaterschaft ist weder ein Zustand noch eine Eigenschaft

Vor zwei Jahrhunderten, in dem halben Jahr von Mai bis Oktober 1813 schrieb Louis Charles Adélaïde de Chamissot de Boncourt (1781-1831) den populären Erzähltext „Peter Schlemihls wundersame Geschichte", der ohne eine Gattungsbezeichnung nur ein Jahr später in Nürnberg mit dem bekannten Kupferstich von Franz Joseph Leopold (1783-1832) als Frontispiz im Druck erschien. Oft genug wurde gefragt, ob dieser Text denn ein (Kunst-)Märchen oder ein (Kurz-)Roman, eine Erzählung oder eine Novelle sei?

1813 veröffentlichen die Brüder Grimm erstmals die von ihnen und anderen gesammelten Märchen beim Berliner Verleger Georg Reimer in einer Auflage von neunhundert Exemplaren, darunter auch das Märchen von und über Frau Holle, die darin spricht: „Es kommt alles zurück, das Gute, das Schlechte, das Pech und das Glück. Es kommt alles zurück."[122] Sechzig Jahre später notiert Friedrich Nietzsche 1873 die Sentenz: „Nur aus der höchsten Kraft der Geschichte dürft ihr das Vergangene deuten." Dieser Aphorismus ist enthalten in den „Unzeitgemäße Betrachtungen" und deutet darauf hin, dass nach diesem Philosophen jeder große Mensch eine rückwirkende Kraft habe. Wer ist ein großer Mensch? Nur hundert Jahre später im Jahr 1973 schrieb Hans-Georg Gadamer seinen Kommentar zu Paul Celans Gedichtfolge „Atemkristall". Dieser Kommentar mit dem Titel „Wer bin ich und wer bist du?" erschien als eigenständige Buchveröffentlichung in der Bibliothek Suhrkamp und wurde erst zwanzig Jahre später in den neunten Band seiner „Gesammelte Werke" aufgenommen.

2003 führte Jacques Derrida nach zwanzig Jahren ihres ersten Kennenlernens seinen nicht „unterbrochenen Dialog" mit Hans-Georg Gadamer fort und sprach mit ihm über Interpretation und Endlichkeit, über Sprache und Welt, aber auch über die Lyrik Paul Celans. Von dem ausstehenden Dialog zwischen Adelbert von Chamisso und Jacques Derrida

---

122 Zitiert nach Grimms Märchen. Text und Kommentar. Herausgegeben von Heinz Rölleke. Frankfurt a.M.: Deutscher Klassiker Verlag 2007, S. 73.

soll hier die Rede sein, darum: „Vaterschaft ist weder ein Zustand noch eine Eigenschaft."[123]

2. Das Verhältnis von Nähe, Anerkennung und Einverständnis

Mit elf Jahren verliert Adelbert von Chamisso seine Heimat. Mit zwölf Jahren wird Jacques Derrida aus der Schule ausgeschlossen. Der eine wird heimatlos in Folge der Französischen Revolution, der andere in Folge der Kollaboration gegen die Juden. Chamisso ist mit dreizehn Jahren (1794) in Deutschland und Derrida mit zwanzig Jahren (1950) in Frankreich. Chamisso rezipiert im Selbststudium die deutschen Dichter Goethe, Klopstock, Schiller, und Derrida studiert autodidaktisch die deutschen Denker Hegel, Husserl, Heidegger. Der eine wird mit siebzehn Jahren Soldat (1797), der andere mit siebenundzwanzig (1957). Beide promovieren im Alter von siebenunddreißig Jahren (1818 in Berlin und 1967 in Paris). Ich frage nach dem hier von mir konstruierten „Verhältnis von Nähe, Anerkennung und Einverständnis".[124]

Als Johann Wolfgang Goethe stirbt ist Chamisso einundfünfzig Jahre alt. Als Jean-Paul Sartre stirbt ist Derrida fünfzig Jahre alt. Als Chamisso stirbt ist dieser selbst siebenundfünfzig Jahre alt. Ein Jahr später erscheint die erste Lebensbeschreibung von Julius Eduard Hitzig. Als Derrida stirbt ist er vierundsiebzig Jahre alt. Sechs Jahre später wird die erste Biografie von Benoît Peeters veröffentlicht, nachdem schon 1991 eine Art Buchporträt von Geoffrey Bennington erschien.

3. Mein Armes Kind, Ihnen bricht das Feld unter den Füßen weg

Als Jacques Derrida in seinem langen Gespräch mit Elisabeth Roudinesco einige allgemeine Überlegungen zum Begriff des Erbes wagt, stellt er folgende vier Regeln auf: Man muss erstens das, was „vor uns" kommt, aufs Neue zu bejahen wissen, man muss zweitens alles tun, um sich eine Vergangenheit anzueignen, man muss drittens nicht nur dieses Erbe annehmen, sondern es anders wieder in Gang bringen und es am Leben erhalten und viertens muss man das Leben vom Erbe her denken, und nicht umgekehrt. Er erinnert sich: „Mein Armes Kind, Ihnen bricht das Feld unter den Füßen weg."[125]

---

123 Jacques Derrida in einem Gespräch mit Maurizio Ferraris im Juli 1989. Zitiert nach Benoît Peeters: Jacques Derrida. Eine Biographie. Aus dem Französischen von Horst Brühmann. Berlin: Suhrkamp 2013, S. 581.
124 Dieses Kompliment macht Jacques Derrida im März 1972 dem französischen Schriftsteller Maurice Blanchot. Zitiert nach Benoît Peeters: Jacques Derrida, S. 344.
125 André Leroi-Gourhan zu seiner Studentin Marguerite Derrida. Zitiert nach Benoît Peeters: Jacques Derrida, S. 790.

Im Anschluss an diese Regeln zum Erbe betont er:

> Im Grund definiert sich das Leben, das Am-Leben-Sein vielleicht durch diese dem „Erbe" innewohnende Spannung durch diese Neuausdeutung der Gegebenheit der „Gabe", ja der „Ankunft". Diese Bejahung auf das Neue, die zugleich fortsetzt und unterbricht, sie sieht zumindest einer Wahl, einer Auswahl einer Entdeckung ähnlich. Der eigenen wie auch der des Anderen: „Signatur" gegen „Signatur".[126]

Der Begriff Erbe erscheint widersprüchlich, denn er erwartet und verlangt Verantwortung. Der Begriff „Verantwortung" meint etwas verantworten, das Antworten auf und das Verantworten in seinem Namen, denn: „Man ist verantwortlich vor dem, was vor einem selbst kommt, aber auch vor dem, was zukünftig und also noch vor einem selbst ist."[127]

Jacques Derrida betont also, dass die Idee des Erbes nicht nur ein Bejahen impliziert, sondern auch eine Filterung, eine Wahl und eine Strategie. „Ein Erbe ist nicht nur jemand, der empfängt, er ist jemand, der wählt und der sich zu entscheiden versucht."[128] Darum ist auch ein „Text" ein Erbe und ein Erbe ein Text, denn: „Die Bejahung durch den Erben besteht naturgemäß in seiner zu wählenden Interpretation. Er umkreist auf kritische Weise, er differenziert, und das erklärt die Beweglichkeit der Bündnisse."[129]

4. Wie schwer ist es, die Abwesenheit des Freundes zu ertragen

Eine kulturelle Synthese von Morgenland und Abendland scheint ferner denn je. Dass der französische Feldherr Napoleon Bonaparte Ägypten eroberte und auf seinem Raubzeug ägyptische Kulturgüter nach Paris bringen ließ, ist die eine Seite der Medaille. Es ist aber ebenso jener französische Feldherr, der die erste Druckerpresse mit arabischen Lettern 1798 als Diebesgut aus dem Vatikan nach Kairo brachte, also dreihundertundfünfzig Jahre nachdem Johannes Gutenberg die Druckerpresse und die Kunst des modernen Buchdrucks mit beweglichen Metalllettern erfand. Während in Europa der Koran seit 1543 als gedrucktes Buch verbreitet wurde, ermöglichte es nun – wenn man so will – Napoleon, dass die arabische Welt einen eigenen Koran drucken und verbreiten konnte. Erst hundertfünfundzwanzig Jahre später wurde im Jahr 1924 jene Kairoer

---

126 Jacques Derrida: Woraus wird Morgen gemacht sein? Ein Dialog mit Elisabeth Roudinesco. Aus dem Französischen von Hans-Dieter Gondek. Stuttgart: Klett-Cotta 2006, S. 15.
127 Ebd., S. 18.
128 Ebd., S. 22.
129 Ebd., S. 18.

Koran-Edition hergestellt, welche bis heute die Grundlage aller Koran-Exegese bildet.[130]

Mit der Entdeckung des fernen Ägyptens als politischem Eroberungsgebiet und wirtschaftlichem Herrschaftsraum breitete sich das Interesse an einer sich neu formierenden und sich so bezeichnenden Orientalistik aus. Um 1670 hatte bereits Gottfried Wilhelm Leibniz die Idee einer Eroberung Ägyptens unter dem Vorzeichen einer aufgeklärten Erforschung und Wissenschaft. Um 1800 wurde diese neue Disziplin einer wissenschaftlichen Deutung der ägyptischen Welt nicht nur zur modischen Leitwissenschaft sondern auch zum kolonialen Interesse. Dahinter standen zunächst die Engländer Thomas Sergeant und Thomas Shaw, dann der Däne Frederick Norden und der Schweizer Johann Ludwig Burckhardt. Napoleon Bonaparte schließlich ließ sich auf seinem Feldzug nach Ägypten von einhundertfünfzig Gelehrten aller Fachrichtungen begleiten.

Acht Tage nach seinem Sieg über die Mamelucken-Kavallerie des Herrschers Murad Bey ließ Napoleon ein Ägyptisches Institut gründen mit der Aufgabe der Publikation der Ausgrabungs- und Forschungsergebnisse. Dieses Kairoer Institut löste mit seiner Publikation einer vierundzwanzigbändigen „Description de L'Égypte" eine Ägyptenbegeisterung in Europa unter anderem mit der Folge weiterer Plünderungen pharaonischer Stätten Ägyptens aus. Doch geschlagen von den Engländern kehrte Napoleon bald nach Paris zurück. Was ihm im fernen Orient misslang stand Europa bevor, nämlich die zivilisatorische Neuordnung von eroberten Ländern und die Zerstörung der alten Hegemonien. Jacques Derrida ergänzt, dass dieser „Ethnozentrismus, die Aussicht hatte, die Herrschaft über unseren Planeten anzutreten".[131] Der Forschungsreisende Richard Francis Burton notierte ein Jahrhundert zuvor:

> Das Land am Nil war damals wie heute zur Plünderung freigegeben. Vermögen wurden gemacht durch Grabungen, nicht nach Gold, sondern nach Altertümern. Und die Archäologie wurde zum Schlachtfeld.[132]

Bekanntermaßen entzifferte der französische Sprachwissenschaftler Jean François Champollion die ägyptischen Hieroglyphen im Jahr 1822. Heute feiert die Nachwelt den sogenannten „Brief an Monsieur Dacier" als Mei-

---

130 Vgl. Gotthelf Bergsträsser: Koranlesung in Kairo. In: Der Islam. Zeitschrift für Geschichte und Kultur des islamischen Orients 20 (1932) S. 1-42 und in: Der Islam. Zeitschrift für Geschichte und Kultur des islamischen Orients 21 (1933) S. 110-140. Vgl. auch ders., Der amtliche Koran. In: Der Islam. Zeitschrift für Geschichte und Kultur des islamischen Orients 21 (1933) S. 2-13.
131 Jacques Derrida: Grammatologie. Aus dem Französischen von Hans-Jörg Rheinberger und Hanns Zischler. Frankfurt a.M.: Suhrkamp 1974, S. 11.
132 Zitiert nach Hans-Günter Semsek: Ägypten und der Sinai. Pharaonische Tempel und islamische Traditionen. Köln: Dumont 2008, S. 165.

lenstein in der Entwicklung der Ägyptologie.[133] Adelbert von Chamisso konnte bei der Niederschrift des Schlemihl-Textes nicht daran denken. Dennoch beschreibt Peter Schlemihl seinen (fiktiven) Begleiter, den Fußgänger lapidar:

> Er entfaltete seine Ansichten vor dem Leben und vor der Welt und kam sehr bald auf die Metaphysik, an die die Forderung erging, das Wort aufzufinden, das aller Rätsel Lösung sei. Er setzte die Aufgabe mit vieler Klarheit auseinander und schritt fürder zu deren Beantwortung.[134]

Die Kunst des erzählten Schlemihl-Textes besteht ja nicht zuletzt darin, „wie frei man Worte manipulieren und dadurch entstellen kann"[135] und es lässt sich sogar erkennen, dass „Entstellung und Verschiebung diese Erzählung motivieren".[136]

Hundertfünfzig Jahre später antwortet Jacques Derrida auf den Brief von Jean François Champollions:

> Denn die (extreme) Schwierigkeit der Sache, das Rätsel des Rätsels, mithin der Geschichte, erweist sich darin, dass die Katastrophe der Verschleierung kein Zufall ist, sondern selbst natürlich bleibt. Der Irrtum des Entzifferns, der sich daraus für die Wissenschaft ergibt, ist gleichermaßen natürlich und muss als solcher entziffert werden können.[137]

Rückblickend vermag Chamisso zu konstatieren:

> Du weißt mein Freund, dass ich deutlich erkannt habe, seitdem ich den Philosophen durch die Schule gelaufen, dass ich zur philosophischen Spekulation keineswegs berufen bin und dass ich mir dieses Feld völlig abgesprochen habe.[138]

Dennoch bietet Derridas Beschäftigung mit den Fragen des „scribble" (Gekritzel) keinen Leitfaden durch das Labyrinth der Gelehrsamkeit, sondern den Hinweis auf das Gekritzel um des Kritzelns und Gekritzels willen. Hastig niedergeschrieben, mehrfach signiert, schreibend und kom-

---

133 Vgl. Jean François Champollion: Lettre à M. Dacier, secrétaire perpétuel de l'Académie royale des Inscriptions et Belles-Lettres, relative à l'alphabet des hiéroglyphes phonétiques employés par les Egyptiens pour inscrire sur leurs monuments les titres, les noms et les surnoms des souverains grecs et romains. Paris: Firmin Didot Frères 1822. Vgl. hierzu auch Jean François Champollion: Lettres et journaux écrits pendant le voyage d'égypte. Herausgegeben von Hermine Hartleben. Paris: Bourgois 1986. [Zuerst 1826.]
134 Adelbert von Chamisso: Peter Schlemihls wundersame Geschichte, S. 64.
135 Ebd., S. 65.
136 Alice A. Kuzniar: „Spurlos ... verschwunden": „Peter Schlemihl" und sein Schatten als der verschobene Signifikant. In: Aurora. Jahrbuch der Eichendorff-Gesellschaft 45 (1985) S. 194.
137 Jacques Derrida: Scribble. Macht/Schreiben. In: Warburton. William: Versuch über die Hieroglyphen der Ägypter. Herausgegeben von Peter Krumme. Aus dem Französischen von Peter Krumme und Hanns Zischler. Frankfurt a.M./Berlin/Wien: Ullstein 1980, S. 17.
138 Adelbert von Chamisso: Peter Schlemihls wundersame Geschichte, S. 64.

mentierend zugleich, Charakter einer Schrift, die gegebenenfalls übersetzt wird.

William Warburtons „Versuch über die Hieroglyphen der Ägypter" erscheint zuerst in Frankreich. Bis heute interessant ist hier der vierte Teil des vierten Buches mit dem Titel „The Devine Legation of Moses, demonstrated on the Principles of a Religious Deist, form the Omissionof the Doctrine of a Future State of Reward and Punishment in the Jewish Dispensation" (1742). Auf Deutsch lautet der Titel „Göttliche Sendung Mosis. Aus den Grundsätzen der Deisten erwiesen. In die Sprache der Deutschen übersetzt und mit verschiedenen Anmerkungen versehen von Johann Christian Schmidt" (1751-1753 in drei Bänden). Ins Französische wurde allerdings niemals der komplette Text übertragen, sondern lediglich jener Teil, der vom Ursprung und der Entwicklung von Sprache und Schrift handelt – mit dem Titel „Essai sur les hiéroglyphes des Égyptiens, où l'on voit l'origine et le progrès du langage et de l'écriture, l'antiquité des sciences en Égypte et l'origine du culte des animaux. Traduit de l'anglais de M. Warburton" (1744).

Auf Wunsch seines Vaters sollte William Warburton (1698-1779) – er starb also zwei Jahre vor der Geburt Adelbert von Chamissos – Jurist werden. Da sich dieser Weg als erfolglos erwies, wandte er sich der Kirche zu und wurde mit fünfundzwanzig Jahren Diakon. Er übersetzte lateinische Dichtung und wurde 1730 Magister. Fortan interessierten ihn die Offenbarung und der Deismus, also eine Gottesauffassung der Aufklärung, nach der Gott zwar die Welt erschaffen habe aber fortan keinen Einfluss mehr auf diese ausübe. Nach Warburtons Schrift „Divine Legation of Mosis" (1737/38) entbehre das Gesetz Moses der göttlichen Autorität, weil es nicht durch die Lehre einer künftigen Vergeltung sanktioniert ist.

William Warburtons Untersuchung der Hieroglyphen diente einem ähnlichen Zweck, nämlich das hohe Alter ägyptischer Gelehrsamkeit zu beweisen und den Nachweis zu erbringen, dass diese die Gesetzgebung Moses' beeinflusst habe. Die Neigung des Volkes von Moses zu eben dieser ägyptischen Kultur und Gelehrsamkeit sei unbestritten. Aus dieser Abhängigkeit entwickelte Warburton zuletzt die Unabhängigkeit der mosaischen Gesetzgebung. Er starb als Bischof von Gloucester. Nach Champollion wagten ebenso die Engländer Robert William Howard-Vyse und David Roberts, John Gardner Wilkinson („Über die Sitten und Gebräuche der alten Ägypter") und Edward William Lane („Über die Sitten und Gebräuche der modernen Ägypter") die Forschungsreise nach Ägypten.[139]

---

139 Vgl. John Gardner Wilkinson: The Manners and Customs of the Ancient Egyptians. London: Murray 1837 und Edward William Lane: The Manners and Customs of the Modern Egyptians. London: Dent 1908.

Später folgten die Deutschen und schon 1842 machte sich die größte und wohl am besten organisierte Expedition unter der Leitung des Sprachwissenschaftlers Karl Richard Lepsius auf den Weg an den Nil.

Die Lepsius-Expedition, die im Herbst 1842 in Alexandria an Land ging, vermochte mit modernen Forschungsmethoden eine moderne wissenschaftliche Disziplin zu formen, nämlich die Ägyptologie.[140] Schon vorher bemühten sich Orientalisten wie Samuel Friedrich Günther Wahl (1760-1834), Josef Hammer-Purgstall (1774-1856) Friedrich Rückert (1788-1866), Gustav Flügel (1802-1870), Lion Baruch Ullmann (1804-1843) um das Verständnis der islamischen arabischen Welt und des Koran, allerdings ohne jemals in Ägypten gewesen zu sein.[141] Wäre Adelbert von Chamisso nicht ein Naturforscher mit dem Spezialgebiet der Botanik gewesen, hätten ihn vermutlich der Islam und dessen religiöses Buch interessiert. Geradezu als Selbstaussage lässt sich im Erzähltext des „Peter Schlemihl" die Beschreibung dessen „Systema naturae" lesen: „Ich glaube darin nicht bloß die Zahl der bekannten Arten müßig um mehr als ein Drittel vermehrt zu haben, sondern auch etwas für das natürliche System und für die Geographie der Pflanzen getan zu haben."[142]

Zuvor war der Protagonist dieses Erzähltextes im Orient:

> Wie ich durch Ägypten die alten Pyramiden und Tempel angaffte, erblickte ich in der Wüste, unfern des hunderttorigen Theben, die Höhlen, wo christliche Einsiedler sonst wohnten.[143]

Dass der Autor wie seine Figur an christlicher Religion interessiert waren, liegt auf der Hand. Doch wer sich um 1800 in Ägypten aufhält, der wird sein Interesse für den Islam nicht unterdrücken können, denn, so Pe-

---

140 Zur Vervollständigung einer langen Liste jener Ägypten-Reisenden seien an dieser Stelle ebenso Auguste Mariette, Amelia Edwards und William Flinders Petrie genannt. In jüngerer Zeit zählen Schriftsteller wie Karl May und Rainer Maria Rilke, Ingeborg Bachmann und Max Frisch, Hubert Fichte und Gerhard Roth und viele weitere dazu. Vgl. hierzu auch Michael Fisch: Sie ging in die Wüste gegangen. Das Licht erbrach sich über ihnen. Ingeborg Bachmanns Reise nach Ägypten und in den Sudan im Mai 1964 und ihr „Todesarten"-Projekt. In: Das Wort. Germanistisches Jahrbuch Russland 2011, S. 87-99. Vgl. ders.: Geblendet vom Sonnenlicht öffnete (und schloss) er die Augen. Gerhard Roths Reisen nach Ägypten und sein „Orkus"-Zyklus. In: Das Wort. Germanistisches Jahrbuch Russland 2012/2013, S. 45-67. Vgl. ders.: So bin ich selber, Leser, der einzige Inhalt meines Buches. Max Frischs Reise nach Ägypten und seine introspektive Suche nach einer Möglichkeit des Lebens im Angesicht des Todes. In: Das Wort. Germanistisches Jahrbuch Russland 2014/2015, S.137-151.
141 Vgl. Michael Fisch: umm-al-kitâb. Ein kommentiertes Verzeichnis deutschsprachiger Koran-Ausgaben von 1543 bis 2013. Vierhundertundsiebzig Jahre europäisch-abendländische Koran-Rezeption. Berlin: Schiler 2013.
142 Adelbert von Chamisso: Peter Schlemihls wundersame Geschichte, S. 82.
143 Ebd., S. 74.

ter Schlemihl: „Ich öffnete endlich die Augen [...] und ich sah mich auf den neuen Charakter, den ich in der Welt bekleiden sollte."¹⁴⁴

Jacques Derrida stellt 2001 in dem bereits genannten Dialog mit Elisabeth Roudinesco fest:

> Man muss sich darin vertiefen und immer wieder vertiefen, was „glauben" [„croire"] heißt. Und was „wachsen" [„croître"] und was Wachsen [„croissance"] eines Glaubens [„croyance"] heißt.¹⁴⁵

Warum also sollte dieser „wissbegierige Reisende"¹⁴⁶ nicht eine neue Religion entdecken? Nicht zuletzt heißt es im Erzähltext: „Ich fiel in stummer Andacht auf meine Knie und vergoss Tränen des Dankes, denn klar stand plötzlich meine Zukunft vor meiner Seele."¹⁴⁷

Bekannt ist, dass Chamisso im November 1805 im westfälischen Mandern das Heilige Buch der Muslime las.¹⁴⁸ Vermutlich handelte es sich hierbei um die Text-Edition von Friedrich Eberhard Boysen (1773) oder die Koran-Übersetzung von David Friedrich Megerlin (1772). Diese Ausgaben wurden ebenso von Gotthold Ephraim Lessing und Moses Mendelssohn genutzt.¹⁴⁹ Und mit der Religion vermag Peter Schlemihl (wie Lessing und Mendelssohn) das Wissen zu verbinden, wie es im Koran heißt, genauer dass

> die Frau ebenso wie der Mann eine rechtsfähige Person sei, dass die Frau wie der Mann nach Wissen suchen sollte und dass es keinen Unterschied zwischen Männern und Frauen, zumindest in dem, was ihnen verboten ist, gebe.¹⁵⁰

> Durch frühe Schuld von der menschlichen Gesellschaft ausgeschlossen, ward ich zum Ersatz an die Natur, die ich stets geliebt, gewiesen, die Erde mir zu einem reichen Garten gegeben, das Studium zur Richtung und Kraft meines Lebens, zu ihrem Ziel die Wissenschaft.¹⁵¹

Das wird umso dringlicher, als der Protagonist ausdrücklich betont, es sei nicht „ein Entschluss, den ich fasste"¹⁵² also sein fester Wille gewesen. War es göttliche Eingebung oder war es religiöse Einsicht?

---

144 Ebd., S. 71.
145 Jacques Derrida: Woraus wird Morgen gemacht sein?, S. 80.
146 Adelbert von Chamisso: Peter Schlemihls wundersame Geschichte, S. 71.
147 Ebd., S. 74.
148 Beatrix Langner: Der wilde Europäer, S. 77.
149 Ebd., S. 62.
150 Michael Fisch: Die Frau ist eine rechtsfähige Person wie der Mann. Abû Al-Faradj Ibn al-Djauzis „Buches der Weisungen für Frauen" (Kitâb ahkâm al-nisâ). In: Zeitschrift für interkulturelle Germanistik 2 (2012) S. 175-182, S. 176. Vgl. auch ders.: Die Religion macht die Beschäftigung mit der Philosophie zur Verpflichtung. Muhammad ibn Ahmad ibn Rushds „Fasl al-maqâl". Drei aktuelle deutschsprachige Texteditionen im Vergleich. In: Kairoer Germanistische Studien 21 (2015) S. 251-261.
151 Adelbert von Chamisso: Peter Schlemihls wundersame Geschichte, S. 74.
152 Ebd., S. 74.

5. Das Gold, der Vater, der Phallus, der Monarch und die Sprache

In seinem Text „Signatur, Ereignis, Kontext" (1971) greift Jacques Derrida das Konzept der performativen Äußerung von John Langshaw Austin auf.[153] Dieser schlug bereits in den 1950er Jahren eine Unterscheidung zwischen zwei Äußerungstypen vor, nämlich zwischen der konstativen und der performativen Äußerung. Die Unterscheidung konstativ oder performativ beschreibt bei Austin den Unterschied zwischen Sprechen und Handeln.[154] Er unterscheidet überdies zwischen ernsthaften Performativen (Versprechen und Schwur) und den nicht ernsthaften Äußerungen. Derridas Dekonstruktion von Austins Idee berief sich auf die Tatsache, das dieser als normal zu benennende Bedingungen oder als alltäglich zu bezeichnende Situationen ausgrenze, das heißt, dass beispielsweise sprachliche Elemente wie die Wiederholung durchaus unernst oder ernsthaft sein könnten, etwa im Zitat oder in einem Beispiel. Jonathan Culler betont:

> Die Wiederholbarkeit ist Grundmerkmal der Sprache und gerade Performative funktionieren nur dann, wenn sie als Versionen oder Zitate regelgeleiteter Formeln erkannt werden, wie etwa: „Ja, ich will" oder: „Ich verspreche es".[155]

In der Folge seines Aufsatzes stellt Derrida das Performative in einen größeren Kontext der Frage nach dem Handeln, und zwar jene Handlungen, die etwas hervorbringen oder zum Leben erwecken; Handlungen, die etwas Neues erschaffen, sowohl im politischen als auch literarischen Leben. Performativ heißt nicht nur Denken und Handeln, bedeutet nicht nur das Selbe und das Andere, meint nicht allein ich und der Andere, heißt „Ökonomie des Selben" und „Überschuss des Anderen", denn „es gibt ‚Psyche', das heißt ‚Leben'".[156] Mit Lacan könnte Derrida sagen: „Das Gold, der Vater, der Phallus, der Monarch und die Sprache".[157]

Literatur selbst behauptet eine (literarische) Welt, um dem Leser etwas über diese oder die (reale) Welt mitzuteilen, und wenn sie das erfolgreich tut, dann geschieht das, indem sie Figuren und Ereignisse schafft, Orte und Themen setzt, von denen sie erzählt. Ähnlich, so wird Jacques Derrida nicht müde zu betonen, verhält es sich bei der Unabhängigkeitserklärung der USA, die am 4. Juli 1776 verabschiedet wurde, als dem (!)

---

153 Jacques Derrida: Signatur, Ereignis Kontext. Aus dem Französischen von Donald Watts Tuckwiller. In: Ders, Randgänge der Philosophie. Herausgegeben von Peter Engelmann. Wien: Passagen 1999, S. 325-351.
154 Vgl. John Langshaw Austin: How to Do Things with Words. Cambridge: MIT Press 1975.
155 Culler, Jonathan: Literary Theory. A Very Short Introduction. Oxford: University Press 1997, S. 143.
156 Jacques Derrida: Woraus wird Morgen gemacht sein?, S. 74.
157 Deutscher Untertitel zu dem Aufsatz „Numismatiques" von Jean-Joseph Goux, der zuerst in der Zeitschrift Tel Quel 35 (1968) erschien.

Gründungsakt eines politischen Bereichs. Der zentrale Satz dort lautet: „Aus diesem Grund geben wir feierlich kund und zu wissen, dass diese Vereinigten Kolonien freie und unabhängige Staaten sind und von Rechts wegen auch sein sollen." Die Erklärung, dass die USA unabhängig sind, ist ein performativer Akt, der die neue Realität erschaffen soll, auf die sich der Akt selbst bezieht: Um die Behauptung zu stützen, ist gleichzeitig eine konstative Feststellung beigefügt, nämlich dass die USA unabhängig sein sollen.

6. Die Welt ist fort, ich muss dich tragen

Als 1968 Jacques Derridas Text „Ousia und gramme" (Notiz über eine Fußnote zu „Sein und Zeit") erscheint,[158] ist es Hans-Georg Gadamer, der diese Replik und Kritik als einer der ersten aufmerksamen Leser zur Kenntnis nimmt. Gadamer verfügte über ausgezeichnete Kenntnisse der französischen Sprache, denn „Französisch sprach er wirklich aus dem Herzen".[159] Diese sprachliche Vorliebe mag eine gewisse Rolle spielen, als er das direkte Gespräch mit Derrida (allerdings erst) dreizehn Jahre später, im Jahr 1981 aufnimmt.

Gadamers erste längere Begegnung mit dem französischen Philosophen fand 1981 im Goethe-Institut in Paris aus Anlass einer Konferenz zum Thema „Text und Interpretation" statt. Sein Interesse an Derridas Texttheorie, die ja bis heute in einer französischen Tradition steht wenn nicht gar durch diese begründet ist, ist anfangs nur gering. Allerdings wurde auch Gadamers Hauptwerk „Wahrheit und Methode" (1960) erst 1976 in einer um zweihundert Seiten gekürzten Fassung und äußerst unzureichend ins Französische übersetzt. Vielleicht aus dem Grund mangelnder Kenntnis kümmerte sich Derrida anfangs wenig um Gadamer.

Bereits 1980 sollten auf Hans-Georg Gadamers Einladung hin sowohl Jacques Derrida als auch Émmanuel Levinas an einem italienischen Symposium über das Erbe Martin Heideggers teilnehmen, doch dieses Zusammentreffen kam nicht zustande. Und am 9. März 1977 schreibt Gadamer an Derrida:

> Ich verfolge ihre Publikationen seit längeren Jahren und glaube, dass ihre Perspektive betreffend das Verhältnis Heidegger und Nietzsche einen wirklichen Punkt in einer produktiven Auseinandersetzung mit dem Erbe Heideggers darstellen muss."[160]

---

158 Zuerst in: René Char: L'endurance de la pensée. Pour saluer Jean Beaufret. Paris: Plon 1968, S. 31-78 und später in: Jacques Derrida: Signatur, Ereignis Kontext, S. 57-92.
159 Jean Grondin: Hans-Georg Gadamer. Eine Biographie. Tübingen: Mohr 1999, S. 47-48.
160 Ebd., S. 366.

Gadamer ist demnach auf Derrida vorbereitet, als er vier Jahre später den ersten Vortrag zum Thema „Text und Interpretation" hält. Derrida hingegen geht gar nicht auf Gadamer ein, weder in direkter Kommunikation noch in seinem auf Gadamer folgenden Vortrag über Heidegger und Nietzsche mit dem Titel „Guter Wille zur Macht (II)" (1981). Diese Textgeschichte wird 2004 in einem schmalen Band mit dem Titel „Der ununterbrochene Dialog" dokumentiert.[161] Derridas Strategie eines Gesprächs mit dem Anderen gipfelt in drei Fragen an Hans-Georg Gadamer, die unter dem Titel „Guter Wille zur Macht (I)" später erscheinen:

> Die erste Frage geht auf das ein, was Gadamer uns gestern Abend über den guten Willen gesagt hat, den Appell an den guten Willen und die absolute Verbindlichkeit im Bestreben nach Verständigung.[162]

Als Derrida am 15. Februar 2003 in der Aula der Neuen Universität Heidelberg die Festrede zum Gedenken an den ein Jahr zuvor verstorbenen Gadamer hält, spricht über das Werk von Celan, die Gabe der Freundschaft und das Ethos des Gedenkens.[163] Derrida erinnert sich: „Unsere Diskussion konnte wohl nur mit einer merkwürdigen Unterbrechung beginnen, die nicht etwa ein Missverständnis war, sondern eine Art Sprachlosigkeit, eine Hemmung des noch Unentschiedenen."[164] Auch wenn der äußere Dialog unterbrochen gewesen sei, wäre doch der „innere Dialog mit Gadamer selbst nie unterbrochen"[165] gewesen. Und die deutsche Buchausgabe dieses Gesprächs inszeniert diesen ununterbrochenen Dialog. Gegen Ende seiner Gedenkrede benennt Derrida seine Überlegung zum Schlussvers von Paul Celans Gedicht „Große, glühende Wölbung" (vom 7. Juni 1965) mit den Worten: „Die Welt ist fort, ich muss dich tragen."[166]

---

161 Vgl. Jacques Derrida: Der ununterbrochene Dialog. Zusammen mit Hans-Georg Gadamer. Herausgegeben und mit einem Nachwort versehen von Martin Gessmann. Frankfurt a.M.: Suhrkamp 2004.
162 Jacques Derrida: Guter Wille zur Macht (I). Drei Fragen an Hans-Georg Gadamer. In: Text und Interpretation. Deutsch-französische Debatte. Herausgegeben von Philippe Forget. Aus dem Französischen von Friedrich Kittler. München: Fink 1984, S. 25.
163 Vgl. hierzu auch Jacques Derrida: Politik der Freundschaft. Aus dem Französischen von Stefan Lorenzer. Frankfurt a.M.: Suhrkamp 2000.
164 Jacques Derrida: Der ununterbrochene Dialog, S. 8.
Vgl. auch ders: Die Religion. Zusammen mit Gianni Vattimo. Aus dem Französischen von Hella Beister, Alexander Garcia Düttmann, Ulrich Kunzmann, Johannes Türk. Frankfurt a.M.: Suhrkamp 2001.
165 Jacques Derrida: Der ununterbrochene Dialog, S. 12.
166 Paul Celan: Werke. Historisch-Kritische Ausgabe. Abteilung I: Lyrik und Prosa. Band 7: Atemwende. Herausgegeben von Rolf Bücher. Franfurt a.M.: Suhrkamp 1990, S. 97.

GROSSE, GLÜHENDE WÖLBUNG
mit dem sich
hinaus- und hinweg-
wühlenden Schwarzgestirn-Schwarm:

der verkieselten Stirn eines Widders
brenn ich dies Bild ein, zwischen
die Hörner, darin,
im Gesang der Windungen, das
Mark der geronnenen
Herzmeere schwillt.

Wo-
gegen
rennt er nicht an?

die Welt ist fort, ich muß dich tragen.[167]

Jacques Derrida verwebt hier (und andernorts) Assoziationen und Reflexionen mit dem differenten Material, das vorliegende Texte ihm bieten. Er spielt die Möglichkeiten von Texten zu einem „potentiell unendlichen Parcours" durch.[168] Eine Voraussetzung für dieses Spiel ist die Unterbrechung: „Die Zäsur, der Hiat, die Ellipse sind alles Unterbrechungen, die zugleich öffnen und schließen. Sie halten den Zugang zum Gedicht für immer auf der Schwelle zu seinen Krypten."[169]

Auch wenn sich zwischen Gadamer und Derrida Widersprüche zu den Vorstellungen von Interpretation als Vermittlung, in den Auffassungen von der Sprache als einer Vermittlerin zwischen Welt und Subjekt ergeben, bleibt das Gespräch zwischen den beiden eben doch nicht unterbrochen. Auffällig und vordergründig in den Differenzen zwischen beiden ist nicht zufällig das Problem der Textualität.

Während Gadamer sich vor allem in seinem Hauptwerk „Wahrheit und Methode" (1960) mit dem Spannungsfeld von Kontextualität und Idealität der Bedeutung auseinandersetzte, kommt Derrida zu dem Schluss, dass es keine Einheit in der Lektüre gebe, also der Weg zum Autor zurück führe. Das Postulat von der vermeintlichen Rückkehr des Autors führt zu Derridas Logozentrismus-Konzept, dessen Ideen und Vorwürfe lauten: Unkenntnis der Geschichte, Umständlichkeit und falscher Ruhm, Karrierezwang und Intuitionsignoranz, Übertreibung, Monotonie und Unfähigkeit (eine Ordnung zu schaffen), Willkür, Destruktivität, Zauberei, Beliebigkeit, Tyrannei (als Willkür eines Einzelnen) und vor

---

167 Paul Celan: Atemwende. Vorstufen – Textgenese – Endfassung. Bearbeitet von Heino Schmull und Christine Wittkopp. Frankfurt a.M.: Suhrkamp 2000, S. 166-167.
168 Jacques Derrida: Der ununterbrochene Dialog, S. 44.
169 Ebd., S. 41.

allem „Gewalttat gegenüber dem Text im Namen des Textes".[170] Michael Baum notiert:

> An der Landkarte des dekonstruktiven Terrains kann indes weiter gearbeitet werden. Es fehlen immer noch literaturwissenschaftlich interessierte Studien, die sich thematisch von der Dekonstruktion inspirieren lassen. Verwiesen sei hier nur auf Themen wie ‚Freundschaft', ‚Fremdheit und Anderssein', ‚Tod und Überleben' sowie ‚Gedächtnis'.[171]

7. Die Jungfräulichkeit, die Frigidität, das Papier

Von dem Erscheinen des Buches „De la grammatologie" (1967) geht nicht weniger als eine Revolutionierung kulturwissenschaftlicher Methodik aus. Der außergewöhnliche Rang, der dieser Schrift zukommt, ist vor allem darin begründet, dass dieser Text die neue Methode der Dekonstruktion nicht nur philosophisch-inhaltlich entwickelt, sondern sie gleichzeitig in Auseinandersetzung mit ihren Erkenntnisobjekten exemplarisch vorführt. Ein theoretischer Paukenschlag ist die „Grammatologie" auch, weil sie sich wirkungsmächtig gegen Grundüberzeugungen der bis dahin dominierenden marxistischen und existenzialistischen Philosophie wendet und damit das aufkommende poststrukturalistische Denken maßgeblich beeinflusst. Die Dekonstruktion nimmt keinen Ort außerhalb der kritisierten Ordnung ein, denn sie wendet sich bewusst von einem kritischen Denken ab, dass die Kritik nur vorzutragen vermag, weil sie das Bild einer besseren Welt bereits vor Augen hat. Der Autor sagt darum:

> Die Dekonstruktion hat notwendigerweise von innen her zu operieren, sich aller subversiven, strategischen und ökonomischen Mittel der alten Struktur zu bedienen, sich ihrer strukturell zu bedienen, das heißt ohne Atome und Elemente von ihr absondern zu können.[172]

Insbesondere die Auseinandersetzung mit der Sprache macht diese methodische Vorkehrung deutlich, denn um ihre sprachliche Ordnung zu reflektieren und wiederzugeben, muss ein jeder die Sprache selbst benutzen. Indem ein jeder über Sprache schreibt, wird ein jeder zugleich von ihr getragen. Eine kritische Distanz zu ihr ist damit ausgeschlossen, weil ein jeder die der Sprache eigenen Wörter verwenden wird. Diesem Zirkel kann das sprechend denkende Wesen nicht entkommen. Die „Grammatologie" setzt sich unter anderem und vor allem mit den „Grundfragen der

---

170 Peter J. Brenner: Das Problem der Interpretation. Eine Einführung in die Grundlagen der Literaturwissenschaft. Tübingen: Niemeyer 1998, S. 158
171 Michael Baum: Der ununterbrochene Dialog – seine Teilnehmer, Vermittler und Zensoren. In: Derrida und danach? Literaturtheoretische Diskurse der Gegenwart. Herausgegeben von Gregor Thuswaldner. Wiesbaden: VS Verlag für Sozialwissenschaften 2008, S. 29.
172 Jacques Derrida: Grammatologie, S. 45.

Allgemeinen Sprachwissenschaft" von Ferdinand de Saussure auseinander. Derrida erkennt bereits bei Saussure, dass die Sprache als ein differentieller Prozess artikuliert wird und Identitäten produziert, mit denen das Denken operiert. Die Sprache als ein System von Differenzen bringt fortlaufend neue Identitäten und neue Bedeutungen hervor. Für den schriftlichen Text bedeutet das, dass dieser sich von den inhaltlichen Absichten seines Autors entfernt und ein Eigenleben führen wird. Auf der Textebene findet sich zwar der vom Autor intendierte Sinn, aber auf einer zweiten Ebene höhlen Ausdrücke und Begriffe diesen Autorsinn aus und zwingen eine Neuordnung herbei.

Jacques Derrida entwirft im Gegensatz zur Hermeneutik eine Textwissenschaft, welche die Materialität des Buchstabens und insbesondere der Schrift ernst nimmt. Die von Derrida in der „Grammatologie" skizzierte Wissenschaft von der Schrift („gramma") zeigt sich als ein Gegenentwurf zu einer abendländischen linguistischen und sprachphilosophischen Tradition, für die bislang die Philosophie Jean-Jacques Rousseaus und die Linguistik Ferdinand de Saussures steht.

Das gesprochene Wort wird wie selbstverständlich als mit dem Denken und der Innerlichkeit der Reflexion verbunden begriffen, hingegen wird die Schrift zumeist als ein bloßes Abbild, als eine Ergänzung und ein Ersatz der abwesenden Rede betrachtet. Das erweist sich bekanntlich als falsch. Nach Derrida spielt die Schrift ein doppeltes Spiel, einerseits als ein materiales Instrument der Rede und des Denkens, andererseits als eine stille und lautlose Verschiebung und Umkehrung dieser Ordnung. Indem das Denken sich mittels der Laute und der (Schrift-)Zeichen in das Draußen der hörbaren und sichtbaren Darstellung begibt, erfährt es die für sich selbst wesentliche Gliederung und Strukturierung. Weil die Schrift die Freundin des Schriftstellers ist, lässt sich fragen: „Wie schwer ist es, die Abwesenheit des Freundes zu ertragen."[173]

Denn Schrift ist körperlich, sie lockt das Denken aus seinem Zentrum, leitet damit einen Aufschub oder eine Verzögerung ein und hebelt nicht zuletzt das Prinzip der Präsenz des abendländischen Denkens aus. Diese Bewegung des Aufschubs, der Verzögerung, der Umleitung, der Verschiebung zwingt den „logos" wiederholt zu neuen Differenzierungen: „Die Jungfräulichkeit, die Frigidität, den Schnee, den Schleier, den Flügel des Schwans, den Schaum, das Papier."[174]

---

[173] Zeile aus dem Chanson „L'Absent" von Gilbert Bécaud aus dem Jahr 1960, das im französischen Original komplett lautet: „Qu'elle est lourde à porter l'absence de l'ami. L'ami qui tous les soirs venait à cette table. Et qui ne viendra plus".
[174] Jacques Derrida: Die zweifache Séance. In: Ders., Dissemination. Herausgegeben von Peter Engelmann. Aus dem Französischen von Hans-Dieter Gondek. Wien: Passagen 1995, S. 284.

8. Ich wäre Ihnen sehr verbunden, mir seine Adresse mitzuteilen

Jacques Derridas Begriff der Dekonstruktion ist eine Kritik am strukturalistischen Strukturbegriff, der sich insbesondere im Kontext des Poststrukturalismus als Sammelbegriff für eine Spannbreite theoretischer Diskurse durchgesetzt hat. Die Dekonstruktion kritisiert vor allem (scheinbar) oppositionelle Begriff des abendländischen Denkens wie: innen/außen, oben/unten, Körper/Geist, Natur/Kultur, Rede/Schrift, Form/Bedeutung, Anwesenheit/Abwesenheit, wörtlich/übertragen und so weiter.

Die Adresse des anderen ist nicht die Anschrift des Fremden. In seinem im April 1992 in Baton Rouge im Staat Lousiana gehaltenen Vortrag „Die Einsprachigkeit des anderen" notiert der mehrsprachige Autor: „Ich bin einsprachig. Meine Einsprachigkeit bleibt, und ich nenne sie meine Bleibe und empfinde sie als solche, ich bleibe dort und wohne in ihr."[175]

Mit dem Begriff der Gabe oder Gnade verbindet Derrida eine Form zwischenmenschlicher Beziehung, welche die reziproke Logik von ökonomischen Tauschprozessen unterläuft. In diesem Zusammenhang steht auch seine Diskussion um die (unmögliche) „Vergebung", denn dieser Begriff bezeichne eine Unmöglichkeit, das zu vergeben, was man per se nicht vergeben kann. In ähnliche antinomische Strukturen verwickelt Derrida Begriffe und Praktiken wie die der „Gastfreundschaft".[176] Schon Lacan hatte formuliert, Liebe sei, das zu geben, was man nicht hat. Derrida entwickelt seine Entscheidungstheorie ausgehend von der Option für „den Anderen". Jede Entscheidung sei eine passive Entscheidung des Anderen in mir. Ebenso kennzeichnet er die Praxis der Dekonstruktion als die Ermöglichung einer Beziehung oder eines Empfangs des Anderen. Im Gegensatz zu Lévinas ist bei Derrida das Andere oder der Andere nicht auf Menschen beschränkt: „Ich wäre Ihnen sehr verbunden, wenn Sie die Freundlichkeit hätten, mir seine Adresse mitzuteilen."[177]

9. Das Böse ist in der Welt wie ein Sklave, der das Wasser schöpft

Beatrix Langner weist darauf hin, dass sich die ersten ethnologischen Gesellschaften 1839 in Frankreich, ein Jahr später in England und 1870 in Deutschland gründen. Sie sieht im Forschungsreisenden Adelbert von Chamisso zu Recht einen modernen, sich selbst reflektierenden Vertreter dieser für ihn noch nicht so bezeichneten Wissenschaft:

---

175 Jacques Derrida: Die Einsprachigkeit des Anderen oder die ursprüngliche Prothese. Aus dem Französischen von Michael Wetzel. München: Fink 2003, S. 11.
176 Vgl. Jacques Derrida: Von der Gastfreundschaft. Aus dem Französischen von Markus Sedlacek. Wien: Passagen 2001.
177 Brief von Jacques Derrida an Emmanuel Lévinas vom 15. Juni 1964. Zitiert nach Benoît Peeters: Jacques Derrida, S. 795.

Die naheliegende Analogie lag für Chamisso nun einmal im Autobiographischen. Seine Selbstreflexion ließ ihn, der sich überall als Fremder fühlte, angesichts der Fremdartigkeit der Polynesier vor allem nach Zeichen innerer Verwandtschaft suchen.[178]

Alice Kuzniar hält dagegen, dass „das Subjekt der Icherzählung in der ‚Wundersamen Erzählung' seine Autobiographie zu revidieren versucht".[179] Zuletzt aber muss Chamisso an diesem Versuch scheitern.

Intuitiv, emotional wie rational und aufgrund eigener Lebenserfahrung verhält sich der Fremde im Fremden nicht fremd. Er lernt die Sprache(n), hält „gewissenhaft die Namen seiner Freunde, die Wörter ihrer Sprache und ihr Alltagsleben" fest.[180] Der Fremde tauscht im Fremden die Namen und wird darum zum Eigenen und zum Anderen, indem er eine symbolische Repräsentation vollzieht. Damit ist Adelbert von Chamisso ein genuiner Vorläufer von Claude Lévi-Straus („Traurige Tropen") und Clifford Geertz („Dichte Beschreibung"), aber ebenso ein Seelenverwandter von Jacques Derrida und Hubert Fichte. Letzterer notiert 1975 in seinem Text „Elf Übertreibungen":

> Heine, der den schwulen Außenseiter Platen denunzierte, schätzte den schwulen Außenseiter Adelbert von Chamisso. „Peter Schlemihl" ist ein Wunderwerk, über romanische Ordnungen geworfene romantische Schleier. Hier ist alles Schattenspiel, Gleichnis, um den verlorenen Schatten. Die Mutter Sonne, der Vater des Schattens. Die aufgehobene Verdoppelung. Das Geheimnis, das den Mittag scheut und die Ehe hintertreibt, ihn durch alle Welt jagt – wie heute die Homosexuellen nach Tunis, auf die Philippinen – Neckermann machts möglich – von Verwundern liest man sich zu Verwundern. Chamisso, der eigentümliche Wanderer zwischen den Zeichen, den Geschlechtern der Pflanzen, lässt sechzig Seiten zurück und zieht in die Südsee zu seinem Freund Kadu und träumt davon, den Wal zu zähmen, um seine Arbeitskraft der Weltwirtschaft zugänglich zu machen.[181]

Hubert Fichte plädiert hundertfünfzig Jahre nach Chamisso für eine anthropologisch fundierte und poetische Ethnologie. Hier weisen die beiden Schriftsteller, Forschungsreisenden und Botaniker erstaunliche Parallelen in ihrem Denken und in ihrem Werk auf. Als Randnotiz sei erwähnt, dass beide leidenschaftliche Fußgänger sind, und das Wandern tritt als ein auch erotisches Motiv deutlich bei Hubert Fichte auf, wenn er etwa schreibt: „Ethnologie ist wie Päderastie: Man muss viel zu Fuß gehen."[182]

---

178 Beatrix Langner: Der wilde Europäer, S. 218.
179 Alice A. Kuzniar: „Spurlos ... verschwunden", S. 191.
180 Beatrix Langner: Der wilde Europäer, S. 221.
181 Hubert Fichte: Elf Übertreibungen [Zuerst 1975.]. In: Ders, Homosexualität und Literatur 1. Polemiken. Herausgegeben von Torsten Teichert. Frankfurt a.M.: S. Fischer 1987, S. 17-18. [Die Geschichte der Empfindlichkeit. Paralipomena 1.]
182 Hubert Fichte: Explosion, S. 142.

Oder an anderer Stelle: „Die guten Päderasten in Agadir machen ihre rund zwanzig Kilometer am Tag."[183] Und schließlich auch: „Man muss gehen, dann kommt man wohin."[184]

Es gibt also dieses „verlockende Element der Unbestimmbarkeit"[185] in Adelbert von Chamissos Werk. Thomas Mann erkennt bereits, dass der Schatten in „Peter Schlemihl" das Symbol aller bürgerlichen Solidität und menschlichen Zugehörigkeit geworden ist. Die Logik dieses Textes von Chamisso macht das Forschen über ihn endlos. Insbesondere das Motiv des Schattens ist „ein verschobener Signifikant, der sich dauernd jeglichem Signifikat entzieht".[186] Das Spiel von Verdoppelungen und Anspielungen führt zur Frage „nach dem Ursprung indirekter, scharfer Spiegelungen" und bestätigt „die Unmöglichkeit einer Wiederkehr zum Ursprung".[187] Der „Diskurs über das Unnennbare und Vergängliche" verweist einmal mehr auf „seine Diskontinuität und die Unmöglichkeit der Schließung" und zudem führt die „Verdoppelung des Selbst" zur Suche nach der Übereinstimmung von einem „Selbst und seinem Zeichen".[188] Alice A. Kuzniar sieht darum eine „Kette unheimlicher, endloser Verdoppelungen und Brechungen" und eine „Gleichsetzung von Repräsentation und Gegenstand".[189]

Jacques Derrida erinnert daran, dass Ethnologie und Wissenschaft unverbrüchlich mit der Sprache verbunden sind über „den Begriff der Wissenschaft oder der Wissenschaftlichkeit der Wissenschaft, also dessen, was seit je als Logik bestimmt wurde".[190] Hubert Fichte forderte in seinen „Ketzerischen Bemerkungen für eine Wissenschaft vom Menschen", dass „jede menschliche Tatsache sich so formulieren lässt, dass sie der gutwillig Interessierte nachvollziehen kann".[191] Der inzwischen zum Modewort degenerierte Begriff einer „Interkulturalität" (besser wäre hier „Transkulturalität"[192]) wird inzwischen überholt durch postkoloniale Studien, durch

---

183 Hubert Fichte: Die Geschichte der Nanã, S. 102
184 Hubert Fichte: Explosion, S. 146.
185 Alice A. Kuzniar: „Spurlos ... verschwunden", S. 192.
186 Ebd., S. 194.
187 Ebd., S. 195.
188 Ebd., S. 197.
189 Ebd., S. 189-204
190 Jacques Derrida: Grammatologie, S. 12.
191 Hubert Fichte: Ketzerische Bemerkungen für eine neue Wissenschaft vom Menschen. Rede in der Frobenius-Gesellschaft, Frankfurt a.M. am 12. Januar 1977. Mit einem Essay von Michael Fisch. Hamburg: Europäische Verlagsanstalt 2001, S. 17.
192 In ihrem egozentrischen wie eurozentristischen, polemischen wie redundanten Beitrag „Interkulturalität als Projekt" (Zeitschrift für interkulturelle Germanistik 2 (2014) S. 119-144) versuchen Dieter Heimböckel und Manfred Weinberg eine Art Rettung des veralteten Begriffs „Interkulturalität" und wenden sich polemisch gegen Wolfgang Welsch und dessen Überlegungen zu dem neueren Terminus „Transkulturalität". Die in diesem Aufsatz leider nicht vorhandene Unterscheidung von Nord- und Südamerika (benutzt wird der diffuse

gender-, queer- oder cultural-studies, aber auch durch Termini wie Hybridität, Alterität, Spacial Turn und so weiter. Vielleicht genügt es auch, um es mit Jacques Derrida zu sagen: „Meine Gedanken zu fixieren und mein Zeugnis in ein paar Minuten um ein paar Fragen herum zu versammeln."[193]

Begriff Amerika), die unbegründete Behauptung „Wer auf Reisen geht, sucht in der Regel Orientierung", die von den Autoren – lange schon überholte – Erwähnung von Dichotomien wie das Eigene und das Fremde (versus das Andere), das Wissen und das Staunen, das Gedächtnis und die Inszenierung, die Repräsentation und die Dekonstruktion, die lange schon bekannte Ausmehrung über Interkulturalität als Prozess und/oder Projekt, der Terminus von „der Reise ins Innere (des Landes)" (dieses Mal mit Franz Kafka und nicht mit Joseph Conrad oder Sigmund Freud), der Appell an die Schärfung von Kulturbegriffen und die Präzisierung von Beschreibungen laufen leider ins Leere – weil gar nicht neu. Zuletzt stellt sogar das gegen Wolfgang Welsch (Transkulturalität) und Homi K. Bhabha (Hybridität) in Stellung gebrachte Zitat von Jean-Luc Nancy eben keinen Widerspruch – wie von Heimböcke und Weinberg behauptet wird – zu deren Theorien dar. Nancy sagt: „Jede Kultur ist in sich multikulturell, nicht nur, weil es immer eine vorgängige Akkulturation gegeben hat und es keine einfache und reine Herkunft gibt, sondern vor allem deshalb, weil der Gestus der Kultur einer des Vermischens ist." Auf diese Weise befeuern die Autoren einen „Glaubenskrieg", den zu vermeiden sie beabsichtigen. Wolfgang Welschs nicht nur terminologischer Vorschlag wird von den beiden leider als Angriff statt als Fortführung (miss-)verstanden.

193 Brief von Jacques Derrida an einen anonymen belgischen Radiomoderator vom 13. Dezember 1969. Zitiert nach Benoît Peeters: Jacques Derrida, S. 811.

III. Hier gleicht das Kunstwerk einer luftigen Seifenblase
Die Grundlagen der Weltdeutung bei Paul Ernst

1. Unterschätzung der Novellen

Als die „Gesammelten Werke" des Schriftstellers Paul Ernst im Münchner Georg Müller Verlag erschienen, ließ der Verleger eine Ausgabe mit drei Abteilungen drucken. Es erschienen folgend zehn Bände „Erzählende Schriften", drei Bände „Dramen" und sechs Bände „Theoretische Schriften". Damit wurde einem Autor zu Lebzeiten eine Gesamtausgabe mit immerhin neunzehn Bänden geschenkt. Das ist eine seltene Angelegenheit, vor allem wenn man bedenkt, wie viele Einzelausgaben es von diesem überaus produktiven Schriftsteller bereits gab. Seine Bücher hatten keine geringen Auflagen, was zur Folge hat, dass man noch heute seine Werke in Erst- oder Zweitausgaben zu durchaus annehmbaren Preisen in Antiquariaten erwerben kann. Wolfgang Promies kam schon vor langer Zeit zu einer heute noch gültigen Einschätzung:

> Es gibt jedoch einen Paul Ernst, der lediglich darum, weil er in seiner Zeit nicht belangvoll und dem Autor selbst als ein Irrweg seines Schreibberufs erschien, von der Literaturwissenschaft bislang nicht wahrgenommen worden, geschweige Literaturfreunden bekannt ist.[194]

Die drei Abteilungen „Erzählende Schriften", „Dramen" und „Theoretische Schriften" zeigen dem Leser noch heute ein scheinbar strukturiertes Gesamtwerk. Dabei ist jedoch zu bedenken, dass die Rezeption der jeweiligen Gattungen Prosa, Drama und Theorie in unterschiedlichen Bahnen verläuft. Erst kürzlich wies Viktor Zmegac darauf hin, dass die theoretischen Überlegungen Paul Ernsts noch gar nicht ausreichend zur Kenntnis genommen wurden. Zmegacs Aufsatz gipfelt in der überzeugenden Feststellung, dass in Paul Ernsts literatursoziologischen Überlegungen Thesen eines Neuklassikers zu lesen seien, die man sonst nur aus den Texten linksorientierter Autoren kenne.[195] Dabei war Paul Ernst zuletzt einem eher konservativen Denken verpflichtet.

In den Literaturgeschichtsbüchern unserer Tage wird Paul Ernst, wenn er denn überhaupt noch Erwähnung findet, als Neuklassiker beziehungs-

---

[194] Wolfgang Promies: Wie das Gespenst eines Sterns. Ein Nachwort. In: Paul Ernst: Der Mann mit dem tötenden Blick. Frühe Geschichten und Mitteilungen aus einem unveröffentlichten Manuskript. Herausgegeben und mit einem Nachwort von Wolfgang Promies. Frankfurt a.M.: Insel 1981, S. 231.
[195] Viktor Zmegac: Literatur und Gesellschaft aus der Sicht der Neuklassik. In: Zagreber germanistische Beiträge 6 (1997) S. 29-39.

weise Neoklassizist definiert und eingeordnet. Der Vergleich mit Wilhelm von Scholz und Samuel Lublinski ordnet Paul Ernst einem Kreis von Neuklassikern zu, die daran interessiert waren, das antike und das klassische Drama zu erneuern. Vorbild ihres Schaffens sei nicht Goethe oder Schiller, sondern Friedrich Hebbel gewesen.[196] Viktor Zmegac erlaubt sich hingegen in seinem Aufsatz den erfrischenden Vergleich mit Robert Musil, indem er behauptet, der Leser könne in dessen Porträt einer Epoche der Jahrhundertwende zugleich den geschichtlichen und künstlerischen Standort von Paul Ernst erkennen.

In Robert Musils Roman „Der Mann ohne Eigenschaften" heißt es passend:

> Es entwickelten sich Begabungen, die früher erstickt worden waren oder am öffentlichen Leben gar nicht teilgenommen hatten. Sie waren so verschieden wie nur möglich, und die Gegensätze ihrer Ziele waren unübertrefflich. Es wurde der Übermensch geliebt, und es wurde der Untermensch geliebt; es wurden die Gesundheit und die Sonne angebetet, man begeisterte sich für das Heldenglaubensbekenntnis und für das soziale Allemannsglaubensbekenntnis; man war gläubig und skeptisch, naturalistisch und preziös, robust und morbid; man träumte von alten Schlossalleen, herbstlichen Gärten, gläsernen Weihern, Edelsteinen, Haschisch, Krankheit, Dämonien, aber auch von Prärien, gewaltigen Horizonten, von Schmiede- und Walzwerken, nackten Kämpfern, Aufständen der Arbeitssklaven, menschlichen Urpaaren und Zertrümmerung der Gesellschaft. Dies waren freilich Widersprüche und höchst verschiedene Schlachtrufe, aber sie hatten einen gemeinsamen Atem; würde man jene Zeit zerlegt haben, so würde ein Unsinn herausgekommen sein wie ein eckiger Kreis, der aus hölzernem Eisen bestehen will, aber in Wirklichkeit war alles zu einem schimmernden Sinn verschmolzen. Diese Illusion, die ihre Verkörperung in dem magischen Datum der Jahrhundertwende fand, war so stark, dass sich die einen begeistert auf das neue, noch unbenützte Jahrhundert stürzten, indes die anderen sich noch schnell im alten wie in einem Hause gehen ließen, aus dem man ohnehin auszieht, ohne dass sie diese beiden Verhaltensweisen als sehr unterschiedlich gefühlt hätten.[197]

Im „Mann ohne Eigenschaften" (1930/1932) ist die Hauptfigur Ulrich (das vermutete Alter ego des Autors) ein „Möglichkeitsmensch", der sich für keine der vorhandenen Ordnungen entscheiden kann und die Fähigkeit besitzt, an jeder Sache zwei Seiten zu entdecken. Damit besitzt er ei-

---

196 Andreas Wöhrmann: Das Programm der Neuklassik. Die Definition einer modernen Tragödie bei Paul Ernst, Wilhelm Scholz und Samuel Lublinski. Frankfurt a.M.: Lang 1979, S. 117-126.
197 Robert Musil: Der Mann ohne Eigenschaften. Roman. Herausgegeben von Adolf Frisé. Band 1. Reinbek: Rowohlt 1986, S. 55. Vgl. auch ders.: Die Novelle als Problem. Literarische Chronik [1914]. In: ders., Gesammelte Werke in Einzelbänden. Herausgegeben von Adolf Frisé. Reinbek: Rowohlt 1955, S. 684-685. Vgl. hierzu auch Robert Musils Tagebuchhinweis auf Paul Ernst [1920]. In: Ders., Tagebücher. Herausgegeben von Adolf Frisé. Reinbek: Rowohlt 1976, S. 548.

ne moralische Ambivalenz, die viele Zeitgenossen von der Jahrhundertwende bis zur Machtergreifung durch die Nationalsozialisten auszeichnete. Der Mann ohne Eigenschaften ist vom Intellekt her überlegen und vom Unbewussten her gehemmt. Das verweist vielleicht auf Paul Ernsts eigene Unsicherheiten, einen eindeutigen und dauerhaften Standpunkt zu finden.

Der hier beschriebene Bilderbogen, der den Pluralismus jener Epoche so treffend charakterisiert, illustriert zugleich den literarischen Standort Paul Ernsts, der das Nebeneinander verschiedener Stilrichtungen und bunter Gestaltungsformen erkannte und auch für sein Werk nutzte. Dabei wurde Paul Ernsts literarisches Schaffen von zwei wesentlichen Linien getragen: zum einen von der Entscheidung zur modernistischen Innovation und zum anderen von der Neigung, die Stile einer Vergangenheit historisch zu rekapitulieren. Die Literaturwissenschaft tut Paul Ernst oft unrecht. Er wird zumeist nur als Dramatiker gesehen und innerhalb dieses Genres auch verhandelt. Selbst dann bleibt der Blick noch ausschließlich auf das Dramenwerk fixiert, wenn dem Autor gar eine gewisse Erfolglosigkeit bescheinigt wird. So behauptet jüngst Peter Sprengel, dass „die Dramatik Paul Ernsts nur eine begrenzte Bekanntheit erreichte und bald weiterer Vergessenheit anheimfiel".[198]

Peter Sprengel konzentriert sich in seiner Kritik auf zwei Dinge. Zum einen betrachtet er Paul Ernst ausschließlich als Dramatiker und ignoriert also das erzählende und das theoretische Werk – zum anderen behauptet er die Erfolglosigkeit eben dieses dramatischen Werkes. Der zweiten Aussage ist gegebenenfalls zuzustimmen, denn seine Stücke werden heute weder gespielt, gedruckt noch gelesen. Daraus folgt: Wollte man Paul Ernst für die Zukunft retten, kann das nicht in einer Reanimation des Dramenwerks geschehen, sondern nach meiner Auffassung in einer Konzentration auf eine Wiederbelebung seiner Novellen. Und bei einer heutigen Lektüre des Novellenwerks vor dem Hintergrund seiner dichtungstheoretischen Arbeiten, die der Dichter hauptsächlich in „Der Weg zur Form" (1906) oder im „Tagebuch eines Dichters" (1934) veröffentlichte, wird eines deutlich: Paul Ernst ist nicht länger mehr als reiner Naturalist oder Neuklassiker zu sehen.

Für sein Dramenwerk galt vielleicht noch, dass er in naturalistischer Hinsicht etwa mit Arno Holz, Hermann Sudermann und vor allem mit Gerhart Hauptmann verglichen werden kann.[199] Schließlich legte Paul

---

[198] Peter Sprengel: Geschichte der deutschsprachigen Literatur 1870-1900. Von der Reichsgründung bis zur Jahrhundertwende. München: Beck 1998, S. 452. Vgl. auch Peter Sprengel: Literatur im Kaiserreich. Studien zur Moderne. Berlin: Erich Schmidt 1993, S. 140.

[199] Gerhart Hauptmann äußert sich in seinem Tagebucheintrag vom 19. Februar 1909 äußerst abschätzig über Paul Ernst: „Später [begegnete ich] dem mir höchst unsympathischen Paul Ernst: er war schmutzig gekleidet: er erscheint mir auch innerlich nicht gerade sauber: ein

Ernst in seinem Aufsatz „Tendenzen des Naturalismus" (1890) ein eindeutiges Bekenntnis zu einem Naturalismus ab, der eine Verbindung mit dem Sozialismus eingeht. Hierin heißt es:

> Auf die Einsicht in den Zusammenhang des Ganzen komme es dem Naturalismus vor allem an; Soziologie, Sozialismus und naturalistische Kunst seien eine eng miteinander verbundene Dreiheit: ohne Basis der soziologischen Wissenschaften sei Kunst gar nicht mehr möglich. Da der Naturalismus aber eine dialektische sei, erweitere und ergänze er sich derzeit durch eine Tendenz zum „Psychologismus".[200]

Allerdings kommt ein Vergleich mit dem frühen Traditionalisten Hugo von Hofmannsthal, dem späteren Symbolisten Henrik Ibsen oder dem psychologisierenden Subjektivisten Robert Musil meines Erachtens ebenso in Betracht. Es wäre darum durchaus sinnvoll für eine zukünftige Beschäftigung mit dem Werk von Paul Ernst, eine Komparatistik zu bemühen, die jenseits germanistischer Grenzen liegt. Angesichts der Auflösung der traditionellen Zuschreibungen und Selbstdefinitionen der Germanistik zugunsten einer pluralistischen Geisteswissenschaft beziehungsweise einer interdisziplinären Kulturwissenschaft sollte eine Beschäftigung mit Paul Ernst, die sich zum Ziel setzt, sein Werk für das nächste Jahrhundert wiederzubeleben, in Zukunft dessen Novellenwerk vor dem Hintergrund einer europäischen Literatur herausstellen.

Interessant erscheint mir in diesem Zusammenhang jene komparatistische Vorgehensweise, welche die Gattungen, Zeiten und Sprachen sprengt, die also über Inhalte, Themen und Konzeptionen spricht. Christian Schwinger hat das mehrfach versucht.[201] Ein neuer Aufsatz von Wolfgang Künne sieht gar Verbindungslinien zu Ludwig Wittgenstein.[202] Diese Versuche retten Paul Ernst aus einer vorschnellen Zuschreibung und schaffen vielleicht dessen Wiederbelebung für die Zukunft.

Geist mit vielen verstaubten Winkeln." In: Ders.: Tagebücher 1906 bis 1913. Herausgegeben von Peter Sprengel. Berlin: Propyläen 1994, S. 231. Interessant erscheint die Tatsache, dass Gerhart Hauptmann jenen Paul Ernst als dramatische Figur vorsah, wie er in seinem Tagebucheintrag vom 19. März 1915 notiert. In: Ders.: Tagebücher 1914 bis 1918. Herausgegeben von Peter Sprengel. Berlin: Propyläen 1997, S. 90.

200 Paul Ernst: Tendenzen des Naturalismus. In: Moderne Dichtung 5 (1890) S. 704-705. Vgl. auch ders., Die neueste literarische Richtung in Deutschland. In: Die Neue Zeit 16 (1890/91) S. 509-516.

201 Christian Schwinger: Wirklichkeit und Traumstruktur. Paul Ernst, Edgar Allen Poe, Villiers d'Isle-Adam, Clemens Brentano, Luigi Pirandello, Jorge Luis Borges. Würzburg: Creator 1988. Vgl. auch ders.: Paul Ernst und moderne Dichter. Vier Aufsätze. Göttingen: Graphikon 1989 und ders.: Schicksalslinien. Aufsätze. Göttingen: Graphikon 1990.

202 Wolfgang Künne: Paul Ernst und Ludwig Wittgenstein. In: Scientia Poetica 2 (1998) S. 151-166.

2. Vom Sozialismus zum Nationalismus

In seinem mit dreiundzwanzig Jahren veröffentlichten ersten Buch widmete sich Paul Ernst einem Thema, das bei ihm heute nicht mehr vermutet wird. 1889 erschien seine Schrift „Leo Tolstoi und der slawische Roman". In diesem Buch kam der Autor zu dem Befund, dass das literarische Leben in Russland in höherem Maße als in anderen Ländern von den politischen und sozialen Verhältnissen bestimmt werde.[203]

> Jahrzehnte hindurch war die Dichtung das einzige Medium, durch welches politische und soziale Gedanken dem Publikum mitgeteilt werden durften, und durch diesen Umstand gewöhnte sich der Russe daran, von der Dichtung überhaupt Beschäftigung mit derartigen Fragen zu verlangen.[204]

Im Umkehrschluss sprach sich der noch junge Autor für eine sozial engagierte Literatur, wenn nicht gar für eine sozialistische Literaturform aus. In der Überwindung traditioneller Dramen, wie sie bei Hofmannsthal unter Hinwendung zu Goethe entstanden, oder besser gesagt in einem Zurückgehen hinter das Schillersche Schulddrama auf die ursprüngliche griechische Tragödie, vollzog Paul Ernst einen radikalen Rückgriff auf die antike Tragödie. Er strebte dabei eine moralische Dramenform an, die sich klassizistisch kleidete und tatsächlich soziale Fragen stellte und – wenn überhaupt – sozialistische Antworten gibt.

Bekannterweise brachte ihm die Tragödie „Brunhild" (1909) begeisterte Anerkennung und die Freundschaft des jungen Georg Lukács ein. In seiner Rezension der Münchner Aufführung erklärt der spätere Verkünder des sozialistischen Realismus:

> Hier zum ersten Male wird entschieden der Weg verlassen, den das große deutsche Drama seit Schillers und Kleists Tagen ging: der Leidensweg um die Synthese von Sophokles und Shakespeare.[205]

Lukács war der Überzeugung, Ernst habe sich nun endlich und unverdünnt für Sophokles entschieden. Ein sozialistischer Realist wurde Paul Ernst nicht, weder in seinen Dramen noch in den Erzählungen, aber einen sozialen Blick hat er sich bewahrt. Deshalb mag es noch heute verwunderlich erscheinen, dass sich der Sozialreformer zum Konservativen und der Sozialdemokrat zum Nationalisten entwickelte.

An dieser Stelle kann nicht verschwiegen werden, dass – noch neun Monate vor seinem Tod – Paul Ernst am 11. August 1932 an Will Ves-

---

[203] Vgl. Viktor Zmegac: Der europäische Roman. Geschichte seiner Poetik. Tübingen: Niemeyer 1990, S. 203. Vgl. hierzu auch Paul Ernsts spätere Arbeiten zur slawischen Literatur in: Ders., Völker und Zeiten im Spiegel ihrer Dichtung. Aufsätze zur Weltliteratur. Herausgegeben von Karl August Kutzbach. München: Langen Müller 1940, S. 125-194.
[204] Zitiert nach Viktor Zmegac: Der europäische Roman, S. 203.
[205] Paul Ernst und Georg Lukács. Dokumente einer Freundschaft. Herausgegeben von Karl August Kutzbach. Emsdetten: Lechte 1974, S. 17.

per, einen der zukünftigen Staatsdichter der Nationalsozialisten, schrieb: „Ich lese jetzt Hitlers Buch ‚Mein Kampf', das mich sehr tief bewegt durch das reine Wollen des klugen und begabten Mannes. Ich habe ihm früher in Gedanken unrecht getan."[206] Die Zeilen dieses Briefes sind nicht zu leugnen und auch nicht schön zu reden. Wer behauptet, dass ihn Hitlers Buch „Mein Kampf" (zwei Bände, 1925 und 1926) tief bewege und dass er dessen Verfasser als klug und begabt erachte, bekennt Farbe. Darum fiel es Will Vesper auch nicht schwer, freimütig auf dessen Brief zu antworten:

> Es freut mich, dass Sie das Buch von Hitler gelesen haben und dass es Ihnen eine bessere Vorstellung von dem Mann gegeben hat. Im übrigen ist es sehr schwer, sich brieflich über die Dinge des Tages und die politischen Bewegungen unserer Zeit zu verständigen. Es ist eine Zeit der Geburt, und geboren wird noch überall und immer auf der Erde nur in Blut und Dreck.[207]

Will Vespers Antwort gibt eine beispielhafte Blut-und-Boden-Variante der zur Beschönigung des nationalsozialistischen Terrors ausgegebenen Parole: Wo gehobelt wird, da fallen Späne. Erstaunlicherweise schrieb Paul Ernst vier Monate später am 15. Dezember 1932 an Ingeborg Ludewig einen Brief mit ganz anderer Konnotation. Darin heißt es:

> Ich kann mich für keine der Bewegungen und Parteien in Deutschland entscheiden. [...] Den Nationalsozialismus halte ich für eine sehr große Gefahr. Hitler will – oder wollte – gewiss das Beste, aber er ist ein Versammlungsredner und weiter nichts. Es fehlen ihm die Kenntnisse und Einsichten des Staatsmannes und er ist kein großer Charakter, sondern nur ein Demagoge."[208]

Paul Ernsts Brief vom 11. August 1932 muss dem heutigen Leser heuchlerisch erscheinen, vermutlich versuchte der Absender auf diese Weise das Vertrauen oder die Gunst Will Vespers zu erwirken. Doch wozu? Hatte Paul Ernst zu wenig Selbstvertrauen in das eigene Werk, in die eigene Überzeugung oder gar in die eigene Persönlichkeit? Paul Ernst erscheint hier geradezu labil. Er erscheint, wie es Robert Musil in seinem Roman veranschaulicht, vom Intellekt her überlegen und vom Unbewussten her gehemmt.

Der frühe Sozialreformer wird Sozialdemokrat, schließlich Konservativer und Nationalist. Schon in einer Rede auf einer Kundgebung der Volkskonservativen Vereinigung im preußischen Herrenhaus in Berlin am 15. Februar 1931 hört man dessen nationalkonservative Töne:

---

206 In: Klassiker in finsteren Zeiten 1933-1945. Band I. Herausgegeben von Bernhard Zeller. Marbach: Deutsche Schillergesellschaft 1983, S. 94.
207 Ebd., S . 95.
208 Paul Ernst in St. Georgen. Briefe und Berichte aus den Jahren 1925 bis 1933. Eine Gedenkschrift zum 100. Geburtstag des Dichters. Herausgegeben von Karl August Kutzbach. Göttingen: Sachse & Pohl 1966, S. 178.

> Wir Deutsche haben es von allen Völkern am nötigsten, dass wir diese Aufgabe lösen: eine neue gesellschaftliche, eine neue politische Ordnung zu finden. Durch unsere geographische Lage sind wir stets allen Stürmen der Welt ausgesetzt. Wir haben uns so tief in das kapitalistische Wirtschaftsleben hineinbegeben, dass wir zu einem großen Teil von dem natürlichen Lebensboden des Volkes abgeschnitten sind [...]. Wir stehen heute waffenlos in einer waffenstarrenden Welt. Nur eine Waffe haben uns unsere Feinde nicht nehmen können: den Geist und die sittliche Kraft, den Glauben an Gott und den Glauben an unsere Aufgaben in der Welt. Gebrauchen wir diese Waffen. Schaffen wir eine neue Ordnung der Gesellschaft, eine neue Ordnung des Staates [...]. Dann sind wir nicht mehr die Unterdrückten und Ausgebeuteten, sondern die Herren der Welt durch den Geist, dem die anderen sich willig beugen.[209]

Paul Ernst argumentierte mit einem nationalbewussten Gesellschaftsbegriff, der das Ziel einer neuen Staatsordnung hatte. Allerdings kritisierte er in dieser Ansprache sowohl den Kapitalismus als auch den Kommunismus. Nach Ernsts Überzeugung zerstöre der Kommunismus mit seiner „vorindustriellen agrarischen und handwerklichen Gesellschaftsstruktur Religion, Familie, Eigentum und Autorität".[210] Vielleicht hatte Paul Ernst nicht nur mit dieser Rede die Hoffnung, als Dichter ein Seher und Führer zu sein, der im Volk verankert ist. Vermutlich sah er sich als Vorbote einer religiösen Erneuerung und hatte entsprechende Hoffnungen in die nationalsozialistische Bewegung.

Es bleibt festzuhalten, dass Paul Ernst, der vorsorglich ein theoretisches Arrangement mit den Nationalsozialisten traf, zugleich „ein gehöriges Maß Skepsis gegenüber dem Politiker Hitler hatte".[211] In diesem Zusammenhang muss unbedingt erwähnt werden, dass Paul Ernst, der zwar eingeschränkt Hoffnungen auf Hitler und seine Bewegung setzte, kein Antisemit war. Aus diesem Grunde ist auch seine Begeisterung für Hitlers Buch „Mein Kampf", wie sie im Brief an Will Vesper zum Ausdruck kommt, eingeschränkt zu verstehen. In einem anderen Brief vom 14. August 1932 schrieb Paul Ernst: „Ich habe von seinem Buch ‚Mein Kampf' den besten Eindruck, aber von einem Buch bis zu einem Menschen ist ein weiter Schritt. Vor allem fürchte ich seinen Antisemitismus."[212]

Zumindest ein Kalkül seines theoretischen Arrangements mit den Nationalsozialisten ging zunächst auf. Seit der Machtergreifung wurde sein Werk in Deutschland aufgewertet, das heißt, es wurden in der Zeit von

---

209 Paul Ernst: Des Volkes Not und Aufgabe. In: Ders., Ein Credo. München: Georg Müller 1935, S. 338-339. Vgl. auch Paul Ernst: Zeitwende und Führermangel. In: Deutsches Volkstum 11 (1929) S. 803-809.
210 Paul Ernst: Des Volkes Not und Aufgabe, S. 339.
211 Günter Scholdt: Autoren über Hitler. Deutschsprachige Schriftsteller 1919-1945 und ihr Bild vom „Führer". Bonn: Bouvier 1993, S. 316.
212 Zitiert nach Günter Scholdt, Autoren über Hitler, S. 745. [Paul Ernst in einem Brief vom 14.8.1932.]

1933 bis 1945 mehr Dissertationen, Aufsätze und Artikel über ihn geschrieben als vor 1933 oder nach 1945. Noch kurz vor seinem Tode war Paul Ernst neben Werner Beumelberg, Hans Friedrich Blunck, Hans Grimm, Hanns Johst, Erwin Guido Kolbenheyer und Will Vesper unter den Schriftstellern, die zu Mitgliedern der Deutschen Akademie der Dichtung ernannt wurden. Seine Aufwertung kommentierte Ernst mit selbstironischem Beifall: „Ich selbst bin ja nun doch Revolutionsgewinnler."[213]

In der von Will Vesper von 1931 bis 1943 herausgegebenen Zeitschrift „Die Neue Literatur" verteidigt etwa Karl Scheffler den Schriftsteller Paul Ernst mit der These, dass nur Dichter wie er dazu da seien, das „Überreich des Unbedingten zu verkünden". Nur wo Dichter wie Paul Ernst seien, da würde „die Zukunft des deutschen Geistes entschieden".[214] Fünfzig Jahre später erklärt Wolfgang Promies in seinem Nachwort seiner Novellen-Edition: „Selten ist ein Tod so gnädig und zu so guter Stunde gekommen. Er hat es dem Dichter erspart, sich zu kompromittieren."[215]

1932 stellten gar der Berliner Germanist Arthur Hübner, der Tübinger Literaturhistoriker Paul Kluckhohn, der Berliner Soziologe Werner Sombart und der Münchner Germanist Walter Vogel einen Antrag an die Schwedische Akademie in Stockholm, Paul Ernst den Nobelpreis für Literatur zu verleihen. Dieser Antrag wurde von mehr als einhundert Professoren der Geisteswissenschaft unterstützt. In dieser illustren Gesellschaft der Unterstützer waren Persönlichkeiten wie der Zürcher Literaturhistoriker Emil Ermatinger, der Bonner Germanist Theodor Frings, der Berliner Literaturhistoriker Julius Petersen, der Tübinger Philosoph Max Wundt und andere.[216] Es musste damals – und erst recht muss es heute – vermessen erscheinen, für Paul Ernst den Nobelpreis zu verlangen, den immerhin 1929 Thomas Mann erhielt. Überhaupt wäre einmal zu fragen, wie die Germanistik einen Schriftsteller wie Paul Ernst nicht nur verkannte und missverstand, sondern auch überschätzte und überhöhte – letztlich zu dessen Unglück.

---

213 Zitiert nach Günter Scholdt, Autoren über Hitler, S. 740. [Paul Ernst in einem Brief vom 9.4.1933.]
214 Karl Scheffler: Unsere Meinung. In: Die Neue Literatur 5 (1931) S. 252.
215 Wolfgang Promies: „Wie das Gespenst eines Sterns...", S. 222.
216 Unterzeichner eines Antrages zur Verleihung des Nobelpreises für Literatur an Paul Ernst (1931/1932). In: Der Wille zur Form. Blätter der Paul-Ernst-Gesellschaft. Erste Folge Heft 1-11 (1957/65) S. 446-447.

3. Zur Theorie der Novelle

1906 veröffentlichte Paul Ernst mit „Der Weg zur Form. Abhandlungen über die Technik vornehmlich der Tragödie und Novelle" dichtungstheoretische Aufsätze zu seinem literarischen Werk. In der stark erweiterten dritten Auflage von 1928 finden sich insgesamt sechs programmatische Aufsätze zur Theorie der Novelle – hierunter die wichtigen vier Aufsätze:

a) Zum Handwerk der Novelle (1901)
b) Die Entwicklung eines Novellenmotivs (1904)
c) Ein Novellenstoff (1914)
d) Zwei Novellen und ihre Entstehungsgeschichte (1924)

Zwei weitere Aufsätze aus „Der Weg zur Form" lauten:

e) Eine chinesische Novelle (1919)
f) Novelle, Anekdote, Romankapitel (1920)

In dieser Aufsatzsammlung fehlen die wichtigen Essays:

g) Die Technik der Novelle (1901)
h) Schlusswort zur Judenbuche (1904)

Der Verfasser dieser dichtungstheoretischen Aufsätze versprach, mit dem Missverständnis aufzuräumen, dass die Novelle alles Mögliche sein könne, etwa ein Stimmungsbild, eine Zustandsschilderung oder eine Gesellschaftsproblematik. Gegen diese Ansichten wollte Paul Ernst vor allem beweisen, dass die anspruchsvolle Novelle entweder Konstruktion oder Technik sei. Sein bekanntester Aufsatz „Zum Handwerk der Novelle" besteht zunächst aus der Analyse klassischer Novellen (Achim von Arnim und Clemens Brentano, Giovanni Boccaccio, Lukian, Guy de Maupassant, Conrad Ferdinand Meyer und anderen) und verrät doch hintergründig Thesen für die eigene Arbeit.[217] So heißt es hier, dass die Novelle in der Weise zur Wirklichkeit stehe, wie es der Zeitgeschmack von ihr verlange.[218]

Paul Ernst dachte diese These nicht zu Ende, das heißt, er setzte den Zeitgeschmack nicht in einen gesellschaftspolitischen Zusammenhang, so wie es Walter Benjamin später beispielhaft vorführte. In seinem Aufsatz „Der Erzähler. Betrachtungen zum Werk Nikolai Lesskows" (1936) spitzte Benjamin – wenn man so will – Paul Ernsts These zu, indem er sagte, dass das Erzählen in eine Schieflage zur gesellschaftlichen Situati-

---

217 Paul Ernst nutzte die Erfahrungen anderer Erzähler. Er las unter anderem: Des Knaben Wunderhorn, Grimms Märchen, Pitaval, Erzählungen aus tausendundeiner Nacht, Goethes Novellen usw.
218 Paul Ernst: Der Weg zur Form. Abhandlungen über die Technik vornehmlich der Tragödie und Novelle. München: Georg Müller 1928, S. 69.

on des Industriezeitalters gekommen sei.[219] Ernst hätte selbstverständlich über die Schieflage der Novelle zur Situation im Wilhelminischen Zeitalter sprechen können, aber das lag nicht in seiner Intention.

Paul Ernst wollte lediglich über die Kunst der Form und über den Vorteil der Novelle sprechen. Ihr Vorzug liege darin, so schrieb er, dass die Novelle selbst Weltanschauung sei und die Möglichkeit einer Entwicklung biete, von der die Entwicklung unseres gesamtes Geistes abhänge.[220] Das klingt heute pathetisch und kann nur damit entschuldigt werden, dass Ernst vom Grundwesen seines Geistes ein Moralist war. Dieser Dichter ist durch und durch von dem Willen beherrscht, Kunst nicht um ihrer selbst willen herzustellen, sondern sie für moralische Appelle oder pädagogische Ratschläge zu nutzen. Ganz anders war da Benjamin in seiner Suche nach dem „passionierten Erzähler", der es nicht wahrhaben will, dass „es mit der Kunst der Erzählung zu Ende geht".[221]

Hinter Walter Benjamins Suche steht ein Glaube an den Menschen und ein Hoffen auf Zukunft, hinter Paul Ernsts Reflexionen das genaue Gegenteil. In seinem nicht datierten Aufsatz „Die Aufgabe des modernen Künstlers" schreibt er darum:

> Je tiefer wir den Menschen studieren, desto klarer wird es uns, welch ein verlogenes Geschöpf er ist, sehen wir ein, dass auch nicht ein Gedanke, welcher nicht ausgesprochen wird, nein, zum Bewusstsein kommt, wahrhaftig ist. Aber hinter den Kulissen, welche den Schauplatz für die Lügen und Betrügereien abgeben, liegt das Gemeinsame, das, was durch das Marionettenspiel der Gedanken und Worte hindurch zu erraten ist. Der moderne Künstler hat nun die Aufgabe, das zur Darstellung zu bringen.[222]

Als Resultat seiner Beobachtung vom schlechten Menschen sieht Paul Ernst nur noch die Möglichkeit der pädagogischen Darstellung des Bösen in seinen Novellen mit einem kräftigen Hinweis auf die Moral seiner Novelleninhalte, denn „das Böse ist in der Welt wie ein Sklave, der das Wasser schöpft".[223] Auf dem Weg zur Darstellung einer solchen bedingt möglichen moralischen Verbesserung des Menschen begegnete Paul Ernst der altitalienischen Novelle, zu deren Anwalt er sich zukünftig machte. Christian Schwinger schreibt hierzu:

> Als eine Kunst der abstrahierenden und geschlossenen Form hat diese Novelle ihr renaissancehaft kraftvolles Weltgefühl über die Zeiten hinweg lebendig

---

219 Walter Benjamin: Der Erzähler. Betrachtungen zum Werk Nikolai Lesskows. In: Ders., Gesammelte Schriften. Herausgegeben von Rolf Tiedemann und Hermann Schweppenhäuser. Band II, 2. Frankfurt a.M.: Suhrkamp 1977, S. 438-465.
220 Paul Ernst: Der Weg zur Form, S. 76.
221 Walter Benjamin: Der Erzähler, S. 439.
222 Paul Ernst: Die Aufgabe des modernen Künstlers. In: Der Wille zur Form 19 (1964) S. 557-560.
223 Zitat aus dem Roman „Le Soulier de satin" von Paul Claudel

bewahrt, indem sie jeweils von der Mitte, vom zentralen Wendepunkt eines außergewöhnlichen und deshalb einprägsamen Vorganges her und nach Kompositionsgesetzen der künstlerischen Steigerung sich Welten aufbaute, welche auf die von ihr für wesentlich gehaltenen Grundlinien beschränkt waren. Auf den Ausbau, auf die Struktur kam es dabei an, nicht auf eine noch so getreue Wiedergabe von einem „Stück Leben", wie sie der Naturalismus anstrebte. Außerdem erkannte und erlebte Paul Ernst immer mehr die weitläufigen stofflichen und motivischen Zusammenhänge der Welt der Novelle mit den Mythen, Märchen, Sagen und Historien der Weltliteratur, wobei ihm dichterisch und geschichtlich verwirklichte Vorstellungsmöglichkeiten des Menschen offenbar wurden und ihm eigene Aufgaben zeigten.[224]

Ergebnisse seiner Beschäftigung mit den altitalienischen Novellen fanden sich bald. In den immer wieder neu aufgelegten Sammlungen „Komödiantengeschichten" (1920) und „Spitzbubengeschichten" (1920) schrieb Paul Ernst seine Novellen um die Figuren der Commedia dell'arte.[225] Während die frühen Novellenbände „Die Hochzeit" (1913), „Die Taufe" (1916) und „Der Nobelpreis" (1919) bei aller Strenge der Form doch aus innerlicher Freiheit das eigene literarische Können gestalteten,[226] ließ Paul Ernst mit den Commedia dell'arte-Bänden Novellen folgen, die zunächst Befremden erzeugten. Der Dichter griff auf das romantische Urbild der Novelle zurück, und zwar mit einer so engen Anlehnung, dass alles Individuelle der Gestaltung dadurch aufgehoben wurde. In einer zeitgenössischen Besprechung hieß es darum:

> Wie die altitalienische Novelle nur *den* Edelmann, *den* lüsternen Mönch, *die* verbuhlte Frau kennt, nur die Typen, nicht den Einzelmenschen zufällig persönlicher Veranlagung, so schafft Paul Ernst in seinen Komödianten- und Spitzbubengeschichten auch nur aus dem Typus heraus, dem ewig wiederkehrenden, der nicht einmal des Eigennamens bedarf, sondern ein bestimmtes konventionell geprägtes Menschentum aus der äußeren Lebensform herleitet. [...] Wesenlos und heiter bunt wie Marionetten bewegen sich diese Figuren des Buches, den Leser unterhaltend, aber nicht erschütternd, nicht ins eigene Leben greifend.[227]

Auch die historischen Novellen, sprich die Geschichten, die sich an einem historischen Typus orientieren, werden von Paul Ernst mit moralischen Reflexionen aufgefüllt. Die Befürchtung liegt nahe, dass die vom

---

224 Christian Schwinger: Darstellungsarten in der Erzählkunst von Paul Ernst. In: Der Wille zur Form. Neue Folge 3 (1979) S. 45.
225 Die „Komödiantengeschichten" und die „Spitzbubengeschichten" erschienen 1928 erneut in einer einbändigen Ausgabe des Münchner Georg Müller Verlags und in einer zweibändigen Ausgabe 1982 und 1983 bei Langewiesche-Brandt in München.
226 Eine Auswahl von Novellen aus den drei genannten Sammlungen erschien 1928 unter dem Titel „Geschichten von deutscher Art" im Münchner Georg Müller Verlag.
227 Lulu von Strauß und Torney: Rezension. In: Die Tat. 12.12.1921. (Zitiert nach: Der Wille zur Form. Erste Folge. Heft 1-11 (1957/65) S. 413.)

Dichter mitgelieferte Moral die Novellen angreift, zumindest diese Novellen nicht in das Leben des Lesers „greifen" lässt. Dennoch wirken sie lebensecht, auch dann, wenn sie Fabeln, Gleichnisse oder Humoresken nachbilden. Allerdings folgt damit selbst der Autor seinem Formgedanken nicht, weder in Konstruktion noch in Technik. Der Biograph Norbert Fuerst wies darauf hin, dass Paul Ernst „sich nicht um seine eigene Theorie kümmere".[228]

Paul Ernst wirkt im Rückgriff auf traditionelle Novellen-Formen konservativ und verstärkt diesen Eindruck mit der Aussage, dass nur innerhalb der modernen Auflösung der Novelle eine künstlerische Art zu finden ist. Nur in der modernen Auflösung der Novelle „gleicht das Kunstwerk einer luftigen Seifenblase, die im Sonnenschein in tausend Farben aufleuchtet und ohne Halt in der Luft schwebt".[229]

Er ist der radikalste Novellentheoretiker, vermutlich der Vollender der Novellentheorie des 19. Jahrhunderts überhaupt; er findet aber gleichzeitig, dass seine eigene Theorie kein verlässliches Fundament für eine künstlerische Novellenpraxis bietet. Der Novellenforscher Karl Konrad Polheim spitzt diesen Punkt zu, wenn er sagt:

> Wenn ein so strenger unerbittlicher Theoretiker selbst die Bezeichnung Novelle aufgibt [...] wie könnte sich dann ein späterer Kritiker noch an jene Theorie und jenen Titel gebunden fühlen? Auch hier zeigt sich letzten Endes die Brüchigkeit der Novellentheorie.[230]

Polheim spielt darauf an, dass Paul Ernst bis 1920 den Begriff der Novelle akzeptiert, danach sich für den Begriff „Geschichten" entscheidet. Für die bereits erwähnte Ausgabe der „Gesammelten Werke" in neunzehn Bänden, die von 1927 bis 1934 bei Georg Müller in München erschien, gruppierte der Autor seine Novellen komplett um. Er unterschied nunmehr in „Romantische Geschichten", „Komödianten- und Spitzbubengeschichten", „Geschichten zwischen Traum und Tag", „Liebesgeschichten", „Lustige Geschichten" und „Frühe Geschichten". Der Begriff der Novelle kommt bei Paul Ernst ab 1920 nicht mehr vor. Für diese Entscheidung spricht sicherlich die Eingliederung neuerer Novellen unter die alten, gegen sie die Willkürlichkeit, mit der der Autor alte Novellensammlungen zugunsten neuer Ordnungen auflöst. Das hört sich ernüchternd an, bietet aber zugleich eine Chance.

---

228 Norbert Fuerst: Paul Ernst. Der Haudegen des Geistes. München: Nymphenburger 1985, S. 115.
229 Paul Ernst: Zum Handwerk der Novelle. In: Ders., Der Weg zur Form, S. 76.
230 Karl Konrad Polheim: Novellentheorie und Novellenforschung. Ein Forschungsbericht 1945-1964. Stuttgart: Metzler 1965, S. 61. Vgl. auch ders., Paul Ernsts Straßenraub-Novelle als Kunstwerk und in ihrer Entwicklung betrachtet. Graz: Steirisches Volksbildungswerk 1962.

Wenn man den Gedanken einer Revitalisierung Paul Ernsts ernst nehmen will, gibt es vielleicht hier eine Möglichkeit. Am Ende meiner Betrachtungen möchte ich vorschlagen, ein Editionsprojekt zur kritischen Neuauflage sämtlicher Novellen von Paul Ernst in die Wege zu leiten. Man schätzt den Gesamtumfang des Novellenwerks von Paul Ernst auf zweihundertfünfzig. Mit einem Editionsprojekt wie diesem könnte man Folgendes erreichen:

a) der Schriftsteller Paul Ernst würde wiederentdeckt, indem ein zugänglicher Teil seines Gesamtwerks wieder veröffentlicht würde,

b) die Novellen würden einer potentiellen Leserschaft wieder zugänglich gemacht, denn zurzeit ist kaum ein Buch von Paul Ernst lieferbar,

c) der ins Wanken geratene Novellen-Begriff könnte eine Renaissance erreichen und eine Diskussion anstoßen.

In einer Rezension wies Günter Blöcker darauf hin, dass Paul Ernst, ähnlich wie Paul Heyse, einem zweiten deutschen Meister der Novelle, ein Los widerfuhr, das heute ungerecht und fragwürdig erscheinen muss. Abschließend schrieb Blöcker:

> Prosastücke, so knapp, so adlig, so zuchtvoll und dabei so randvoll von Leben, wie sie (Kleist ausgenommen) sonst kaum in unserer Sprache zu finden sind. Es scheint, als wäre es an der Zeit, dass Deutschland [...] Paul Ernst entdeckte.[231]

---

231 Günter Blöcker: Rezension [von: Der weiße Rosenbusch]. In: Der Tagesspiegel. 17.5.1953. [Zitiert nach: Der Wille zur Form. Erste Folge. Heft 1-11 (1957/1965) S. 418.

IV. Die Ungleichheit besteht nur in den unwichtigen Dingen
Paul Ernsts Blick auf Afrika

1. Weltdeutung und Weltliteratur

In meiner Untersuchung über die Grundlagen der Weltdeutung bei Paul Ernst in Hinblick auf das unterschätzte Novellenwerk – verbunden mit meinem anschließenden Plädoyer für eine Neu-Edition seiner Erzählungen – erscheint mir interessant, dass angesichts der Auflösung der traditionellen Zuschreibungen und Selbstdefinitionen der Germanistik zugunsten einer pluralistischen Geisteswissenschaft beziehungsweise einer interdisziplinären Kulturwissenschaft, eine Beschäftigung mit Paul Ernst, die sich zum Ziel setzt, sein Werk für dieses Jahrhundert wiederbeleben zu wollen, in Zukunft dessen Novellenwerk vor dem Hintergrund einer europäischen Literatur herausstellen sollte. Eine Komparatistik, welche die traditionellen Begriffe von Gattung, Zeit und Sprache sprengt, die vielmehr über Inhalte, Themen und Konzeptionen spräche, könnte hier durchaus hilfreich sein. Nicht nur Paul Ernsts „Wiederbelebung für eine Zukunft" könnte helfen, auch dessen Begriff der Weltdeutung hin zum Begriff der Weltliteratur im Werk dieses Schriftstellers weiterzutragen wäre hilfreich.

1959 erinnerte Bernhard Ter-Nedden daran, dass Paul Ernst mit seinen „Gedanken zur Weltliteratur" die Literatur vergangener Zeiten leidenschaftlich anzugehen verstehe: „Der Begriff Weltliteratur selbst schon ist kein statischer Begriff, sondern er ist erfüllt von Engagement."[232] Zudem bringt er auf den Punkt: „Paul Ernst ist ein Dichter, an dem sich die Geister scheiden, da er vor den letzten Dingen sich anders entschied als es die große Mehrzahl tut."[233] Paul Ernsts Blick auf Literatur sei existentiell bestimmt und so, wie es sein Herausgeber Karl August Kutzbach anlegte, „in einem tiefen Sinn biographisch".[234] Das gilt insbesondere für den Paul Ernst-Sammelband zur Weltliteratur, der 1940 unter dem Titel „Völker und Zeiten im Spiegel ihrer Dichtung" im „Augenblick einer Weltwende"[235] erschien.

---

232 Bernhard Ter-Nedden: Form ordnet das Chaos. Paul Ernst revolutionäre „Gedanken zur Weltliteratur". In: Christ und Welt vom 26.11.1959. [Wiederabgedruckt in: Der Wille zur Form. Blätter der Paul-Ernst-Gesellschaft. Erste Folge 11 (1965) S. 606.
233 Bernhard Ter-Nedden: Blickpunkte auf Paul Ernst. Rede vor der Paul-Ernst-Gesellschaft in Detmold am 14. Mai 1966. In: Der Wille zur Form. Blätter der Paul-Ernst-Gesellschaft. Neue Folge 2 (1978) S. 14.
234 Bernhard Ter-Nedden: Form ordnet das Chaos, S. 606.
235 Ebd., S. 607.

Paul Ernst entdeckt, dass „die Dichter der Völker durch die Zeiten hindurch um eine Form gerungen haben",[236] so Bernhard Ter-Nedden. Paul Ernst,

> der als Marxist begann, bleibt, wie das seinem später konservativen Geist ebenso zusteht, revolutionär. Die Art seiner Betrachtung ist nicht weniger nachbürgerlich als etwa die von Theodor W. Adorno. Er ist modern darin, dass er die Fragen nach den Stoffen der Literatur in denen nach der Form untergehen lässt.[237]

Weltliteratur wird also als Frage nach der Form verstanden, auch wenn Paul Ernst den Weg bis zu den Griechen und Ägyptern zurückgeht und seinen Blick gegen Osten und damit auf den Orient richtet.

Nun geht der eigentliche Begriff der Weltliteratur bekanntermaßen auf Goethe zurück. Mit dem Erscheinen des „West-östlichen Diwan" (1819) vor knapp zweihundert Jahren brachte er der deutschen Nationalliteratur das Volkstümliche anderer Völker, Sprachen und Kulturen näher. Weltliteratur wird von ihm allerdings weniger enzyklopädisch verstanden als vielmehr weltpoetisch, denn: „die Poesie gehört der ganzen Menschheit".[238] Gegen einen Sammelbegriff von Weltliteratur konzentriert sich Goethe in seinen zahlreichen Äußerungen und Definitionen auf einen zunächst klassischen Weltkanon, um der deutschen Dichtkunst die „Idee einer allgemeinen Weltliteratur"[239] nahe zu bringen. Die Bekräftigung eines klassischen Kanons führt ihn zur Proklamation einer Epoche der Weltliteratur. Paul Ernst hingegen lässt sich bei seinem Interesse für die Literatur außerhalb des deutschen Sprachraums sowohl von subjektiven Leseinteressen leiten als auch von aktuell erscheinenden Büchern über fremde Länder, Kulturen und Literaturen inspirieren. Ernst geht also keinesfalls kanonisch vor, sondern wie es Bernhard Ter-Nedden formuliert, „in einem tiefen Sinne biographisch".[240]

In seinen „Maximen und Reflexionen" (1823) erkennt Johann Wolfgang von Goethe in der Weltliteratur eine „Vermittlungsfunktion zwischen den Literaturen und Völkern", die den aufgeschlossenen Leser „duldender und nachsichtiger"[241] werden lassen. Diese, wenn man so will kommunikative Dimension eines Begriffes von Weltliteratur bestimmt bis heute aktuelle Themen der Globalisierung: Welthandel und Weltpoli-

---

236 Bernhard Ter-Nedden: Blickpunkte auf Paul Ernst, S. 10-14.
237 Bernhard Ter-Nedden: Form ordnet das Chaos, S. 607.
238 Johann Wolfgang von Goethe: Tagebuch vom 15.1.1827. In: Ders., Werke. Weimarer Ausgabe. München: DTV 1987, Abt. III, Band 11, S. 8.
239 Johann Wolfgang von Goethe: Serbische Gedichte. In: Ders., Werke. Weimarer Ausgabe. München: DTV 1987, Abt. I, Band 41.2, S. 265 und S. 283.
240 Bernhard Ter-Nedden: Form ordnet das Chaos, S. 607.
241 Johann Wolfgang von Goethe: Maximen und Reflexionen. In: Ders., Werke. Weimarer Ausgabe. München: DTV 1987, Abt. I, Band 42.2, S. 505.

tik, Weltbildung und Welterfahrung, und nicht zuletzt Weltliteratur. Die offene Totalität dieses Begriffes zeigt einerseits den enormen, in die Gesellschaften wirkenden Anspruch an das Individuum (ein Druck, dem gerecht zu werden, zunehmend schwieriger wird) und andererseits das Potential eines Weltbegriffs, der niemals festzuschreiben ist, sondern sich täglich neu entwickelt (dahinter steckt eine Freiheit, der gerecht zu werden erdrückend sein kann). Die kollektiven (gesellschaftlichen) Gemeinsamkeiten bemessen sich seit Goethes in die Diskussion geworfenen Begriff an den sprachlichen Bedingungen des Individuums.

Weil Goethe dieses Potential entdeckt und zugleich aber jenen Fluch sieht, verliert er das „allgemein Menschliche"[242] (in seinen Bedingungen und Möglichkeiten) keinesfalls aus den Augen, denn „die Worte sind gut, aber sie sind nicht das Beste. Das Beste wird nicht deutlich durch Worte."[243] Indem Goethe also seinen Begriff von Weltliteratur konstatiert, reduziert er durchaus sympathisch und weitsichtig eine allzu starke Fokussierung auf diesen Terminus. Heute ließe sich anknüpfen mit der Idee einer „anthropologischen Betrachtung der Kultur",[244] wie es Gert Mattenklott im Jahr der Milleniumswende anführte, nämlich einen erneuerten Begriff von Weltliteratur zu konstatieren, der die planetarische Weite (Globalisierung), die universelle Kommunikation (Internet) und nicht zuletzt ein neues Individuum berücksichtigt, nämlich den (transkulturellen) Weltbürger.

Im Folgenden werde ich versuchen aufzuzeigen, dass Paul Ernst in seiner Beschäftigung mit Texten zum Themenkomplex Afrika uns heute moderner erscheint, als vielleicht vorschnell angenommen wird. Es entfaltet sich vor meinem inneren Auge sogleich der Spannungsbogen von Weltdeutung hin zu Weltliteratur auf der Folie der Beantwortung folgender drei Fragen:

a) Warum beschäftigt sich Paul Ernst mit einem – wenn man so will sehr weit gefassten und diffus bleibenden, von der Nachwelt konstruierten – Themenkomplex Afrika?
b) Inwiefern reagiert Paul Ernst mit seinen wenigen Texten zu diesem Themenkomplex auf ein in seiner Zeit allgemeines Interesse?
c) Gibt es einen Interpretationszusammenhang zwischen der Suche nach Weltdeutung (im Naturalismus) und dem (unerfüllten) Wunsch, Teil einer Weltliteratur zu sein?

---

242 Johann Wolfgang von Goethe: Brief an Carlyle vom 20.7.1827. In: Ders., Werke. Weimarer Ausgabe. München: DTV 1987, Abt. IV, Band 42, S. 268.
243 Johann Wolfgang von Goethe: Wilhelm Meisters Lehrjahre. In: Ders., Werke. Weimarer Ausgabe. München: DTV 1987, Abt. I, Band 24, S. 28.
244 Gert Mattenklott: Wie bewährt sich Goethes Weltliteratur? In: Spuren, Signaturen, Spiegelungen. Zur Goethe-Rezeption in Europa. Herausgegeben von Bernhard Beutler und Anke Bosse. Köln/Weimar/Wien: Böhlau 2000, S. 603.

Zunächst erweist sich bei näherer Betrachtung das Thema über Paul Ernsts Blick auf Afrika als fatal. Es sind aus dem Gesamtwerk nur circa fünfzig Textseiten hierzu überhaupt ernsthaft rezipierbar. Paul Ernsts Themen, die sich in eingehender Betrachtungsweise herausbilden sollten, sind im eigentlichen Sinne nicht „afrikanisch" (kontinental, kulturell, religiös, ökonomisch), sondern widmen sich dem – von Paul Ernst nicht bereisten – fernen Land Ägypten (in immerhin vier Texten), dem wilhelminischen Ethnologen Leo Frobenius (in zwei Texten) und der Idee der sogenannten Negerplastik (in zwei Texten). In seinem Roman „Saat der Hoffnung" (1916) erwähnt der Autor einen Krieg in Afrika und in den „Erdachten Gesprächen" (1921) notiert Paul Ernst, dass die Wandalen in Afrika einfielen und die Römer dort regierten. Diese Randnotizen lasse ich im Folgenden beiseite und konzentriere mich auf die Themen „Ägypten", „Frobenius" und „Negerplastik". Zuletzt stelle ich des Autors interessante Gedanken zur arabischen und islamischen Kultur vor.

Es lassen sich zehn Texte Paul Ernsts zum Themenkomplex Afrika auffinden.[245]

a) „Soziales aus Ägypten" (1894). In: Die Zukunft 82 (1894) S. 128-134. Auch in Paul Ernst: Politische Studien und Kritiken, S. 69-80. (Über die Versklavung Ägyptens und die Zerstörung einheimischer Naturalwirtschaft durch die kapitalistische Geldwirtschaft Europas.)

b) „Tausendundeine Nacht. Ein Nachwort" (1911). In: Paul Ernst: Völker und Zeiten im Spiegel ihrer Dichtung. Aufsätze zur Weltliteratur. Band 1. Herausgegeben von Karl August Kutzbach. München: Langen Müller 1940, Band 1, S. 41-47. Zuerst in einer vierbändigen Auswahl des Insel-Verlages, Leipzig 1911. (Über die bekannte und populäre Sammlung der Geschichten um Harun Al-Raschid aus Tausendundeiner Nacht.)

c) „Erdachte Gespräche" (1921). In: Paul Ernst: Gesammelte Werke in neunzehn Bänden. II. Abteilung: Theoretische Schriften. Band 6. München: Langen Müller 1931. (Unter anderem hier die kurze Erwähnung, dass die „Wandalen" in Afrika einfielen und dass die „Römer" in Afrika regierten.)

d) „Dichtungen Afrikas. Menschenseelen in Afrika" (1913). In: Paul Ernst: Völker und Zeiten im Spiegel ihrer Dichtung. Aufsätze zur Weltliteratur. Band 1. Herausgegeben von Karl August Kutzbach. München: Langen Müller 1940, Band 1, S. 47-51. (Über den „kolo-

---

245 Bei meinen Recherchen nach diesen Texten konnte ich mit großer Unterstützung von Hildegard Blanke (Paul-Ernst-Gesellschaft) auf die Hilfe von Ralf Gnosa (Literaturarchiv Sulzbach-Rosenberg) und Angelika Steinmaus-Pollak (Universitäts-Bibliothek Regensburg) zurückgreifen.

nialistischen" Afrika-Reisenden Leo Frobenius und den „genialen Dilletanten" Heinrich Schliemann.)
e) „Epochen der Kunst" (1916). In: Paul Ernst: Ein Credo. Herausgegeben von Karl August Kutzbach. München: Langen Müller 1935, S. 163-168. (Über die stilistische Betrachtung der „Negerkunst" als eine archaische Kunst, „naiv betrachtet, ohne die verfälschende Tätigkeit des rechtfertigenden Verstandes".)
f) „Saat auf Hoffnung. Roman" (1916). In: Paul Ernst: Gesammelte Werke in neunzehn Bänden. I. Abteilung: Erzählende Schriften. Band 2. München: Langen Müller 1928. (Vor allem die kurze Erwähnung „des" (eines) Krieges in Afrika.)
g) „Der geistliche Tod" (1918). In: Paul Ernst: Tagebuch eines Dichters. München: Langen Müller 1934, S. 230-235. (Über den Verlust „einer höheren Gesittung" des ägyptischen Volkes, das von einer „solchen Höhe in eine solche Tiefe gestürzt" sei und die Suche nach dem „höchsten Seelischen" auch in Deutschland.)
h) „Zur Kultur und Kunst Ägyptens" (1921). In: Kunst und Künstler. Zeitschrift herausgegeben von Paul Scheffler. 1921, S. 467-469. (Rezension von Hedwig Fechheimers schmalem Band über die Plastik der Ägypter, Berlin: Cassirer 1920.)
i) „Alte Märchen" (1923). In: Paul Ernst: Völker und Zeiten im Spiegel ihrer Dichtung. Aufsätze zur Weltliteratur. Band 1. Herausgegeben von Karl August Kutzbach. München: Langen Müller 1940, Band 1, S. 51-56. (Über die Geschichten aus Tausendundeiner Nacht, Verteidigung des Leo Frobenius und die Überzeugung, dass „alle Völker mit gleichem Recht nebeneinander stehen".)
j) „Die Bedeutung der Vorgänge in Marokko" (1925). [Manuskript-Signatur 250/AM 95801 M2-4,4/8] (Kurze Erwähnung des Buches „Der Kampf um Marokko" von Albrecht Wirth, Dachau: Einhorn Verlag 1925, vor dem Hintergrund der Betrachtung von Rassenmischung, Kolonialismus und Imperialismus und der Situation der Araber, der Berber und der Franzosen in Marokko.)

Die auf den ersten Blick willkürlich erscheinende Beschäftigung Paul Ernsts mit den Themen „Ägypten", „Frobenius" und „Negerplastik" rührt in großen Teilen aus dem ungewöhnlichen Leseinteresse dieses Autors her. Immer wieder nimmt er seine Leseerfahrung zum Anlass, weniger das Gelesene zu rezensieren als auf die rezipierten Bücher hinzuweisen. Insbesondere die Geschichten aus Tausendundeiner Nacht und die Novellensammlungen aus Afrika (ediert von Leo Frobenius), aber auch Hedwig Fechheimers Arbeiten über Negerplastik (1920), Wilhelm Neumanns Buch über Ägypten (1894) und Albrecht Wirths Studie über Marokko (1925) finden Erwähnung.

Schon in den sechs Bänden seiner Theoretischen Schriften (1928-1935) finden einige der genannten Texte Abdruck: Über Wandalen und Römer in Afrika in „Erdachte Gespräche" (1931), über Ägypten in „Tagebuch eines Dichters" (1934), über Negerplastik in „Ein Credo" (1935) und so weiter. Dass sich Paul Ernst für diese Themen interessierte ist damit so neu nicht, denn spätestens mit diesen Abdrucken war sein „Afrika"-Interesse bekannt. Ein Blick in die von Karl August Kutzbach aus dem Nachlass von Paul Ernst herausgegebene Sammlung „Völker und Zeiten im Spiegel ihrer Dichtung" (Band 1, 1940 und Band 2, 1942) zeigt darüber hinaus ein Interesse an der Antike, dem fernen Osten, europäischen Literaturen und so fort. Darum erscheint mir Paul Ernsts Beschäftigung mit dem Thema „Afrika" als ein Thema von vielen, das eigentlich auf die viel bedeutendere Dichter-Intention verweist, nämlich ein starkes Interesse an der WELT. Nicht zuletzt trägt die Kutzbach-Edition schließlich den Untertitel „Aufsätze zur Weltliteratur".

Selbstverständlich geht es dem Dichter immer wieder um die Grundlagen des Handwerks des Dichters und der Dichtung, hier vor allem um die Frage nach der Form, die er allgemein ästhetisch, moralisch und religiös verknüpft. Doch gerade in Betrachtung fremder Dichtung und Kulturproduktion erweist er sich für seine Zeit als außergewöhnlich neugierig und vorurteilsfrei.

In seinen Untersuchungen zum Handwerk der Dichtung gelangt Ernst bekannterweise immer wieder zu den Grundfragen des menschlichen Daseins. Formerkenntnis ist ihm moralische Erkenntnis. Seine Kritik an der Form führt ihn zur Kritik an der Sprache. Seine Arbeiten über Literatur und Kunst, fremde Kulturen und Traditionen führen ihn – im Fragen nach seelischer Erkenntnis und freier Religion, die die anderen Religionen gleichberechtigt toleriert – zur Suche nach einem neuen Weltbild.

2. Ägypter und Nubier

Als Paul Ernst 1894 Stellung zu einer neueren Entwicklung in Ägypten nimmt, argumentiert er in seinem Text „Soziales aus Ägypten" erfrischend marxistisch. Er unterstellt den zivilisierten Ländern (Europas) einen „Trieb nach Expansion", der dazu diene, die „unter ihrer Herrschaft stehenden Länder in sich einzubeziehen".[246] Die Unterschiede von Kapital und Arbeit, von Produkt und Rohstoff, von Natural- und Geldwirtschaft, von Zins und Anleihe zwinge Länder wie Ägypten unter die englische Kolonialherrschaft. „Ägypten hatte eine aktive Handelsbilanz und seine Schulden hat es besonderen Umständen zu verdanken. [...] Ägyp-

---

246 Paul Ernst: Soziales aus Ägypten. In: Ders., Politische und Studien und Kritiken. München: Langen Müller 1932, S. 69.

ten ist lediglich ein Objekt der Aussaugung für die europäischen Gläubiger."[247] Die seit 1876 zunehmenden Zahlungsschwierigkeiten entstehen durch „die Einmischungen der europäischen Mächte".[248] Neben ungerechten Eigentumsverhältnissen, der Enteignung von Bauern (Fellachen) sieht Paul Ernst geradezu prophetisch ein wachsendes Kernproblem: „die Sorge um das Wasser".[249]

Mit dem wirtschaftlichen Niedergang gehe der kulturelle Abstieg einher, so Paul Ernst. „Das verkommene und ruinierte Volk rottet sich zu Banden zusammen."[250] Die zunehmende Kriminalisierung in Ägypten Mitte des neunzehnten Jahrhunderts sieht er zudem in der „Verdrängung der alten weisen Gesetze des Koran durch den Code Civil".[251] Paul Ernst sieht weitblickend, dass für Ägypten (und die arabische Welt) „das Recht noch eine religiöse Kategorie ist"[252] und folgert, dass „die mohammedanische Religion in sozialer Hinsicht sehr anständig ist".[253]

Dieser frühe Text von Paul Ernst von 1894 ist von einer ungeheuren Aktualität, denn er betrachtet den Forschungsgegenstand Ägypten – in für ihn typischer Weise – ökonomisch und sozial, religiös und moralisch. Auch in seinem Nachwort zu der vierbändigen Sammlung von Geschichten aus Tausendundeiner Nacht siebzehn Jahre später (1911) fokussiert er diesen klassischen Text – wenn man so will – ägyptisch. Die ursprüngliche Rahmenerzählung ist indisch, später persisch beeinflusst und hat ihren größten Verbreitungsgrad in der arabischen Welt dank der Übersetzung ins Arabische Ende des zehnten Jahrhunderts. Eine französische Übersetzung folgt erst 1704 und bringt diesen klassischen Text darum mit großer Verspätung nach Europa. „In den Geschichten", so Paul Ernst, „finden wir nun schon arabisches und vor allem ägyptisches Gut."[254] Selbst die vom Insel Verlag publizierte Vorlage beruht auf einem ägyptischen Druck, „der die poetische Darstellung etwa des 18. Jahrhunderts festhält".[255]

Selbstverständlich geht Ernst auf die novellistische Gestaltung der Geschichten aus Tausendundeiner Nacht ein (Erzähler, Ursache und Darstellung des Motivs). Es ist naheliegend, dass er „vom Gegenstand der

---

247 Ebd., S. 73.
248 Ebd., S. 79.
249 Ebd., S. 73.
250 Ebd., S. 77.
251 Ebd., S. 78.
252 Ebd., S. 75.
253 Ebd., S. 75.
254 Paul Ernst: Tausendundeine Nacht. Ein Nachwort. In: Ders., Völker und Zeiten im Spiegel ihrer Dichtung. Aufsätze zur Weltliteratur. Band 1. Herausgegeben von Karl August Kutzbach. München: Langen Müller 1940, S. 42.
255 Ebd., S. 42.

reinen Kunst aus betrachtet",[256] diese klassischen Texte vor dem Hintergrund seiner eigenen Novellentheorie betrachtet und sie beispielsweise mit den alten italienischen Novellen vergleicht. Die Geschichten für Harun al-Raschid wurden in Damaskus unter den Umaijaden und in Bagdad unter den Abbasiden erzählt – und nicht zuletzt am „Hof des Mamelukenfürsten in Kairo".[257] Tausendundeine Nacht sei, so Paul Ernst, „das moderne ägyptische Buch, das den Bedürfnissen der Zuhörer in den Kaffeehäusern entspricht".[258] Es erscheint aus heutiger Sicht allerdings fragwürdig aber auch gleichzeitig interessant, dass Ernst diese Sammlung von Märchen so stark auf Ägypten fokussiert.

Neben seiner Besprechung von Hedwig Fechtheimers schmalem Buch (59 Seiten) über die Plastik der Ägypter 1921, ist sein Text über den „geistlichen Tod" (1918) in diesem (von mir konstruierten) Ägypten-Kontext interessant. Paul Ernst geht mit den „Nachkömmlingen des alten Pharaonenvolkes"[259] hart ins Gericht, denn „im ägyptischen Volk von heute ist von einer höheren Gesittung nichts mehr vorhanden [...] und selbst das Niedrigste von bloß geistiger Fähigkeit ist völlig verschwunden".[260] Das sagt hier jemand, der dieses Land niemals bereist hat.

Vermutlich greift Paul Ernst auf seine frühen Thesen von 1894 zurück, wenn er sagt, „dass das ägyptische Volk von einer solchen Höhe in eine solche Tiefe gestürzt ist".[261] Neben den bereits genannten Thesen, kommt allerdings eine entscheidende Ergänzung hinzu: Paul Ernst sieht eine wesentliche Aufgabe für die Ordnung und Sicherheit, den Reichtum und den Wohlstand eines Volkes darin, „dass es täglich neu seinen Gott suchen muss".[262] Das ägyptische Volk könne seine Unabhängigkeit nicht mehr bewahren, wenn es nur seine religiösen Pflichten tut, wie es seine Steuern bezahlt. Ein reiner Ablass-Handel, wie ihn das europäische Christentum kannte, scheint sich in der ägyptisch-arabischen Welt auszubreiten. Aber: „Wenn die Seele eines Volkes leer ist, dann fließt von außen, von anderen Völkern, Geistiges und auch Seelisches in sie hinein. Aber diese Fremdstoffe können nicht verarbeitet werden, sie wirken nur als Gift."[263]

Interessanterweise zürnt Ernst dem ägyptischen Volk auch, dass es den Bogen nach Europa zu schlagen versucht, denn „seit Goethes Tod

---

256 Ebd., S. 43.
257 Ebd., S. 46.
258 Ebd., S. 47.
259 Paul Ernst: Der geistliche Tod. In: Ders., Tagebuch eines Dichters. München: Langen Müller 1934, S. 231.
260 Ebd., S. 232.
261 Ebd., S. 232.
262 Ebd., S. 233.
263 Ebd., S. 233.

und dem Zusammenbruch der Hegelschen Philosophie hat Deutschland kein seelisches Leben mehr gehabt".[264] Wenn die deutsche Seele nicht wieder erwache, so Paul Ernst, würde Europa zugrunde gehen.

3. Leo Frobenius und „Negerplastik"

Leo Frobenius gilt bis heute als populärer Vertreter der wilhelminischen Völkerkunde. Er verdeutlicht Stereotypen vom schwarzen Menschen, von ihm als Neger bezeichnet, und seine Expeditionsberichte strotzen nur so vor Rassismus. Er ist ein Kolonialwissenschaftler mit ungeheurem Inventarisierungswahn, dem beispielsweise noch heute das Hamburger Völkerkundemuseum seine besten Exponate verdankt. Frobenius inszeniert sich in seinen zahlreichen Berichten als Abenteurer, der etwa das (fragwürdige) Kannibalismus-Motiv für populäre Darstellung benutzt.[265] Frobenius fehlt jede Distanz zu sich selbst und zum Kontinent Afrika und seinen Bewohnern. Alles wird einverleibt und verarbeitet. Seine Popularisierungstechniken nutzen Anekdoten und Exotika jeder Art. Zugleich entwickelt sich Frobenius vom aufzeichnenden und informierenden écrivant zum unterhaltenden und erzählenden écrivain. Darum lassen sich seine Texte noch heute durchaus zur Weltliteratur zählen. Einerseits begründet er eine überholte und unrettbare Völkerpsychologie, andererseits etabliert er eine verdienstvolle und rettbare Kulturvermittlung.

Noch als vor zwölf Jahren eine Biographie über Leo Frobenius erschien, entbrannte ein Streit über diesen streitbaren Ethnologen.[266] Beschimpft als „rassischer Ideologe", habe dieser die „Vorzüge billiger Negerarbeitskraft" genutzt.[267] Leo Frobenius versteht Forschung als einen subjektiven Prozess, der „keine verwertbaren Fakten, sondern Mythen aufdeckt und diese nicht entlarvt, sondern sich für sie begeistert".[268] Nicht zuletzt ist er Kulturphilosoph und Theoretiker der Ethnologie. Sein „immenser Dokumentationsfleiß und seine gesellschaftliche Wirksamkeit" archiviert Objekte und gründet Institute.[269] Vor allem die Tatsache, dass Leo Frobenius es verstanden hat, „uns die Negerseele verständlich zu machen", fasziniert Paul Ernst, denn „auch die Negervölker sind ebensolche

---

264 Ebd., S. 234.
265 Leo Frobenius: Kannibalenleben. In: Berliner Lokal-Anzeiger vom 15. Juli 1907.
266 Hans-Jürgen Heinrichs: Die fremde Welt, das bin ich. Leo Frobenius: Ethnologe, Forschungsreisender, Abenteurer. Wuppertal: Peter Hammer 1998, 262 Seiten.
267 Gerhard Henschel: Hinwendung zur Tiefenschau. In: Frankfurter Allgemeine Zeitung vom 11. September 1998.
268 Mark Münzel: Wiedergelesener Leo Frobenius. In: Frankfurter Allgemeine Zeitung vom 12. September 1998 [Leserbrief].
269 Berthold Riese: Der dokumentierende Fleiß des Leo Frobenius. In: Frankfurter Allgemeine Zeitung vom 2. Oktober 1998 [Leserbrief].

Menschen wie wir".[270] Ernst hält die Kolonialdebatten im Reichstag für „töricht" und die Leitartikel zu diesem Thema für „einfältig". Er kommt zu dem Schluss: „Wir fügen diesen Völkern Unrecht zu, oft sogar dann, wenn wir ihnen wohl tun wollen."[271] In unwichtigen Dingen bestünde vielleicht eine Ungleichheit zwischen den europäischen und den afrikanischen Völkern, aber im Wichtigen seien sie einander gleich.

In seiner Besprechung einer Sammlung von „Negerdichtung", die Leo Frobenius unter dem Titel „Der afrikanische Gott" (1913) veröffentlicht, lobt Paul Ernst diese Novellen, die „ein so hoch und so fein entwickeltes Empfindungsleben beweisen, wie es nur je Menschen gehabt haben".[272] Und oftmals behandele der moderne Dichter Stoffe, die „schon von alten Dichtern behandelt sind".[273] Diese pauschale Aussage fußt vermutlich auf der Tatsache, dass die Geschichten der afrikanischen Völker, wie die Geschichten aus Tausendundeiner Nacht oder die sogenannten Grimm'schen Märchen zunächst oral tradiert und schließlich schriftlich fixiert wurden. Das orale Erzählen von Geschichten und Märchen, Tatsachen und Phantasien über die Jahrhunderte und die Sprachen hinweg führt zu einem Motivkomplex, der oftmals überraschend ähnlich ist.

Die besondere Leistung von Leo Frobenius sei in diesem Fall die Sammlung und Fixierung der sogenannten „Negerdichtung", denn „wer Neues entdeckt, ist ein Mann von besonderer Kraft der Phantasie, von Energie, Selbständigkeit, Aufopferungskraft und ähnlichen Eigenschaften; eine sehr große kritische Begabung aber braucht er nicht, ja, kann er nicht brauchen".[274] Diese kurze Beschreibung des Ethnologen konkretisiert in einem Satz den Streit um eine neue Frobenius-Biographie fünfundachtzig Jahre später. Auch Heinrich Schliemann sei ein „genialer Dilettant" gewesen, der Homer als Quelle für Tatsachen ansah.

In einem zweiten Text über „Alte Märchen" (1923) zehn Jahre später erinnert Ernst erneut an jene Sammlung von Frobenius. Resümierend beschreibt er die Entstehung der Dichtung aus Tausendundeiner Nacht und der Sammlung der Nubier-Geschichten, um deren Analyse zu nutzen und auf die fortschreitende „Barbarisierung" Europas hinzuweisen. Ernst erkennt Mitte der zwanziger Jahre den Verfall von Sprache und Denken, von Form und Religion. Diese Verfallserscheinung kann er ausdrücklich nicht bei den „sogenannten primitiven Völkern" ausmachen, die zum großen Teil religiös lebten, denn „Kultur ist immer Ergebnis der Religi-

---

270 Paul Ernst: Dichtungen Afrikas. Menschenseelen in Afrika. In: Ders., Völker und Zeiten im Spiegel ihrer Dichtung. Aufsätze zur Weltliteratur. Band 1. Herausgegeben von Karl August Kutzbach. München: Langen Müller 1940, S. 48.
271 Ebd., S. 48.
272 Ebd., S. 48.
273 Ebd., S. 50.
274 Ebd., S. 50.

on",[275] so Paul Ernst. Diese streitbare These sieht er darin begründet, dass „auch die Wissenschaft heute unter dem Bann der wirtschaftlichen Auffassung steht".[276] Allerdings entscheide zuletzt nicht der Ökonom darüber, „ob ein Volk Kultur hat oder nicht, sondern der Dichter und Priester".[277] Die Kombination von Dichtung und Religion findet Paul Ernst in der „ägyptischen Kunst",[278] insbesondere in der „Negerplastik".[279] Über allem habe aber die Dichtung eine „berauschende Wirkung", die allein zu einer „Wende der Welt" führen kann.[280]

In seinem Essay über die „Epochen der Kunst" (1916) sieht Paul Ernst die „Negerkunst" und „Negerplastik" als eine im höchsten Maße erreichte erste Naivität. Dieser Begriff soll keineswegs diese besondere Kunst diskreditieren, aber die Negerplastik habe „das ungeheure Glück gehabt, sich ohne Kritiker und Historiker entwickeln zu können. [...] Ihre Entwicklung ist reine und ungestörte Kunstentwicklung."[281] In der Betrachtung dieser zunächst fremd wirkenden Plastiken sehe man das Wesentliche, nämlich das Formale. Darum sei es nicht überraschend, dass ausgerechnet diese Kunst einen starken Einfluss auf die europäischen Künstler habe.

Die Negerplastik sei darum nicht naiv zu nennen, denn in diesem besonderen Falle sei abzulesen, dass „die Kunst nicht aus dem Bedürfnis entsteht, nachzubilden, sondern aus dem Bedürfnis, zu schaffen. Nicht ein Naturding wird nachgeahmt, sondern eine Idee wird gestaltet."[282] Paul Ernst tauscht die Begriff „naiv" und „archaisch" gegeneinander aus und formuliert eine „Epoche der archaischen Kunst",[283] die in Zukunft komme. Nicht zuletzt sei diese archaische Kunst auf ihrem Höhepunkt und darum „als eine Vorstufe des Klassischen zu betrachten" und „die archaische Kunst ist der eine Zweig der romantischen Auflösung der Klassik, der andere ist der Naturalismus".[284] Mir erscheint es überraschend, dass Paul Ernst die von ihm so bezeichnete archaische Kunst neben den von ihm so geschätzten Naturalismus stellt und darum mehr als Ehrenrettung

---

275 Paul Ernst: Alte Märchen. In: Ders., Völker und Zeiten im Spiegel ihrer Dichtung. Aufsätze zur Weltliteratur. Band 1. Herausgegeben von Karl August Kutzbach. München: Langen Müller 1940, S. 54.
276 Ebd., S. 54.
277 Ebd., S. 54.
278 Ebd., S. 55.
279 Ebd., S. 52.
280 Ebd., S. 55.
281 Paul Ernst: Epochen der Kunst. In: Ders., Ein Credo. München: Langen Müller 1935, S. 164.
282 Ebd., S. 165.
283 Ebd., S. 165.
284 Ebd., S. 166.

für die „Negerplastik" unternimmt. „Was hier archaisch und klassisch genannt ist, sind zwei ewige Gegensätze."[285]

4. Araber und Berber

Wie wir gesehen haben, kann der Themenkomplex „Afrika" für Paul Ernst so nicht existieren. Der ungedruckte Text über „Die Bedeutung der Vorgänge in Marokko" zeigt diese Problemkonstellation deutlich. Wenngleich der Autor auf Albrecht Wirths Buch kurz verweist, interessiert ihn eigentlich weniger die politisch-ökonomische Situation in Marokko als vielmehr die Vermischung der Völker untereinander. Ernst nennt den Kapitalismus „einen anonymen Imperialismus"[286] und sieht einen – aus heutiger Sicht stark überschätzten – Gegensatz zwischen Berbern und Arabern. Immerhin „bedeutet das Blut der Berber jedenfalls eine sehr gute Auffrischung",[287] die nicht nur den Arabern, sondern auch den Franzosen gut täte, so Paul Ernst, der hier überflüssigerweise und fragwürdig rassisch argumentiert.

Wer (noch heute) nach Marokko reist, erkennt den Identitätswiderspruch zwischen afrikanischer (Nordafrika als kontinentaler Region) und arabischer Welt (vor allem sprachlich und religiös). Der europäische Einfluss, insbesondere durch Mauren, Spanier und Franzosen ist ebenso präsent wie der maghrebinische, der durch die direkte Nachbarschaft zu Mauretanien und Algerien, aber auch Tunesien und Libyen entsteht. Dass die Berber als zurückgedrängte Minderheit keine Rolle mehr spielen, zeigt sich auch darin, dass ihre Sprache vom Aussterben bedroht ist.

Goethes wie Ernsts Vorstellung von einer Weltliteratur scheint mir auf die beiden Punkte der Anerkennung fremder Nationen und die Welthaltigkeit des menschlichen Daseins hinzuwirken. Eine von Goethe so formulierte „neuere Weltansicht"[288] nimmt einen Welthorizont (tertium comparationis) als Maßstab für ein Kunstwerk.

Hierbei ist die Verschiedenheit der Sprachen das verbindende Medium zwischen den Nationen. Und was für die Sprachen gilt, gilt auch für die Literaturen. Beide sind das Instrument der Zukunft einer Vermittlung des Eigenen mit dem Fremden und nicht zuletzt mit sich selbst.

---

285 Ebd., S. 166.
286 Paul Ernst: Die Bedeutung der Vorgänge in Marokko, S. 2. [Manuskript-Signatur 250/AM 95801 M2-4,4/8]
287 Ebd., S. 3.
288 Johann Wolfgang von Goethe: Maximen und Reflexionen. In: Ders., Werke. Weimarer Ausgabe, Abt. I, Band 42.2, S. 425.

V. Ich liebe den Tourismus. Er ersetzt die Völkerwanderung
Hubert Fichtes Blick auf Islam und Koran

1. Das Scheitern der Forschung

Am 21. März 2015 wäre Hubert Fichte achtzig Jahre alt geworden – er ist jedoch nur fünfzigjährig am 8. März 1986 in Hamburg gestorben. Sein Werk ist inzwischen weitgehend erfasst und vielfach erforscht.[289] Insbesondere sein seit den späten sechziger Jahren entstehender und posthum veröffentlichter neunzehnbändiger Zyklus „Die Geschichte der Empfindlichkeit" bietet weiterhin Möglichkeiten der Relektüre, Reinszenierung und Kontextualisierung.[290] Der am 26. Februar 2015 im Alter von dreiundachtzig Jahren verstorbene Kritiker Fritz J. Raddatz notierte in sein Tagebuch am 9. März 2004 polemisch: „Gestern vor achtzehn Jahren starb Hubert Fichte, fünfzigjährig, und ist, bis auf ein paar Fachidioten, inzwischen total vergessen."[291] Etwas Erstaunen kann die Erkenntnis hervorrufen, dass sich literaturwissenschaftliche Arbeiten dem Kontext von Religion im Werk von Hubert Fichte bislang kaum geöffnet haben, abgesehen von Analysen zu dessen Beschäftigung mit synkretistischen Religionsformen in Mittel- und Südamerika.

Dieser blinde Fleck in Bezug auf die Darstellung und Interpretation der monotheistischen Religionen in dessen Arbeiten könnte sich deshalb deutlich machen, dass einerseits diese Thematik allenfalls an den Rändern dieses offenen und ausufernden Werkes vorkommt und andererseits diese Fragestellung erst in einer speziellen Rezeption beziehungsweise in einer permanenten Relektüre augenfällig wird. Hubert Fichtes Diktum, dass Genauigkeit ein Versteck sei, könnte darum zu dieser Betrachtung initial einladen. Obwohl ich mich selbst seit drei Jahrzehnten mit Leben und Schreiben dieses Autors beschäftige und unlängst meine umfangreiche Hubert Fichte-Sammlung der Universitäts- und Stadtbibliothek Köln

---

289 Vgl. beispielsweise Michael Fisch: Explosion der Forschung. Bibliographie zu Leben und Werk von Hubert Fichte. Bielefeld: Aisthesis 2006 und ders.: Verwörterung der Welt. Über die Bedeutung des Reisens für Leben und Werk von Hubert Fichte. Aachen: Rimbaud 2000.
290 Vermutlich sind erste Ideen zu dem Projekt einer „Geschichte der Empfindlichkeit" 1967 in Rom entstanden. Damit umfasst die kontinuierliche Arbeit an diesem außergewöhnlichen Erzählzyklus knapp zwei Jahrzehnte bis zum Tod des Autors. Vgl. hierzu Wolfgang von Wangenheim: Roman eines Romans. In: Leben, um eine Form der Darstellung zu erreichen. Studien zum Werk Hubert Fichtes. Herausgegeben von Hartmut Böhme und Nikolaus Tiling. Frankfurt a.M.: S. Fischer 1991, S. 199-215.
291 Fritz J. Raddatz: Tagebücher. Jahre 2002-2012. Reinbek: Rowohlt 2014, S. 179.

geschenkt habe, entdecke ich immer noch innovative Themen in dessen Werk.[292]

Nach einem möglichen Verhältnis von Leben und Schreiben fragt Hubert Fichte in seinem Buch „Alte Welt": „Wie kann man gleichzeitig leben und schreiben? Wie kann man, was man erlebt, beschreiben? Mindert oder mehrt das Schreiben das Leben? Die implizite Antwort ist der Roman selbst."[293] Dieser sowohl beschreibende und analysierende Reisende als auch narrative und explorierende Schriftsteller ist sowohl bekannt durch eine wüste Polemik gegen die Bibelübersetzung von Martin Luther als auch durch sein Eintreten für den seinerzeit kaum wahrgenommenen schlesischen barocken Dichter und Dramatiker Daniel Casper von Lohenstein und dessen religiöse und politische Konstellationen in seinen Trauerspielen.[294] Wesentliche Motive der literarischen Produktion dieses Schöpfers sind demnach explikative und konnektive Interpretationen alter Quellen und älterer Texte.[295]

In Fichtes Werk kommen Wissenschaft und Poesie, Literaturwissenschaft und Roman zusammen.[296] Ich selbst arbeite an einem Erzählzyklus „Eine Neue Welt", der dieses Konzept einer nicht geschlossenen Textualisierung von Leben und Werk aufzunehmen versucht. Der 2010 erschienene Roman „khamsa" rekurriert neben Roland Barthes auf Hubert Fichte. In seiner Dissertation von 2013 kommentiert Mario Fuhse:

> Zuletzt erschien eine Reflexion in Michael Fischs Roman „khamsa". Fisch [...] signalisiert nicht nur durch die von Fichte übernommene Schreibweise von „Djemma el Fna", sondern auch durch die Aufnahme einer Textreflexion Canettis eine deutliche Nähe zu Fichtes Poetik.[297]

---

292 Jahresbericht 2007 der Universitäts- und Stadtbibliothek Köln. Herausgegeben von Wolfgang Schmitz. Köln: USB 2008, S. 6 und 39. (Anlässlich der Schenkung ist seit acht Jahren (!) ein Sammelband zu Hubert Fichte in Vorbereitung, der auch den Katalog der Titel enthalten soll.)
293 Wolfgang von Wangenheim: Roman eines Romans, S. 200.
294 Vgl. Michael Fisch: Der halb geschmeckten Lust mehr reife Früchte. Hubert Fichtes Rezeption des literarischen und musikalischen Barocks, vornehmlich des Werkes von Daniel Casper von Lohenstein. In: Ders., Gesten und Gespräche. Herbert Jäger, Hermann Peter Piwitt und Josef Winkler im Gespräch über Hubert Fichte. Aachen: Rimbaud 2005, S. 69. Vgl. ders., Verwörterung der Welt, S. 121-122 und S. 142-143.
295 Hubert Fichte: Wie gefährlich ist Luther? Eine Predigt. In: konkret 7 (1983) S. 50. Vgl. ders., Mein Lesebuch. Frankfurt a.M.: S. Fischer 1976, S. 15-18.
296 Hubert Fichte: Ketzerische Bemerkungen für eine neue Wissenschaft vom Menschen. Rede in der Frobenius-Gesellschaft, Frankfurt am Main am 12. Januar 1977. Herausgegeben und mit einem Essay versehen von Michael Fisch. Hamburg: Europäische Verlagsanstalt 2001.
297 Mario Fuhse: Der Platz des Platzes. Gestalt- und raumtheoretische Kontextualisierungen zu Hubert Fichtes Roman „Der Platz der Gehenkten". Hamburg: Männerschwarm 2014, S. 119.

Fichtes Radiofeature über eine Reise nach Ägypten setzt mit den Worten an: „Ich liebe den Tourismus. Er ersetzt die Völkerwanderung" und gelangt als Zitat in meinen Roman „khamsa".[298]

Hubert Fichte, der sich zwischen den Polen von Literatur und Wissenschaft bewegt, gesteht sich in seinem Roman „Forschungsbericht" das Scheitern eben jener Forschung ein, denn er glaubt, „dass er sich jetzt selbst vom Beginn aller materialistischen Wissenschaftlichkeit her überprüfen müsste".[299] Zwischen einem „eurozentrischen Kitsch" und dem „Horror der Forschung" verliert der Autor den Zwang, „alles in religionswissenschaftliche oder historische Zusammenhänge einzuordnen" und scheitert zuletzt daran, „aus dem Filz von Handlungen, Gesten, Vorstellungen, Wörtern, Betonungen, Eindrücken eine ganze Zeremonie zu beschreiben".[300]

Dabei arbeitet Hubert Fichte schon länger an dem Konzept einer „Poetischen Anthropologie" mit einem poetischen Zugang zur traditionellen Wissenschaft, denn er selbst kommt vom Wort her und will zur Wissenschaft hin. In seinen als Redetext vorgetragenen „Ketzerischen Bemerkungen für eine neue Wissenschaft vom Menschen" (1977) setzt er gleich zu Beginn mit den Worten an:

> Unter „Logos" versteht man vor allem „Das Wort". Worte sind Verhaltensweisen. Schon hier gibt es eine Antinomie: Der Typus der Beschreibung und der Typus des Beschriebenen gehen unkritisch ineinander auf. Antinomien können nur poetisch ausgedrückt werden.[301]

Er beschreibt demnach in seinem „Forschungsbericht" die Suche nach „Sinn und Form", bei der er „Einfälle, die er ethnologisch nicht rechtfertigen konnte" erhielt. Denn, so der Autor „es ist einfacher die Wahrheit zu sagen", doch steht neben „der Ehrlichkeit [...] das Verschweigen" und „das Verschweigen vergiftet weniger als der Bericht".[302] Um die Wahrheit schreiben zu können, muss Hubert Fichte auf Reisen gehen, denn er will beschreiben, „was ihm die Wahrheit zu sein scheint". Darum sind seine Reisen nicht nur Welterfahrung und Welterkenntnis, sondern das Reisen selbst wird ihm zur Methode der Forschung. Seine Reisebeschreibungen sind Mitteilungen über Reiseerfahrungen und Reiseerkenntnisse,

---

298 Michael Fisch: Khamsa oder Das Wasser des Lebens. Roman. Klagenfurt: Drava 2010, S. 175. (Eine Neue Welt. Band V.) Vgl. hierzu ders.: Plural oder Die Vervielfältigung des Ich. Roman. Hamburg: Rothenstein 2013. (Eine Neue Welt. Band III.) Vgl. hierzu auch ders.: Viktor oder Die Variation der Schrift. Roman. Erscheint 2016 (Eine Neue Welt. Band VII.)
299 Hubert Fichte: Forschungsbericht. Roman. Herausgegeben von Gisela Lindemann. Frankfurt a.M.: S. Fischer 1989, S. 32. (Die Geschichte der Empfindlichkeit. Band XV.)
300 Hubert Fichte: Forschungsbericht, S. 41, S. 45, S. 55 und S. 58.
301 Hubert Fichte: Ketzerische Bemerkungen, S. 7.
302 Hubert Fichte: Forschungsbericht, S. 95, S. 93, S. 90 und S. 98.

zudem sind sie Reiseempfindungen. Resigniert stellt er fest, dass er „schreiben will für eine Welt, in der es keine Schrift mehr geben wird, keine Leser, wahrscheinlich keine Augen mehr".[303] Zuletzt entscheidet sich der im „Forschungsbericht" an der nach europäischen Maßstäben und dem „blanken Kolonialismus" gescheiterte Forscher für „das misshandelte Selbstporträt" und der Romancier dafür, „das Schicksal der Welt" mit Hilfe von „seinen Masken" als einen Roman beschreiben zu wollen, denn so lautet seine Erkenntnis: „Das ist kein Forschungsbericht."[304]

Als ein Kunstmittel gegen die allzu große Wirklichkeit im Roman werden dem Schriftsteller Travestie und Parodie, Maske und Spiel wichtige Hilfsmittel und Möglichkeiten für sein poetisches Verfahren. Wenngleich der Autor Masken nutzt, so sind seine Texte keineswegs Maskierungen, denn er möchte schließlich leben, um eine Form der Darstellung zu finden. Damit meint er (s)ein Leben als das Erlebte zu verschriftlichen, zu vertextlichen und damit zu verwörtern.[305] Die allgemein übliche Trennung von Leben und Schreiben wird auf diese Weise aufgehoben und eine vermeintliche Dichotomie von Inhalt und Form, Sprache und Macht, Raum und Zeit, Identität und Herrschaft, Subjekt und Religion soll auf diese Weise konsequent aufgelöst werden, denn „die Literatur handelt von Wörtern".[306] Aber, so fragt der Autor: „Was geschieht, wenn uns Worte rühren, deren Formelhaftigkeit wir kennen?"[307]

Den europäischen Geist sieht der Autor in stiller Verantwortung, wenn er feststellt, dass „das sprachliche Abbild unserer Zivilisation nach der ersten Kolonisation und der zweiten, der touristischen"[308] nicht mehr zu leugnen ist. Sein Bekenntnis zu einer Verschriftlichung des Lebens und zu einer Verwörterung der Welt löst sich damit eindeutig vom traditionellen Verfahren eines autobiographischen Schreibens. Nicht zuletzt ist dessen „Geschichte der Empfindlichkeit" sowohl als eine Art Tagebuch des Autors als auch als (s)eine Geschichte des Tourismus lesbar.

In den Wissenschaften vom Menschen, in der Anthropologie, Ethologie, Ethnologie und Soziologie dominiere eine Metasprache, so Hubert Fichte, „mit der Formeln eingeführt werden, jene Sprache der Wissenschaft, die uns an jeder Ecke die Realität und die Wirklichkeit verstellt. [...] Was wird damit bezweckt? Die Entmündigung. Die Entmündigung

---

303 Michael Fisch: Von der Sprache der Wissenschaften und der Fundierung des Poetischen bei Hubert Fichte. In: Hubert Fichte: Ketzerische Bemerkungen, S. 63.
304 Hubert Fichte: Forschungsbericht, S. 132, S. 102, S. 115, S. 108 und S. 131.
305 Hubert Fichte: Alte Welt. Glossen. Herausgegeben von Wolfgang von Wangenheim. Frankfurt a.M.: S. Fischer 1992, S. 421. (Die Geschichte der Empfindlichkeit. Band V.)
306 Ebd., S. 309.
307 Ebd., S. 312.
308 Ebd., S. 337f.

durch eine Sprache der Wissenschaft."[309] Fichte geht einen anderen Weg, nämlich den der poetisch komponierten Sprache. Damit meint er „poetisch freilegen – nicht zupoetisieren", denn, so fragt er schließlich: „Lernen wir von den Erkenntnissen der Indianer, der Afrikaner, der Araber? Von ihren Ernährungsweisen? Ihrer Architektur? Ihrem Städtebau? Ihrem Gesundheitswesen?"[310] Leicht ließe sich hinzufügen: Von ihren Religionen? Für diesen Autor fällt das Ende seines Forschungsberichts „mit dem Ende des Forschungsgebietes" zusammen, wenn er konstatiert: „ein Forschungsbericht ist das nicht", denn die europäische Perspektive laute, dass der „Unterschied zwischen Wissenschaft und Papier der zwischen Karteikarten und Din-A-4-Papier" sei. Darum entscheidet er sich: „Ich schreibe einen Roman." Für Fichte werden das Erzählen zum Titel und das Leben zur Beschreibung, indem er sein Werk und sein Leben narrativ verbindet. Nun muss er noch herausstellen, was die „misslungene Forschung zu einem Roman machen würde".[311]

Hubert Fichte erkennt in der Sprache des wissenschaftlichen Weltbildes „die Verkrüppelungen unserer Welt", denn „Haikus drücken oft mehr über eine Gesellschaft aus, als drei Folianten umgestülpter Zettelkästen". Das Poetische soll und muss fundiert werden durch empirisches und logisches Verhalten, denn es gebe durchaus „eine mögliche Erweiterung der Wissenschaft durch poetische Kategorien".[312] Der Roman „Forschungsbericht" ist darum der „dargestellte Widerstand der Wirklichkeit gegen die Kunst",[313] so Wolfgang von Wangenheim. Den posthum erschienenen Roman „Forschungsbericht" schrieb sein Autor im März 1981 im marokkanischen Agadir nieder. Die ironische Beschreibung des Scheiterns von Forschung bildet einen von vielen Höhepunkten im Werk von Hubert Fichte. Eine Antwort auf dieses Scheitern kann für diesen außergewöhnlichen Schriftsteller nur lauten: „Reisen! dachte er: Alle umarmen! Die Welt! Ja! Reisen ist das Auslöschen der Welt, dachte er: Überall sein – nirgends."[314]

2. Alte Welt und Neue Welt

Ähnlich euphorisch wie im „Forschungsbericht" äußert sich der Autor fünfzehn Jahre zuvor in seinem Buch „Alte Welt": „Alle wollen reisen. Ich wollte auch immer reisen. [...] Reisen. Alles ist Reisen."[315] Und auf

---

309 Hubert Fichte: Ketzerische Bemerkungen, S. 10.
310 Ebd., S. 16 und S. 11.
311 Hubert Fichte: Forschungsbericht, S. 128, S. 139, S. 140, S. 141 und S. 151.
312 Hubert Fichte: Ketzerische Bemerkungen, S. 11, S. 17 und S. 20.
313 Wolfgang von Wangenheim: Roman eines Romans, S. 206.
314 Hubert Fichte: Forschungsbericht, S. 12.
315 Hubert Fichte: Alte Welt, S. 22 und S. 23.

seinen Reisen stellt er fest: „Die Alte Welt zerfällt für Jäcki. Die neue Welt tritt auf Jäcki zu."[316] Er sieht im vermeintlich Fremden keine Verlockung und sucht die Erkenntnis, dass das Fremde jener unterdrückte Teil ist, der Ängste auslöst, wie stets das Unerklärliche. Anderseits macht das Fremde es zugleich erst möglich, unbelebte Teile des Selbst zu entdecken und zu erfahren. „Ich will nicht forschen. Es gibt nur eine Forschung. Ich selbst. Oder: Mich selbst."[317] Darum ist sein Buch „Alte Welt" „ein Roman über das Schreiben und seine Gattungen".[318]

Mit dem ersten Auftrag eines NDR-Reisefeatures über Griechenland im Jahr 1966 entsteht ein Wechsel in Fichtes Arbeitsweise und Schreibprozess und dieser Wandel unterstreicht dessen Aufhebung von Gattungsgrenzen mit dem späten Ziel, eine Sammlung von Reiseberichten als einen Roman zu veröffentlichen. Jener „Alten Welt" (zunächst Europa und Nordafrika von 1966 bis 1969) wird dieser Autor später eine „Neue Welt" (Westafrika von 1974 bis 1978 und New York von 1978 bis 1980) gegenüberstellen, insbesondere in den weiteren Glossenbänden „Psyche" und „Die schwarze Stadt". Der Untertitel „Glossen" verweist

> auf die frühmittelalterliche Praxis der Textbearbeitung in Form von Übersetzung und Erläuterungen, die zwischen den Zeilen oder am Rande des lateinischen Bezugstextes geschrieben wurden. Die Glosse ist das Gegenstück zum Zitat.[319]

Reisen ist selbstredend auch für Hubert Fichte eine Bewegung in Zeit und Raum, zudem auch eine Bewegung in der Erinnerung (an das Reisen). Dieser Kontext mag erklären, warum sich dessen sowohl biographisches Projekt als auch literarisches Werk synchron zu seinen Reisen verhält. Reisen ist bereits zum Zeitpunkt der Bewegung dessen Erinnerung. Reisen ist überdies sowohl Leidenschaft für die Bewegung als auch Leidenschaft am Schreiben und beides enthält einen Prozesscharakter. „Sich selbst absolut zu setzen und das Leben in sich aufzusaugen, gelingt über das Reisen und das Schreiben."[320]

Der Autor schildert in diesem Band beispielsweise eine Rundreise durch Ägypten, die ihn in nur drei Wochen durch die Städte Kairo (31. Oktober bis 3. November), Luxor und Theben (4. bis 8. November), Assuan (8. bis 12. November) und zurück nach Kairo (13. bis 21. November) führt. Er besucht nicht nur die Tempel von Luxor und Karnak, fährt nicht nur ins Tal der Könige nach Theben, besichtigt nicht nur Abu Sim-

---

316 Hubert Fichte: Explosion. Roman der Ethnologie. Herausgegeben von Ronald Kay. Frankfurt a.M.: S. Fischer 1990, S. 146. (Die Geschichte der Empfindlichkeit. Band VII.)
317 Ebd., S. 560.
318 Wolfgang von Wangenheim: Roman eines Romans, S. 203.
319 Ebd., S. 204.
320 Michael Fisch: Verwörterung der Welt, S. 110.

bel und das Mausoleum des Aga Khan, sondern – und das mag überraschen – er „verteidigt den Massentourismus", denn er „liebe den Tourismus. Er ersetzt die Völkerwanderung."[321] Das Hamburger Reiseunternehmen Thomas Cook hatte einen ausführlich Reiseplan für Hubert Fichte und seine Begleiterin ausgearbeitet, und beide reisen diesem Plan nach und probieren aus, was man unter diesen touristischen Bedingungen erleben und erfahren kann. Es handelt sich hierbei um eine organisierte Rundreise durch Ägypten.[322]

Neben der Beschreibung von Alltagssituationen konzentriert sich Hubert Fichte auf die Auswirkungen der islamischen Religion in diesem (seinerzeit) sozialistisch regierten Land auf das Leben der Menschen: „Meiner Frau und mir wird das Doppelzimmer aus religiösen Gründen verweigert", denn „wir haben nicht den gleichen Namen". Darum müsse er, der nicht muslimische Europäer kapitulieren vor dem „islamischen Codex".[323] Für Fichte ist der Ort des Schreibens zugleich ein Platz des Erlebens. Und im Alltagsleben entdeckt der Reisende „Scharen von Armbandverkäufern, Taxifahrern, vielsprachigen Guides, Geldwechslern, die alle auf die vielen Fremden warten, die nicht kommen". Fichte entdeckt eine Geldgier, die „noch ihre Begierde überwiegt. Beziehungsweise die Religion hat sie zu solchen Heuchlern erzogen, dass sie die Sünde nur gewerblich zu begehen wagen."[324]

Dieser Vorwurf wiegt schwer und richtet sich gegen jene, welche die Wünsche des Europäers nicht ohne Geld erfüllen. Aber warum sollten sie auch?[325] Schon vorher konstatiert Fichte eine „übliche arabische Heuche-

---

321 Hubert Fichte: Alte Welt, S. 570. Schon 1964 dachte der Autor nach „über den Tourismus, über die Völkerwanderung, über den Krieg, über die permissive society, über die Sprache, die zu sich selbst kommt". Vgl. Hubert Fichte: Eine Glückliche Liebe. Roman. Herausgegeben von Gisela Lindemann. Frankfurt a.M.: S. Fischer 1988, S. 15 (Die Geschichte der Empfindlichkeit. Band IV.)
322 Wilfried F. Schoeller: Hubert Fichte und Leonore Mau. Der Schriftsteller und die Fotografin. Eine Lebensreise Frankfurt a.M.: S. Fischer 2005, S. 296-298.
323 Hubert Fichte: Alte Welt, S. 573.
324 Ebd., S. 575 und S. 592. Vgl. auch Hubert Fichte: Forschungsbericht, S. 138.
325 Hubert Fichte thematisiert hier das Verbot der Homosexualität im Koran und entdeckt eine Doppelmoral, nämlich homosexuelle Handlungen gegen Geld vorzunehmen, ganz so als sei Prostitution nicht verboten. Er spielt zwar Begierde (Trieb) gegen Gier (Geld) aus, bleibt aber einen Beweis dafür schuldig. In seinem Roman „Der Platz der Gehenkten" zitiert er die Verse 7 : 80-84 und 26 : 165-173, in denen über die „Abscheulichkeiten" derer gesprochen wird, „die nur mit Männern verkehren". Der Fromme Abû-s-Sâ'ib (gemeint ist 'Uthmân ibn 'Affân) soll gesagt haben: „Ich fürchte mich mehr vor einem bartlosen Jugendlichen als vor siebzig Jungfrauen." Vgl. hierzu auch Amin K. Walttter: Islam und Homosexualität im Qur'ân und der Hadîth-Literatur. Teil 1: Der Qur'ân". Teil 2: Hadîth-Literatur. Teil 3: Hadith-Literatur, Hadîth-Wissenschaft, Überlieferer und Sammlungen. Hamburg: Tredition 2014. (Zusammenstellung von Materialien zum Thema und Anregungen für eine Neubewertung in drei Bänden.)

lei".[326] Der Autor scheut also kaum Stereotypen, wenn er ebenso feststellt, dass „die Araber gern gelobt werden" wollen, aber „Kritik schwer ertragen".[327] In Kairo begibt sich Fichte auf die Suche nach den Spuren der drei monotheistischen Religionen und besucht das koptische Viertel der Christen („Mar Girgis") und das jüdische Viertel um die Synagoge und nicht zuletzt die Al-Azhar-Strasse in der Nähe des „Khan-al-Khalil" und der „Al-Azhar-Moschee". Auch die älteste Moschee (neben der Moschee des 'Amr ibn al-'Âs) „Ibn Tulun" besichtigt er.[328]

Wenngleich Fichte im Vergleich zu seinen bundesdeutschen Schriftstellerkollegen im Jahr 1969 als einer der ersten direkte Eindrücke über den Islam bekommt und diese vertextet, ist eine genauere Verarbeitung dieses Themenpotentials leider nicht abzusehen. Er gesteht sich selbst ein, dass „er über Kairo genauso gut oder schlecht hatte notieren können, wie über Bombay oder Tokio".[329] Entgegen der Orientbegeisterung späterer Ägyptenreisender wie Ingeborg Bachmann (Mai 1964), Max Frisch (April 1982) oder Gerhard Roth (vier Mal zwischen 1999 bis 2010), kann sich der Fünfunddreißigjährige diesem Themenspektrum vorerst nicht öffnen.

Nicht die Religion(en) interessieren ihn, sondern Herodot als antiker Reisender in dieser Mittelmeerregion und dessen Beschreibungen in den „Historien".[330] Auch Homers „Odyssee"[331] und die altägyptischen Hieroglyphen faszinieren ihn. Er notiert gar ein selbst komponiertes Hieroglyphenalphabet, das an das Paletten-ABC erinnert.[332] Dieses neunzehnbändige Hieroglyphenalphabet[333] nimmt bereits die Anzahl der Bände seiner zukünftigen „Geschichte der Empfindlichkeit" vorweg, also neunzehn. Als Hubert Fichte aus Ägypten nach Deutschland zurück kommt hat sein Auftraggeber das Gefühl, „dass an seinem Feature etwas fehle".[334]

3. Bilder einer Stadt

Von Januar bis Februar 1968 bereist Hubert Fichte Marokko. Sein Reisepass verzeichnet als Einreisedatum den 6. Januar 1968 (Tanger) und als

---

326 Hubert Fichte: Alte Welt, S. 294.
327 Ebd., S. 334.
328 Ebd., S. 576.
329 Ebd., S. 601.
330 Hubert Fichte: Alte Welt, S. 608.
331 Hubert Fichte: Der Platz der Gehenkten. Roman. Herausgegeben von Gisela Lindemann. Frankfurt a.M.: S. Fischer 1989, S. 106. (Die Geschichte der Empfindlichkeit. Band VI.)
332 Vgl. Michael Fisch: Verwörterung der Welt, S. 113. „Die Welt und die Welt. [...] Das Palettenalphabet. Kann ich die Welt noch einmal buchstabieren." Hubert Fichte: Eine Glückliche Liebe, S. 21.
333 Hubert Fichte: Alte Welt, S. 607.
334 Ebd., S. 611.

Ausreisedatum den 28. Februar 1968 (Agadir) – das sind sechs Wochen Aufenthaltsdauer. Bei einer zweiten Reise landet er am 8. Februar 1970 in Agadir und reist am 1. Mai 1970 vermutlich über Paris zurück nach Hamburg – das sind fast zwölf Wochen. Im März 1981 ist der Autor erneut in Agadir und arbeitet an seinem literaturkritischen Essay über den Roman „Washington Square" (1881) von Henry James und an seinem Romantext „Forschungsbericht".[335] Indem Fichte das englische Wort „Square" als deutsches Äquivalent „Platz" liest, eröffnen sich neue Aspekte seiner Kritik an Henry James.[336]

Eine weitere Reise führt ihn im Januar 1983 wiederholt nach Agadir, wo er an seinem Roman „Der Kleine Hauptbahnhof oder Lob des Strichs" arbeitet. Im April und Mai 1985 stellt er dann ebenfalls in Agadir seinen Roman „Der Platz der Gehenkten" fertig. Marokko, insbesondere Agadir ist darum für diesen Autor ein produktiver Aufenthaltsort. Zunächst besucht er die Hafenstadt Agadir, die in der Sprache der Berber übersetzt „Festung" oder „Speicherburg" bedeutet. Allerdings kann der bedeutsame Name die Zerstörung der Stadt nicht verhindern. Die Hafenstadt und das Seebad an der Westküste Marokkos wurden am 29. Februar 1960 gegen 23 Uhr 45 durch ein Erdbeben in nur zwölf Sekunden fast vollständig zerstört. Ein wesentlicher Grund für diese Katastrophe bestand in der fragwürdigen Bauweise der Häuser. Fichte thematisiert das Erdbeben und den Wiederaufbau, das Verschwinden einer Stadt durch ihre Zerstörung und die sich hieran anschließende Entwicklung des Tourismus. In Agadir, wie später in Marrakesch, erkennt der Autor touristische und mediale Einflüsse als grundsätzliche Veränderungen, die als soziale Umwälzungen nicht zuletzt das menschliche Verhalten verändern. Diese Entwicklung ist nicht aufzuhalten, da der Tourismus – stärker denn je – seinen Einfluss auf die spezifischen Kulturen ausübt. Allerdings ist Hubert Fichte selbst ja als touristischer Autor und schreibender Tourist unterwegs.

In mittelbarer Nähe wird die Stadt neu konzipiert und wieder aufgebaut und gilt seitdem als eines der größten Touristenzentren Marokkos, noch vor den Reisezielen Casablanca und Fes, Tanger und Marrakesch. Allerdings erlebt der Reisende jene Städte nur als ein Klischee: „Marrakesch: Das Mittelalter, Die Bibel, Ödipus und Tausend und eine Nacht."[337] Sieben Wochen immerhin verbringt auch Hubert Fichte in Agadir und kehrt später immer wieder hierhin zurück, denn hier kann er produktiv sein, Texte bearbeiten und Manu- wie Typoskripte fertig stellen. So erstellt er unter anderem ein Radiofeature mit dem Titel „Agadir. Bilder einer

---

335 Hubert Fichte: Der objektive und der subjektive Autor, S. 431-467.
336 Vgl. Mario Fuhse: Der Platz des Platzes, S, 151-157.
337 Ebd., S. 303.

Stadt" (Südwestfunk 1968) und einen Fotokurzfilm mit dem Titel „2 x 45 Bilder. Sätze aus Agadir" (Westdeutscher Rundfunk 1971).[338]

In seinem Radiofeature bemerkt Hubert Fichte: „Ich bewundere den Wiederaufbau von Agadir", allerdings hat „der Wiederaufbau von Hamburg, von Berlin bewiesen, dass wir aus den Katastrophen nichts gelernt haben", doch „Agadir ist dazu berufen, der Badeplatz des euroafrikanischen Westens zu werden".[339] Eine Erklärung des marokkanischen Königs Mohammed V. zitiert Fichte in Übersetzung als „Der Wiederaufbau von Agadir wird das Werk unseres Willens und unseres Glaubens sein"[340] und erkennt, dass die architektonische Planung weniger der marokkanischen Bevölkerung als dem Tourismus dienen wird.

Vielleicht aber stellt der marokkanische Machthaber diesen Kontext zur islamischen Religion deshalb her, weil das Erdbeben von Agadir im Monat Ramadan geschah und die (nicht nur) religiösen Menschen wohl dachten, „das ist das Ende der Welt".[341] In seiner Beschreibung von Agadir und seinen Bewohnern entdeckt Hubert Fichte Riten der islamischen Religion, wie beispielsweise das Knien und „sich mit dem Oberkörper in Richtung Mekka" Werfen, dass „die Hygiene mit der Religion eng verbunden" ist, dass „Beschneidung und Waschungen von der Religion vorgeschrieben" werden und ein Reisender in Agadir „Koranschreiber und Koranrezitatoren" treffen kann.[342]

4. Djemma el Fna

Den posthum erschienenen Roman „Platz der Gehenkten" schrieb sein Autor im Mai 1985 in Agadir nieder. Sein damit letzter in Reinschrift übertragener und als druckreif vollendeter Roman widmet sich der Djemma el Fna. Seine 1970 nach Marrakesch unternommene Reise wird von Hubert Fichte fünfzehn Jahre später ein zweites Mal – sozusagen auf Papier – erlebt, indem sich erinnerte Erfahrungen mit gegenwärtigen Erkenntnissen verbinden.[343] Der Titel dieses Buches lässt mehrere Varianten zu. Fna benennt in der Sprache der Berber den Tod. Demnach wäre es also der Ort des Todes. Da aber seinerzeit auf diesem Platz Kriminelle und Oppositionelle durch Erhängen hingerichtet wurden, entscheidet sich

---

338 Sowohl das Typoskript zum Radiofeature ist in dem Glossenband „Alte Welt" (S. 314-347) abgedruckt als auch das Typoskript zum Fernsehfilm (S. 348-354).
339 Hubert Fichte: Alte Welt, S. 344, S. 346 und S. 319.
340 Ebd., S. 318.
341 Ebd., S. 321. Es war nach dem islamischen Kalender der 9. Ramadan 1379 und nach dem gregorianischen Kalender der 29. Februar 1960 (ein Schaltjahr).
342 Ebd., S. 315, S. 339 und S. 343.
343 Vgl. Hubert Fichte: Der Platz der Gehenkten, S. 217 Vgl. die editorische Notiz der Bandherausgeberin Gisela Lindemann, ebd. S. 219.

Hubert Fichte für „Der Platz der Gehenkten". An anderer Stelle im Roman heißt es sogar:

> Djemma el Fna heißt gar nicht Der Platz der Gehenkten. Djemma heißt die Moschee. Die Versammlung. Also vielleicht der Platz. Fna heißt das Fenster. Das Beendete. Der Tod. Der Platz der Toten. Nicht der Platz der Gehenkten.[344]

In Marrakesch wird die Wirklichkeit zum Mythos, und die Realität erscheint als ein Produkt der Einbildungskraft. Gemäß des Diktums von Hans Blumenberg, dass „der Grundmythos [...] nicht das Vorgegebene, sondern das am Ende sichtbar Bleibende, das den Rezeptionen und Erwartung genügen könnte"[345] ist, sind auch für Hubert Fichte dort Mythos und Wirklichkeit miteinander eng verflochten, schließlich fängt „das Leben mit einem Mythos an".[346] In der Sprache der Berber bedeutet Marrakesch „Geh schnell", denn aus Angst vor Überfällen beschleunigten frühere Reisende ihre Schritte.

Hubert Fichte erreicht im Februar 1970 Marrakesch mit dem Flugzeug, und vom Flughafen „Al-Manara" fährt er mit dem Taxi an dem bekannten Minarett der Koutoubia vorbei und erreicht den damals sowohl in der Literatur als auch im Tourismus noch wenig bekannten Platz der Gehenkten, die „Djemma el Fna". „Der Negerjunge liegt im Garten der Koutoubia. Zwischen Rittersporn, Lilien, Mohn. Er raucht Kiff. Er winkt mich heran, ich soll mich zu ihm legen", doch der Autor entscheidet sich anders, denn sein „Platz der Gehenkten ist kein Platz des Kiff. [...] Mir zittern die Hände nach Kiff."[347] Später bereut es der Reisende: „Nachts im Garten der Koutoubia versuche ich mich an die Farben des Mohns und der Lilien zu erinnern."[348]

Sechzehn Jahre zuvor besuchte Elias Canetti im Frühjahr 1954 diesen Ort und schrieb später das schmale Buch „Die Stimmen von Marrakesch", das allerdings erst 1967 veröffentlicht wurde. Hubert Fichte kommentiert diesen Text abwertend: „Da bringt es einer schnell zum Genie, wenn er vom Glück der Esel in Marrakesch dichtet – eine Notiz zur Tierhaltung in marokkanischen Städten transportierte Wahrheit mehr."[349] Und in seinem Marrakesch-Roman „Der Platz der Gehenkten" porträtiert er Canetti abwertend: „Der untersetzte Ausländer, mit einem Gesicht wie Strindberg, macht sich eine Notiz ins Lederbändchen."[350] Schon in „Alte

---

344 Hubert Fichte: Der Platz der Gehenkten, S. 108. Vgl. Hubert Fichte: Forschungsbericht, S. 16.
345 Hans Blumenberg: Arbeit am Mythos. Frankfurt a.M.: Suhrkamp 1984, S. 192.
346 Hubert Fichte: Explosion, S. 446.
347 Hubert Fichte: Der Platz der Gehenkten, S. 58 und S. 82.
348 Ebd., S. 156.
349 Hubert Fichte: Ketzerische Bemerkungen, S. 20.
350 Hubert Fichte: Der Platz der Gehenkten, S. 94

Welt" heißt es: „Canetti: Die Stimmen von Marrakesch. Ungenauer, weinerlicher Käse. Empörend das Kapitel: Die Lust des Esels."[351]

Die Schlüsselszene um den gequälten Esel wurde vielfach interpretiert, sowohl in Hinsicht auf Canettis Darstellung als auch auf Fichtes Kritik. Bislang unterblieb der Hinweise darauf, dass das Maultier, als das Produkt einer Kreuzung von Eselstute und Pferdehengst, im Islam eine besondere Bedeutung hat. Der arabische Historiker Muhammad ibn Saad (784-845) schreibt, dass Duldul das erste Maultier im Islam war. In der Schlacht von Hunain im Jahr 630 soll der Prophet Muhammad auf Duldul geritten sein. Das Tier, das auf Arabisch „baghl" heißt, überlebte den Propheten um mehr als dreißig Jahre. Islamische Rechtsregeln lauten, dass es verboten sei, Maultierfleisch zu essen, aber erlaubt sei, auf Maultieren zu reiten. Der normale Umgang mit ihm sei nicht unrein, aber eine Kreuzung zwischen Esel und Pferd selbst durchzuführen sei verboten. Sollte ein Maultier widerspenstig sein, dann soll es nicht geschlagen sondern eingesperrt werden. In seinem Gefängnis solle das Maultier den Koran lesen.

Für Hubert Fichte bedeutet der Eintritt auf den Platz der Gehenkten, ein Eintreten in die arabische Sprache als der Sprache des Islam und das Eintreten in den Text der Gläubigen, den Koran.[352] Er lernt die arabische Sprache, um tiefer in eine andere Kultur eintreten zu können und rückt dabei den Koran als Text in den Mittelpunkt seiner Arbeit. Fichte verbindet seine persönliche Erfahrung auf diesem Platz mit der seiner erinnerten Beschreibung dieses Ortes. Zwischen Traum und Albtraum, zwischen Realität und Fiktion tastet sich der Autor fortan Sure für Sure an den Ort des Geschehens, an den Platz der Gehenkten heran. Er notiert in seinem Roman:

> Die Texte des Koran werden kürzer von Sure zu Sure. Die Texte des Platzes der Gehenkten werden länger. Ich möchte das Gesetz der schrumpfenden Glieder durch das Gesetz der wachsenden Glieder ausgleichen.[353]

Die neben der reinen Textualisierung sich aufdrängende erotische Konnotation lässt sich durchaus mit Roland Barthes' Idee einer „Lust am Text" erklären, der unterstellt, dass ein Textkörper durchaus als von Lüsten bestimmt erotisch erfahren werden kann.[354] Gert Mattenklott sieht gar eine Verbindung zwischen der „ordo naturalis" und der „ordo artificialis", indem er schreibt:

---

351 Hubert Fichte: Alte Welt, S. 564.
352 Hubert Fichte nutzt die französische Übersetzung von Denise Masson. Paris: Gallimard 1967.
353 Hubert Fichte: Der Platz der Gehenkten, S. 13. Vgl. ders.: Alte Welt, S. 160.
354 Vgl. Roland Barthes: Der entgegenkommende und der stumpfe Sinn. Kritische Essays III. Aus dem Französischen von Dieter Hornig. Frankfurt a.M.: Suhrkamp 1990, S. 162. Vgl. ders.: Die Lust am Text. Aus dem Französischen von Traugott König. Frankfurt a.M.: Suhrkamp 1974.

Anstelle der kondensierenden, verkürzenden, oft auch abstrahierenden Bewegung der Koran-Komposition, in der die Suren der kunstvollen Darbietungsweise des ordo artificialis folgen, tritt bei Hubert Fichte eine dynamische Schwellform.[355]

In gelegentlich umständlichen und aufwendigen Formulierungen bewegt sich der Autor zwischen Traum und Albtraum, in poetisch dichten Wortblöcken und lautmalerisch schönen Satzformen nähert sich Hubert Fichte den szenischen Darstellungen. Seine Intention ist „Erlebnis, Erkenntnis und Poesie, Dialogik. Logik und Empfindlichkeit im engsten Bezug zueinander zu zeigen".[356] Gleichzeitig evoziert er eine Sure und assoziiert dadurch den Aufbau des Korans. Sure für Sure tastet er sich an den Ort des Geschehens vom Buchstaben „Aliph" zum Begriff „Djemma el Fna"[357] heran: „Aufwachen. Zwischen Traum und Traum. Die Stimmen der Sänger im Turm. Gottes Wort."[358]

Mehrere Träume des Protagonisten wie des Autors schichten sich ineinander und ergeben ein Gewebe von Beispielen für eine aus dem geistigen Ich wie der religiösen Gemeinschaft hervorkommenden Realität. Zwischen Traum und Wirklichkeit auf dem Platz der Heiligen und der Unheiligen wird die Differenz von Beschriebenem und Beschreibendem überwunden. Ein eurozentrisches Konzept von Raum und Zeit überwindet Hubert Fichte, indem er eine imaginierte Wirklichkeit mit einer religiösen Realität konfrontiert. Es gibt keine Wahrheit – allenfalls eine Suche nach ihr – und die sprachlich fixierte Wirklichkeit findet sich nach Hubert Fichtes Idee „zwischen Traum und Traum".[359]

Der Autor sieht gleich zu Beginn seines Romantextes „trübe Stellen in der Erinnerung an meinen Traum" und „vielleicht ein neuer Traum [...] ein neuer Traum vielleicht". Er fragt sich, ob er „das nur geträumt habe" und „von welchem Traum er träumte" und kommt zu dem Schluss: „Mit diesem Traum sollte der Roman enden."[360] Doch schon zu Beginn des Buches verarbeitet der Autor in seiner erinnerten Beschreibung des Platzes seine persönliche Geschichte, denn dieser besondere Ort bedeutet ihm Eintritt in eine neue Kultur, in die Sprache der Berber und des Arabischen und in Koran und Islam.

---

355 Gert Mattenklott: Bibliographien – ordo naturalis oder artificialis? In: Michael Fisch: Personalbibliographie zu Leben und Werk von Hubert Fichte. Berlin: Edition diá 1996, S. 17.
356 Hans-Jürgen Heinrichs: Die Djemma el-Fna geht durch mich hindurch. Oder wie sich Poesie, Ethnologie und Politik durchdringen. Hubert Fichte und sein Werk. Bielefeld: Pendragon 1991, S. 110.
357 Gert Mattenklott: Bibliographien – ordo naturalis oder artificialis?, S. 16.
358 Hubert Fichte: Der Platz der Gehenkten, S. 12, S. 45 und S. 173.
359 Ebd., S. 173, S. 206 und S. 215.
360 Ebd., S. 9, S. 10 und S. 11.

Hubert Fichte holt das Versäumnis von Elias Canetti nach, nämlich den Koran als das bestimmende Medium der islamischen Kultur in den Mittelpunkt der poetischen Darstellung der arabischen Kultur zu rücken. „Natürlich ist der Koran Gottes Wort! Es gibt keinen Menschen, der eine Sure des Koran erfinden könnte."[361] Menschen und Tiere, Subjekte und Objekte verwandeln sich in Buchstaben und in der Lektüre dieser Wörter entsteht das Bild einer Neuen Welt, weil „der profanen Schrift des Romans Hubert Fichte die heilige Schrift des Korans gegenüberstellt".[362] Der Autor beobachtet die selbstverständliche Bedeutung des Heiligen Textes beispielsweise, wenn: „der Kellner Koranverse singt, während er die Bestellung annimmt" und fordert seine Leser auf: „Hören Sie den Koran in der Sprache der Berber!"[363]

Die Form dieses Romans orientiert sich nicht nur an dem Heiligen Buch gläubiger Muslime, sondern variiert dieses in subjektiver Manier, indem zunächst siebzehn mal eine Zeile (pro Druckseite) folgt, schließlich zwei mal zwei Zeilen, danach drei mal drei Zeilen und so weiter und zuletzt siebzehn mal siebzehn Zeilen pro Seite. Auf diese Weise, „misst der Leser mit den Augen einen imaginären dreidimensionalen und hermetischen Buchraum bis hin zu Rändern aus, als ginge er über den mehr oder weniger klar umrissenen kartografierten Platz". In dieser Textwelt erweitert sich sozusagen von Buchseite zu Buchseite dieser besondere Erzähltext, denn „der Leser ist somit auch formal gesehen Akteur in einem [...] Drama" der Literatur.[364]

Die Form der Oberfläche dieses Romantextes scheint sich an den Koran anzulehnen, mindestens hiervon inspiriert zu sein und dennoch gegenüber dem Inhalt unterminiert zu werden. Entgegen Canetti will Fichte keine Wahrheit über den Platz der Gehenkten oder über die Kultur der Araber oder über die Religion der Muslime behaupten, sondern Beobachtungen sinnlich erfassen und das zu Beschreibende auf dieser Textoberfläche als Beschriebenes anbieten.

Die Herausgeberin dieses Romans, Gisela Lindemann, notierte bereits 1985 in einem ausführlichen Essay über dieses Textkunstwerk:

> Der rein optische Eindruck der Seiten seiner Bücher und Manuskripte ist der von einem Autor als Setzer. Er setzt die Buchstaben, die Wörter, die Sätze, die Seiten fast wie ein Graphiker. Das Gewebe einer Seite ist locker: manche Sätze haben auf halben Zeilen Platz und geben den Rest frei; manche brauchen zwei, drei Zeilen und beanspruchen danach eine Leerzeile. Manche zie-

---

361 Ebd., S. 116.
362 Michael Fisch: khamsa oder Das Wasser des Lebens, S. 117.
363 Hubert Fichte: Der Platz der Gehenkten, S. 195 und S 203.
364 Mario Fuhse: Memory Mapping. Hubert Fichtes „Platz der Gehenkten". In: Hubert Fichte. Texte und Kontexte. Herausgegeben von Jan-Frederik Bandel Robert Gillett. Hamburg: Männerschwarm 2007, S. 219 und S. 222.

hen weitere hinter sich her und beanspruchen dafür einen ganzen Block oder Absatz und anschließend leeren Platz.[365]

Der frühe Förderer und späte Kritiker Fritz Joachim Raddatz, schrieb noch am 9. April 1989 in seinem Tagebuch vehement dagegen an:

> Fichtes Nachlassroman, angeblich sein kunstvollster, der „Platz der Gehenkten", ist das reine Blabla. EIN Satz auf EINER Seite – Hochstapelei eines Toten, womit er geradezu ein neues Genre geschaffen hat.[366]

Jüngst entgegnete Mario Fuhse hierauf, dass „in den gestalteten Textseiten im Verhältnis von weißer, frei bleibender Seite und schwarzen Buchstaben, das heißt dunklem Textteil" sich hier „eine Inversionsfigur zum Koran bildet".[367] Nicht nur in diesem Roman erinnert Hubert Fichtes Textgestaltung an die Verfahrensweisen der konkreten Poesie. Sowohl auf der Ebene der Textgestaltung als auch der Inhaltsbeschreibung findet demnach eine Inversion statt.

„Allah" als Gott der Muslime wird beschreibend aber nicht emphatisch von Hubert Fichte erwähnt: „Allah anrufen"[368] und „Allah!"[369] Die Gesetze des Islam werden wie folgt genannt: „An einen einzigen Gott glauben. Beten, Fasten, Almosen geben. Und die Pilgerfahrt nach Mekka." Und dann ergänzt der Text einen Dialog aus einer ebenfalls möglichen marokkanischen Wirklichkeit: „Isst du Schweinefleisch? Ja. Trinkst du Alkohol? Ja."[370] Hubert Fichtes Auseinandersetzung mit dem Koran entfaltet sich sowohl in der Gestaltung der Textform als auch in der (fragmentarischen) Übersetzung einzelner Suren. Insbesondere die Verse 80 bis 84 in Sure 7 „al-a'râf" (Die Höhen),[371] der Vers 1 in Sure 17 „al-isrâ" (Die Nachtreise),[372] die Verse 165 bis 173 und 224 in Sure 26 „asch-schu'arâ'" (Die Dichter)[373] und die Verse 1 bis 13 und 15 in Sure 81 „al-takwir" (Das Einrollen)[374] werden sich wiederholend in diesen Roman eingebettet.

---

365 Gisela Lindemann: Der Dichter als Setzer. Versuch über Hubert Fichte. In: Die Zeit vom 1.3.1985.
366 Fritz J. Raddatz: Tagebücher 1982-2001. Reinbek: Rowohlt 2010, S. 286.
367 Mario Fuhse: Der Platz des Platzes, S. 292.
368 Hubert Fichte: Der Platz der Gehenkten, S. 53, S. 90 und S. 142, S. 180.
369 Ebd., S. 100 und S. 111.
370 Ebd., S. 167.
371 Vgl. Sohbet von Maulânâ Sheikh Nâzım Efendi: Strafe und Belohnung im Grab und danach. In: Lichtblick 328 (2005) S. 1-4.
372 Vgl. Angelika Neuwirth: Der Koran als Text der Spätantike. Ein europäischer Zugang. Berlin: Verlag der Weltreligionen 2010, S. 366, S. 466 und S. 660.
373 Vgl. ebd., S. 716-722.
374 Vgl. hierzu Tarek Mahmoudi und Michael Fisch: „Das Einrollen der Sonne". Ein tunesisch-deutscher Kommentar zu Sure 81 „al-takwir" (Das Einrollen). In: Hülle und Haut – Verpackung und Umschlag. Techniken des Verkleidens und Umschließens. Herausgegeben von Michael Fisch und Ute Seiderer. Berlin: Rotbuch 2014, 187-198.

Mario Fuhse weist darauf hin, dass diesen vier Suren-Zitate im Buch „Der Platz der Gehenkten" sechsundsechzig Zitate aus neunundzwanzig Suren in dem 1971 gesendeten Radiofeature „Djemma el Fna" gegenüberstehen.[375] Auch verweist er an anderer Stelle auf die enge Verquickung der Thematik von der Allmacht „Allahs", von Homosexualität, den Rechten und Pflichten der Frauen und der Aufgabe des Dichters durch Hubert Fichte und dessen behutsame, unaggressive und unüberhebliche Weise, sich mit dem Koran auseinanderzusetzen und daran Kritik zu üben.[376] Allerdings formuliert er seine sanfte Kritik in höflicher Distanz.

Die Sure 17 „Die nächtliche Reise" dient dem Autor dazu, sein Projekt der Entgrenzung des eigenen Ichs zu verdeutlichen und bekannte Dualismen von Subjekt und Objekt, Körper und Seele, Frau und Mann, Innen und Außen, Denken und Glauben aufzuheben. Gleich im ersten Vers von Sure 17 sind jene Worte „Allahs" notiert, die der Prophet „Muhammad" in jener Nacht empfing, in welcher ihn der Engel „Gabriel" nach Jerusalem „von der heiligen Moschee zur sehr entfernten Moschee"[377] flog.

> Gepriesen sei, der seinen Knecht nachts reisen ließ
> von der heiligen Anbetungsstatt zur fernsten,
> um sie herum wir Segen spendeten,
> um ihm von unseren Zeichen einiges zu zeigen!
> Siehe, er ist der Hörende, der Sehende.[378]

Diese nächtliche Reise diente dem Propheten dazu, die Worte Gottes in räumlicher Distanz zur Erde zu empfangen. Diese Perspektive auf den offenbarten Text und die zugleich entfernte Glaubensgemeinde nutzt Hubert Fichte, um jene Dualismen von Eigenem und Fremden, Nahem und Fernem, von Materialem und Idealem, Logos und Mythos, schließlich von Wissen und Religion zu überwinden. Der Vers 26 : 224 lautet: „Und die Dichter – die Irrenden folgen ihnen."[379]

---

375 Vgl. Mario Fuhse: Der Platz des Platzes, S. 100.
376 Vgl. Mario Fuhse: „Meine Gläubigkeit hat einen Knacks bekommen". Hubert Fichtes „Der Platz der Gehenkten" als empfindsamer Beitrag einer Korankritik. In: Religion and Identity in Germany Today. Doubters, Believers, Seekers in Literature and Film. Herausgegeben von Julian Preece, Sinéad Crowe und Frank Finlay. Bern: Peter Lang 2010, S. 197.
377 Hubert Fichte: Der Platz der Gehenkten, S. 14.
378 Übersetzung von Angelika Neuwirth. In: Dies., Der Koran als Text der Spätantike, S. 366.
379 Vgl. Thomas Bauer: The Relevance of Early Arabic Poetry for Qur'anic Studies. Including Observations on Kull and on Q 22 : 27, 26 : 225, and 52 : 31 In: The Qur'ân in Context. Historical and Literary Investigations into the. Qur'ânic Milieu. Edited by Angelika Neuwirth, Nicolai Sinai and Michael Marx. Leiden: Brill 2010, S. 699-732. Vgl. hierzu auch Tilman Seidensticker: Umherirrende, durstige oder verliebte Dichter? Noch einmal zu Sure 26 Vers 225. In: Der Islam. Zeitschrift für Geschichte und Kultur des islamischen Orients 85 (2010) S. 156-163.

Der profanen Schrift des Romans stellt Hubert Fichte die heilige Schrift des Korans zur Seite und auch gegenüber: „Der Schriftsteller geht an die Beschreibung des Platzes der Gehenkten unter Bedingungen, die er dem Erlebnis der Djemma el Fna nachinszeniert hat."[380] Erlebnis, Erkenntnis, Erfahrung stehen neben Poesie, Logik, Dialog und gegenüber dem Schlüsselwort von Fichte: Empfindlichkeit, denn so der Autor: „Die Sprache der Logik nützt der Verständigung unter Menschen gar nichts", denn „zur Zärtlichkeit muss man sprechen können".[381]

5. Oedipae africaine

Zwei Bände der nachgelassenen „Geschichte der Empfindlichkeit" sind in ihrer Anlage und Präsentation komparatistisch zu betrachten. Der innerhalb der Nummerierung sechzehnte Band „Psyche" und achtzehnte Band „Die schwarze Stadt" stellen sowohl Desiderate als auch Surrogate seiner Reiseunternehmungen dar, die zudem vom Autor ausdrücklich als Glossen bezeichnet werden. Von dem weiteren Glossen-Band „Alte Welt" war hier bereits die Rede. „Psyche" spricht über die Reisen nach Westafrika von Februar 1974 bis Februar 1985 und „Die schwarze Stadt" beschreibt jene touristischen Unternehmungen in New York von September 1978 bis November 1980. Die Bände „Die schwarze Stadt" (1990) und „Psyche" (1990) können in ihrer Intention und Konzeption durchaus einander gegenüber gestellt werden. Der Einfluss von Fichtes westafrikanischen (Reise-)Erfahrungen auf das nordamerikanische Buch ist unverkennbar. Die gesammelten Texte aus „Psyche" ergeben ein dialogisches Bild von Senegal bis Burkina Faso und von Togo bis Benin. Dem Autor geht es hierin um allgemeine Fragen zur Religion und spezielle Aussagen zum „Einfluss des Islam",[382] denn Hubert Fichte ist „überzeugt von der Konzentration von Mythen, Riten, Verhalten" und „von den alten Modellformen der Psyche".[383]

Nicht nur in seiner Titelentscheidung spielt der Autor auf Erwin Rohdes Werk „Psyche. Seelencult und Unsterblichkeitsglaube der Griechen" (1890 bis 1894) an. Wenn man so will, beschäftigt sich Hubert Fichte in seinem Buch mit dem Seelenkult und dem Unsterblichkeitsglauben der (West-)Afrikaner. Unter der zitierten Aussage „In Afrika ändert sich alles so schnell"[384] subsumieren sich Themen wie Aberglaube und Vodou,

---

380 Hubert Fichte: Der Platz der Gehenkten, S. 109.
381 Hubert Fichte: Alte Welt, S. 291 und S. 293.
382 Hubert Fichte: Explosion, S. 436.
383 Hubert Fichte: Psyche. Glossen. Herausgegeben von Ronald Kay. Frankfurt a.M.: S. Fischer 1990, S. 240. (Die Geschichte der Empfindlichkeit. Band XVI.)
384 Ebd., S. 286.

Einweihung und Riten.[385] Auch zum Christentum, insbesondere zum Katholizismus und zur Bibel lassen sich Textstellen identifizieren.[386] Das Buch der Muslime, der Koran, wird in „Psyche" niemals erwähnt, dafür an einer Stelle die Sure „Das Eisen".[387] Das könnte mit einem spezifisch westafrikanisch-muslimischen Glauben zusammenhängen, der als eine Art mythische Religion zwischen alten Heiligtümern und besonderen Ritualen zu finden wäre, doch wie gesagt „in Afrika ändert sich alles so schnell",[388] aber auch: „Die Afrikaner wissen, was sie tun."[389]

Erwin Rohde wie Hubert Fichte konfrontierten ihre Leser mit religiösen Aussagen und Handlungen allerdings ohne einen begrifflichen Ausdruck hiervon zu haben. Beispielsweise geraten bei Fichte die Begrifflichkeiten durcheinander, wenn er von „Muselman",[390] „Mohammedaner"[391] oder „Moslem"[392] spricht – übrigens immer in der maskulinen Bezeichnung. Es bleibt demnach bei der reinen Beschreibung von Religion im weiteren Verlauf der umfangreichen Deskription des Islam in Fichtes „Psyche". Zunächst liefert der Autor Informationen über das Gebet,[393] die Pilgerfahrt (nach Mekka),[394] die Körperreinigung, die Kleiderordnung und das Zahnholz,[395] über Essen und Trinken.[396] Danach folgen Thematisierungen von Beschneidung[397] und Homosexualität,[398] Geschlechtertrennung und Empfängnisverhütung,[399] Heirat und Vielehe.[400] Auch die arabische Sprache und das Selbstmordverbot (im Islam) und die Bücher über die Religion und die Scharia werden behandelt.[401] Informationen über diese Themen der Beschreibung erhält Hubert Fichte aus Interviews und Gesprächen, die er als Beschreibender den Beschriebenen (Personen wie Themen) durch geschickte Fragestellung entlockt, dennoch: „Ich habe nie über sexuelles Verhalten in Afrika geforscht. Schade."[402]

---

385 Ebd., S. 296, S. 307, S. 308 und S. 503.
386 Ebd., S. 131, S. 212, S. 344 und S. 353.
387 Ebd., S. 505.
388 Ebd., S. 286.
389 Hubert Fichte: Explosion, S. 139.
390 Hubert Fichte: Psyche, S. 134, S. 286 und S. 304.
391 Ebd., S. 196 und S. 467.
392 Ebd., S. 284, S. 296, S. 306 und S. 347.
393 Ebd., S. 396, 459, S. 462, S. 463 und S. 486.
394 Ebd., S. 104.
395 Ebd., S. 217, S. 293, S. 463,
396 Ebd., S. 93, S. 189 und S. 284.
397 Ebd., S. 100, S. 128, S. 324, S. 360, S. 493 und S. 494.
398 Ebd., S. 284, S. 292, S. 297, S. 353, S. 448, S. 453 und S. 486.
399 Ebd., S. 126, S. 286, S. 445 und S. 485.
400 Ebd., S. 196, S. 211 und S. 449.
401 Ebd., S. 92, S. 453, S. 284 und S. 505.
402 Hubert Fichte: Explosion, S. 421.

Neben Aufzeichnungen und Essays, Interviews und Notizen aus den psychiatrischen Kliniken in Senegal und Togo enthält dieser Band zudem eine Art Tagebuch über das vergessene westafrikanische Königreich Dahomey (1975) und ein weiteres Tagebuch über die Beziehungen zwischen Senegal und Benin (1985). Damit schließt sich der Kreis, wenn Fichte zur Ursprungsidee von „Psyche" zurückkehrt und über Sigmund Freud und Jacques Lacan assoziativ referiert wie beispielsweise über den „Mythos von Ödipus", „Freuds Kastrationsangst" oder fragt: „Ist eine Lehranalyse bei Lacan nicht möglicherweise ein traumatisches Erlebnis?"[403]

6. Die schwarze Stadt

In dem Band „Die schwarze Stadt" bekennt sich Hubert Fichte zur Kultur der Afroamerikaner und zu deren Verhältnis zu Gesellschaft und Kunst, Sexualität und Religion. Der Schlüssel zu diesem Buch ist die Perspektive auf das schwarze New York in der Zeit von September 1978 bis November 1980. Ergänzend hierzu kann der weitere Band „Lil's Book" gelesen werden, ein langes Interview mit Lil Picard aus eben diesem Zeitraum und an eben diesem Ort. Auch in der „Schwarzen Stadt" sind Interviews mit Fotografen und bildenden Künstlern, Musikern und Tänzern enthalten, in denen wichtige Details für eine Bestandsaufnahme enthalten sind und zugleich ein soziokultureller Raum offengehalten wird. Hubert Fichte will darstellen, wie die Welt für einen Schwarzen[404] in der „schwarzen Stadt" New York zu verstehen sein könnte.

Der 1881 erschienene Roman „Washington Square" gehört zu den wenigen nordamerikanischen Büchern, denen sich Fichte rezeptiv widmet. Denn ähnlich wie Henry James, der eine große Europareise mit ihren Schwerpunkten in Paris und Venedig unternahm, wechselt auch Hubert Fichte den Kontinent – allerdings aus der Richtung der Alten Welt in die Neue Welt. James lebte und arbeitete seit 1876 in London und Sussex und seit 1879 in Paris. Fichte besuchte New York (und leider nicht Philadelphia und Bloomingdale) ein Jahrhundert später.[405] Während James seinen Roman „Washington Square" der Thematik um den Platz der Frau in

---

403 Hubert Fichte: Psyche, S. 79, S. 325 und S. 496.
404 Das Wort „Schwarzer" wird hier als ein Geusenwort verwendet, das ursprünglich als Schimpfwort gemeint, von der Emanzipationsbewegung (Black Panther) zu einer stolzen Selbstbezeichnung umgedeutet wurde.
405 Henry James: Washington Square. Roman. Aus dem Englischen übersetzt von Bettina Blumenberg. Zürich: Manesse 2014, S. 107 und S. 159 und S. 238. Die Hauptfiguren des Romans besuchen während ihrer Europareise die Städte Rom, Paris, Venedig, Liverpool und die „hässliche und einsame Gegend" der (deutschen) Alpen); vgl. ebd., S. 172. Leider hatte die allzu naive US-amerikanische Tochter „die Ortsnamem und die Reihenfolge der Reisestationen ihres Vaters vergessen"; vgl. ebd. S. 185. Zu Philadelphia und Bloomingdale vgl. ebd. S. 226 und S. 241.

der Gesellschaft widmet, schreibt Fichte sozusagen seine Bücher in der Fahnung nach dem Platz des Homosexuellen in der Gesellschaft, der sich allerdings als solcher nicht mehr definieren sollte. Nicht zuletzt verweist schon der Titel von „Washington Square" auf seine Geometrie und Topografie, also den Platz, an dem das Haus dieser eigentümlichen Bewohner steht. Dass der Platz als ein genereller Ort zu einem großen Topos im Werk Hubert Fichtes wird, liegt auf der Hand.

An dem Ort New York entsteht 1980 Hubert Fichtes großer programmatischer Essay nach den „Ketzerischen Bemerkungen" (1977) mit dem emphatischen Titel „Mein Freund Herodot". Hier bekennt der Autor: „Ich schreibe nun, was mir die Wahrheit zu sein scheint, denn ich erkenne ihn schon bei Herodot – den Widerspruch zwischen Wissen und Handeln, Liebe Erkennen, Aufklärung und Magie." Fichte folgert aus diesem Widerspruch: „Nicht: Wissen ist Macht! – sondern: Reisen ist Wissen."[406] Erneut zeigt sich seine Kritik an der Sprache, an der abgelesen werden könne „wie Ereignisse gedacht, geplant werden" und Fichtes Wille einer „Verwörterung der Welt" wird nachlesbar, indem er „die ganze Welt als Buch" betrachtet und ebenso wie Herodot jene „Schwierigkeiten beim Schreiben der Wahrheit"[407] erkennt.

---

406 Hubert Fichte: Die schwarze Stadt. Glossen. Herausgegeben von Wolfgang von Wangenheim. Frankfurt a.M.: S. Fischer 1990, S. 329. (Die Geschichte der Empfindlichkeit. Band XVIII.)
407 Ebd., S. 353, S. 331 und S. 339. Vgl. hierzu auch ders., Explosion, S. 535. In dem Romankapitel „Die Puppen und die Gedörrten" schreibt Hubert Fichte: „Bilder, die das Innere außen sichtbar machen. Illustrationen zu Wörtern. [...] Ein Bild, aus tausend widersprüchlichen Fitzeln. [...] Die Wahrheit"; vgl. ders., Explosion, S. 18.

VI. Das ist mein Laster. Meine Lust. Mein Alles
Hubert Fichtes literarische Darstellung von männlicher Prostitution

1. Hotel Garni

Hubert Fichte ist ein reisender Europäer mit großem sexuellen Appetit, den er an verschiedenen, zumeist subkulturellen Plätzen seiner globalen Reiseziele zu stillen weiß. Er spricht in seinen Texten über sexuelle Handlungen, die entweder seine Kunstfigur mit dem Namen Jäcki oder vermutlich der Autor selbst praktiziert. Allerdings ist sich Fichte über das (post-)koloniale Verhalten reisender Europäer in den Ländern der sogenannten Dritten Welt durchaus bewusst und stellt darum konsequent sexuelle Abhängigkeiten literarisch dar. Ironisch äußert er sich zu seinem Reiseverhalten spätestens im Februar 1980 in Agadir: „Weg! Gleich wieder weg! Reisen, dachte er: Alle umarmen! Die Welt! Ja! Reisen ist das Auslöschen der Welt. [...] Überall sein, nirgends."[408]

Der Autor klagt eindimensionale Verhaltensweisen an, die durch Abhängigkeiten entstehen können. Der reiche Freier kauft mit seinem Geld Sexualität, ohne sich für das Objekt seiner Begierde tatsächlich zu interessieren. Der Stricher erfüllt die Regeln der Prostitution, die in der Regel vom Freier gemacht sind, um seine Notlage zu ertragen. Es kommt innerhalb dieses von der Norm abweichenden Sexualverhaltens selten zu einem sprachlichen und kulturellen Austausch. Geld regelt das Geschäft und produziert zudem Konflikte.

Hubert Fichte notiert 1970 in Marrakesch ironisch: „Aber die meisten Stricher auf der Djemma el Fna waschen sich öfter den Unterleib als ihre Freier aus Europa"[409] und notiert 1984 in Hamburg ebenso sarkastisch: „Die Strichjungen waren im Gegensatz zu den Krankenpflegern an der Alster zuverlässig. Denn bei der Liebe ging es um ihr Leben."[410] Er notiert in Agadir im Januar 1968 aber auch: „Die Welle von miesen Strichern könnte Marokko erspart bleiben, wenn man Tourismus als etwas Exotisches auffassen würde"[411] und in São Luiz de Maranhão im Oktober 1981 betont Fichte: „Agadir ist doch gar nicht mit Mogador zu vergleichen. In Mogador gibt es noch echte Liebe. In Mogador ist nicht alles nur

---

408 Hubert Fichte: Forschungsbericht, S. 12. Vgl. ders., Explosion, S. 336.
409 Hubert Fichte: Der Platz der Gehenkten, S. 96.
410 Hubert Fichte: Der Kleine Hautbahnhof oder Lob des Strichs. Roman. Herausgegeben von Gisela Lindemann. Frankfurt a.M.: S. Fischer 1988, S. 96. (Die Geschichte der Empfindlichkeit. Band II.)
411 Hubert Fichte: Alte Welt, S. 291.

für Geld."⁴¹² Zwei Jahre später heißt es: „Weißt Du, er kann fabelhaft trennen zwischen Freundschaft und Unterleib. [...] Tanger. Da handelte es sich dann überhaupt nur noch um Ärsche und Schwänze."⁴¹³

Ein modernes Seebad unweit von Tanger mit dem Namen El Oumnia war ein beliebtes Reiseziel für europäische homosexuelle Männer, denn: „Nordafrika ist also für homoerotisch veranlagte Menschen ein [...] Paradies, denn dort spielt das Alter keine Rolle", so ein Interviewpartner von Fichte im Jahr 1972, denn „die heutige Gesellschaft ist derart altersfeindlich und empfindet eine derartige Verachtung für das Alter".⁴¹⁴ Ein Hamburger Bordellbetreiber hintertreibt in einem Interview von 1982 eine vermeintliche Toleranz:

> Ich finde, dass Leute mit 50 Jahren nicht mehr auf den Kiez gehören. Der Kiez ist das Pflaster der jungen Leute. [...] Eine Generation tritt ab, um der nächsten Platz zu machen. [...] Ich bin langsam ein alter Mann mit 50 Jahren.⁴¹⁵

Die erotisch motivierte Reisebewegung ist keine Erfindung von Hubert Fichte, doch folgt er sowohl konsequent als auch kritisch diesem Stereotyp, etwa wenn er notiert: „Aber die guten Päderasten in Agadir machen ihre rund zwanzig Kilometer am Tag."⁴¹⁶ Sozusagen auf der Suche nach erotischer Erfüllung bewegen sie sich stundenlang zu Fuß, denn auch: „Ethnologie ist wie Päderastie. Man muss viel zu Fuß gehen."⁴¹⁷ Das Gehen verbindet den Freier mit dem Prostituierten, denn das Wort Stricher käme von dem Verb streichen, noch besser: „Jäcki lernte das Wort Stricher zu gebrauchen. Ein Strich. Streicheln."⁴¹⁸ Dem Roman „Der Kleine Hauptbahnhof oder Lob des Strichs" ist gar das Zitat vorangestellt: „Strich kommt nicht von Strich. Strich kommt von Streifen, von Seiltänzern, Landstreichern, Stadtstreichern, Strichvögeln."⁴¹⁹ Der Autor fasst Exotismus als Kritik am Idealismus auf: „Der reisende Schwule. Exotismus."⁴²⁰

Später resümiert der Autor, dass er „ein ganzes Leben ausgeschritten sei, rauf und runter zwischendurch mal in die Klappe mit den Schwingtü-

---

412 Hubert Fichte: Die Geschichte der Nanã. Roman. Herausgegeben von Ronald Kay. Frankfurt a.M.: S. Fischer 1990, S. 130. (Die Geschichte der Empfindlichkeit. Band XVII.)
413 Hubert Fichte: Der Kleine Hauptbahnhof oder Lob des Strichs, S. 31.
414 Hubert Fichte: Hamburg Hauptbahnhof Register. Herausgegeben von Ronald Kay. Frankfurt a.M.: S. Fischer 1993, S. 186 und S. 190. (Die Geschichte der Empfindlichkeit. Band XIX.)
415 Ebd., S. 56-57.
416 Hubert Fichte: Die Geschichte der Nanã, S. 102.
417 Hubert Fichte: Explosion, S. 142. Der Autor behauptet auch: „Die Ethnologen sind die Heiligen"; vgl. ebd., S. 160.
418 Hubert Fichte: Der Kleine Hauptbahnhof oder Lob des Strichs, S. 97-98. In dem Romankapitel „Die Puppen und die Gedörrten" heißt es: „Jäcki erkannte die Freier, die Mörder, die Stricher und die alles waren [...] Die Bettler, die Stricher, die Krüppel können nicht einschlafen"; vgl. ders., Explosion, S. 36 und S. 40.
419 Ebd., S. 7. (Das Zitat ist von Peter Michael Ladiges.)
420 Hubert Fichte, Explosion, S. 312.

ren rein, daneben der Stand, die internationale Presse. [...] Kein einziger Stricher mehr an den Schließfächern."[421] Es ist dieses Sprechen über jenes, welches nicht besprochen wird, das diesen Autor umtreibt, denn: „Nirgends sind so viele Anführungszeichen wie auf dem Plakat zum Faschingsfest in der Stricherbar."[422] Es ist Hubert Fichte ein besonderes Anliegen über das bislang kaum Artikulierte literarisch zu schreiben: „Auch hier ein Teil des Selbstportraits des Autors?", denn der Dichter sei der „Ort der Utopie".[423]

Schon Michel Foucault weist in seinem Buch „Der Wille zum Wissen" (1976) auf dieses Dispositiv hin:

> Unter dem Deckmantel einer gründlich gesäuberten Sprache, die sich hütet, ihn beim Namen zu nennen, wird der Sex von einem Diskurs in Beschlag genommen, der ihm keinen Augenblick Ruhe oder Verborgenheit gönnt.[424]

Er schließt sein Buch aber auch mit den Worten ab: „Ironie dieses Dispositivs: es macht uns glauben, dass es darin um unsere ‚Befreiung' geht." Ähnlich wie Hubert Fichte geht es Michel Foucault um den Traum einer „anderen Ökonomie der Körper und der Lüste", um den Traum einer Nichtunterwerfung unter „diese karge Alleinherrschaft des Sexes" und um den Traum, seinem Schatten „die wahrsten Geständnisse abzuringen".[425]

Hubert Fichte spricht über sein literarisches Großprojekt als einer „Geschichte der Empfindlichkeit", indem er notiert: „Männerschönheit ist eines der großen Motive, das sich durch [...] die Welt zieht und vielleicht war es überhaupt das Motiv, das ihn durch die Welt zog [...]."[426] Er will also mit seinem Erzähl-Zyklus ein „Buch von der Schönheit des Mannes",[427] sogar ein „Buch über die Schönheit der Männer der Welt"[428] schreiben. „Ich mache eine Feldforschung über Sex unter Männern. [...] Das Buch von der Schönheit des Mannes. [...] Jäcki wollte mit allen Männern auf der Welt schlafen."[429] Um diese explizit maskuline Ästhetik zu entdecken, schreckt der Autor keinesfalls vor der Entdeckung und Praktizierung, der Beobachtung und Beschreibung von Prostitution zurück,

---

421 Hubert Fichte: Hamburg Hauptbahnhof Register, S. 23.
422 Hubert Fichte: Der objektive und der subjektive Autor, S. 457.
423 Ebd., S. 461 und S. 463. („Madame Bovary c'est moi.")
424 Michel Foucault: Sexualität und Wahrheit. Erster Band: Der Wille zum Wissen. Aus dem Französischen von Ulrich Raulff und Walter Seitter. Frankfurt a.M.: Suhrkamp 1977, S. 31.
425 Ebd., S. 190.
426 Hubert Fichte: Die schwarze Stadt, S. 353.
427 Hubert Fichte. Explosion, S. 178.
428 Hubert Fichte: Eine glückliche Liebe, S. 65.
429 Hubert Fichte: Explosion, S. 178 und S. 180. Vgl. hierzu Wilhelm Trapp: Der schöne Mann. Zur Ästhetik eines unmöglichen Körpers. Berlin: Erich Schmidt 2003.

denn so der Autor: „Auch Poesie ist menschliches Verhalten."[430] Darum „entwickelt er eine Theorie des Verhaltens",[431] eben auch dieses Verhaltens. „Wollen Sie einen schönen Jungen sehen? [...] Ein Strichjunge, der küsst. Es macht ihm Spaß."[432] Aber ihn fasziniert ebenso die Vorstellung, „dass der männlichste Mann an seinem Geschlecht selbst umkippte ins Weibliche".[433]

Seine Texte sind das literarisch motivierte Interesse an dem Anderen und nicht nur am sogenannten Fremden, denn der Autor sucht: „Das Fremde. Das Einmalige. Das Äußerste."[434] Seine Texte sind ebenso Desiderate eines noch zu schreibenden Konzepts des erotisch-sexuellen Tourismus, denn: „Ich liebe den Tourismus. Er ersetzt die Völkerwanderung."[435] Dagegen antwortet ein Interviewpartner auf eine Frage von Hubert Fichte: „Ich glaube nicht, dass der homosexuelle Tourist, so weit er aktiv in Erscheinung tritt, angesehen ist."[436] Doch Roland Barthes betont, dass die Schreibweise immer das Sprechen des Anderen sei, denn: „In der Schreibweise kann man das Geschick des Schriftstellers erkennen."[437]

Bei Hubert Fichte werden allerdings weder das Fremde noch die Fremde poetisiert oder schriftstellerisch kolonialisiert, sondern dieser Autor entwickelt die Poetik jener anderen Kultur. So wie er die Sexualität nicht ästhetisiert, kommt aber ihre Ästhetik zur Darstellung. Wenn gelegentlich für das Fichte'sche Werk bis zum Erscheinen der „Palette" (1968) noch eine „Sexualität des Erhabenen" konstatiert werden könnte, trifft das mindestens seit dem Entstehen und posthumen Erscheinen der „Geschichte der Empfindlichkeit" nicht mehr zu, denn:

> Hier ist die Unterscheidung von echt und simuliert gegenstandslos geworden. Das Ritual wird nicht als Form von Verdinglichung interpretiert und als Konsumform warenästhetischen Charakters entwertet, sondern als eine genuine Darstellung von Sexualität beschrieben.[438]

Der Autor legitimiert sein auch (auto-)biographisch motiviertes Unternehmen als einen Wunsch nach einer „Verschwulung der Welt" und nach einer „Verwörterung der Welt", in der sowohl traditionelle Schranken als auch rituelle Barrieren aufgehoben werden sollen. Dass dieses Unterneh-

---

430 Hubert Fichte: Homosexualität und Literatur 1. S. 120.
431 Hubert Fichte: Die Geschichte der Nanã, S. 130.
432 Hubert Fichte: Der Kleine Hauptbahnhof oder Lob des Strichs, S. 132.
433 Hubert Fichte: Explosion, S. 180
434 Ebd., S. 164.
435 Hubert Fichte: Alte Welt, S. 570.
436 Hubert Fichte: Hamburg Hauptbahnhof Register, S. 215.
437 Michael Fisch: khamsa das Wasser des Lebens, S. 89.
438 Gert Mattenklott: Hubert Fichte: Erotologie als Form. In: Leben, um eine Form der Darstellung zu erreichen. Studien zum Werk Hubert Fichtes. Herausgegeben von Hartmut Böhme und Nikolaus Tiling. Frankfurt a.M.: S. Fischer 1991, S. 77.

men Fragen aufwerfen muss, steht dem Autor klar vor Augen: „Die Welt und die Welt. [...] Kann ich die Welt noch einmal buchstabieren? [...] Jäcki fühlte sich verlassen zwischen den Buchstaben der Welt."[439]

Den Zyklus dieser „Geschichte der Empfindlichkeit" eröffnet der Roman „Hotel Garni", der unter anderem die Lebensgeschichte des Autors in literarisierter Form enthält und mit der Rückkehr nach Hamburg im Jahr 1960 das Thema der Prostitution zentral thematisiert. Er beschreibt zudem die beängstigende und einengende Situation für Homosexuelle in den 1950er Jahren[440] und deren existentielle Frage: „bin ich schwul" und „bin ich ein obsédé sexuel".[441] Selbst beim Candomble der Casa das Minas in Sao Luiz de Maranhão denkt der Autor: „Die Einweihung als totale Verschwulung des Kosmos denkt Jäcki."[442] Bekanntermaßen stehen die biederen Jahre der bundesdeutschen Nachkriegszeit für „diese Mischung aus Verlogenheit und Avantgarde" und für eine „Mischung aus Hässlichkeit und Ekstase", aber auch für „elektrische Funken, Storm und Paragraph 175".[443] Als der Autor Hamburg verlassen will, notiert er: „O diese ganze Züchtigkeit – adé, adé, für immer adé, dachte Jäcki, Sommer 62 am Fernfahrkartenschalter."[444]

Hubert Fichte spricht auch über seinen Briefpartner Peter Hinrik Boll, der „Freundschaften zu minderjährigen Jungen" unterhält und „verhaftet worden war", und von den sich prostituierenden jungen Männern: „Und da redet man schlecht von den Strichjungen und dem bisschen Geld, das sie verdienen." Zugleich distanziert sich der Erzähler: „Ich steh nicht auf Minderjährige. Stell dir mal vor!"[445] und stellt fest: „Jäcki kam sich nicht als Freier vor. Er kannte nicht einmal das Wort. [...] Geld war Jäcki egal."[446]

Immer wieder zieht es Jäcki zum Hamburger Hauptbahnhof als dem subkulturellen Treffpunkt für Homosexuelle und Prostituierte.[447] Er

---

439 Hubert Fichte: Eine glückliche Liebe, S. 21-22. „Die ganze Welt als ein Buch"; vgl. ders: Hamburg Hauptbahnhof Register, S. 43.
440 Der § 175 des deutschen Strafgesetzbuches existierte vom 1. Januar 1872 mit dem Inkrafttreten des Reichsstrafgesetzbuches bis zum 11. Juni 1994 – also 122 Jahre!
441 Hubert Fichte: Hotel Garni. Roman. Herausgegeben von Torsten Teichert. Frankfurt a.M.: S. Fischer 1987, S. 15-16. (Die Geschichte der Empfindlichkeit. Band I.) Siehe auch Hubert Fichte: Der Kleine Hautobahnhof oder Lob des Strichs, S. 21 und S. 79.
442 Hubert Fichte: Explosion, S. 160
443 Hubert Fichte: Hotel Garni, S. 22, S. 53 und S. 68. „Mit dem Rosa Winkel der Schwulen?"; vgl. ebd., S. 160.
444 Hubert Fichte: Der Kleine Hautobahnhof oder Lob des Strichs, S. 123.
445 Hubert Fichte: Hotel Garni, S. 54, S. 41 und S. 55. „Du bist minderjährig. Da steht Festung drauf. Zuchthaus [...] Ich kann die Verantwortung nicht übernehmen. [...] Ich habe eine entsetzliche Liebesgeschichte mit einem Griechen"; vgl. ders: Der Kleine Hauptbahnhof oder Lob des Strichs, S. 54.
446 Hubert Fichte: Der Kleine Hauptbahnhof oder Lob des Strichs, S. 95. „Und dann kam das Kommerzielle und es wurde auch gehandelt. [...] Warum sollte ich ihnen nichts geben"; vgl. ders., Hamburg Hauptbahnhof Register, S. 195. („
447 Hubert Fichte: Hotel Garni, S. 181.

macht flüchtige Bekanntschaften ohne Geld oder aber gegen Bezahlung, denn „die Strichjungen [...] erzählten, dass sie kein Geld hätten, um sich was zu essen zu kaufen".[448] Ein Freier berichtet dem Autor: „Ich lass mir von dem Jüngelchen einen blasen. Der fuhr immer direkt bis an die Klappe ran. [...] Um sich mit den Jungens einen abzuschütteln." Dagegen steht eine kaum begründete Angst davor, dass „es schmutzig wird, dass es stinkt. [...] Das ist eine tief verwurzelte Scheu vor allem Analen und Gleichgeschlechtlichen. Vor dem Fäkalen. Er wollte den Jungen gar nicht finden", aber schließlich: „Er fasste hin."[449]

Ebenso häufig thematisiert Fichte die Schönheit des Mannes, insbesondere die Ästhetik von „Männerärschen", wie beispielsweise „die Oberfläche des Arsches – nicht sein Inhalt",[450] und detaillierter: „Wenn man ihn in der Hose sieht, dann ist er einfach eine voluptuöse Form. Wenn er nackt ist, dann sieht man doch viel mehr. [...] So eine schwellende Form hat doch was, was einen anspricht."[451] Fichtes eigene „Bestätigung der Zerstörung der Form als Form" findet ihren Ausdruck in den Beschreibungen von Attributen wie „schwellend", „schrumpfend" und „wachsend".[452] Mit dem Gebrauch dieser Attribute thematisiert der Autor nicht allein erotische Motive, sondern erinnert an ein mögliches Prinzip des Schreibens an sich, nämlich dann, wenn seine Sätze zunehmend verkürzt und das Sprechen weiter verknappt wird.[453]

Das Prinzip der schrumpfenden Glieder ist mit dem der wachsenden Glieder verbunden. Gert Mattenklott verweist auf jene Fundstelle im Roman „Der Platz der Gehenkten", in welcher der Protagonist sich äußert: „Ich möchte das Gesetz der schrumpfenden Glieder durch das Gesetz der wachsenden Glieder ausgleichen."[454] „Anstelle der kondensierenden, verkürzenden, oft auch abstrahierenden Bewegung der Koran-Komposition, in der die Suren der kunstvollen Darbietungsweise des ordo artificialis folgen, tritt bei Hubert Fichte eine dynamische Schwellform."[455] Den Hinweis auf das Gesetz der wachsenden Glieder weiß der Literaturwissenschaftler mit der „ordo naturalis" (der Naturordnung) und das Gesetz der schrumpfenden Glieder mit der „ordo artificialis" (einer Kunstordnung) zu konfrontieren.[456] Eine Deutung nach dem Gesetz der wachsenden Glieder, so Mattenklott, „scheint auf die Vielfalt des Lebendigen zu

---

448 Ebd., S. 73.
449 Hubert Fichte: Der Kleine Hauptbahnhof oder Lob des Strichs, S. 32-37.
450 Ebd., S. 120.
451 Hubert Fichte: Hotel Garni, S. 128.
452 Ebd., S. 115.
453 Vgl. Michael Fisch: Verwörterung der Welt, S. 181.
454 Hubert Fichte: Der Platz der Gehenkten, S. 13.
455 Gert Mattenklott: Bibliographien – ordo naturalis oder artificialis?, S. 17.
456 Ebd., S. 17.

zielen", allerdings lässt sich „am Leitfaden der Lust und an ihrer Vielfalt keine heile Welt zusammensuchen".[457]

Rechtzeitig sprach Gert Mattenklott von einer „Erotologie als Form" bei Hubert Fichte, zu der „die Tragikkomödien des bisexuellen Zwiespalts mit ihren halbtransparenten Manövern dazugehören".[458] Dessen als eine „Poetik des logos spermatikos" so definierte homosexuelle Ästhetik führt dazu, dass „mit Erotologie Fichtes Poetik eng verschränkt ist und bleibt" und „dieses Œuvre mit der Aktualität seiner homosexuellen Erfahrungen steht und fällt".[459] Wenngleich der Autor in der Beschreibung (eigener) homosexueller Erfahrungen und Praktiken auch ein Ghetto der Homosexualität und der Homosexuellen errichtet, sieht er diesen Raum doch als ein besonderes Ghetto, in dem er eigentlich Zuschreibungen wie Hetero-, Homo- oder Bisexualität abschaffen möchte. Hubert Fichte nutzt das homosexuelle Ghetto als einen Ort der Utopie, in dem er die Körper und ihre Lüste – um mit Michel Foucault zu sprechen – zu (be-) nutzen weiß und wissentlich/unwissentlich ein Dispositiv der Sexualität errichtet, das ja immer entsteht, wenn Sexualität tatsächlich realisiert wird. Diese Dispositive führen konsequent zu den „funktionellen Anforderungen eines Diskurses, der seine Wahrheit produzieren muss".[460]

Der Begriff „Empfindlichkeit" erscheint als eine Art sensorische Sonde, die dem Zärtlichen oder Empfindsamen nachspürt. Zuletzt resümiert er resigniert über die „Schwulen", sie seien doch nur „Heere der Unempfindlichkeit".[461] In der „Geschichte der Nanã" (1990) heißt es folglich: „Hingabe oder so. Zärtlichkeit und so weiter. Aber warum denn ausgerechnet mit dem, der überhaupt nichts mit Hingabe zu tun haben wollte? Der mit Zärtlichkeit gar nichts im Sinn hat? Das war doch komisch."[462] Der Interviewpartner Wolfgang Köhler behauptet gar: „Die zarte Männlichkeit, das ist die zarte Männlichkeit vom Freier."[463] Henry James bestätigt in seinem Roman „Washington Square" (1881) „die zarten Eigenschaften" des Brautwerbers und Mitgiftjägers Morris Townsend, von dem Lavinia Penniman sogar behauptet, „er ist ein mitfühlender, empfindsamer Mensch".[464] Hubert Fichte selbst behauptet brutal: „Männlicher ist es wenn man mit Männern stößt. Und am Männlichsten wenn man es mit ei-

---

457 Gert Mattenklott: Hubert Fichte: Erotologie als Form, S. 72.
458 Ebd., S. 79.
459 Ebd., S. 81-82.
460 Michel Foucault: Sexualität und Wahrheit, S. 88. Hubert Fichte versteht Bisexualität als Bikontinentalität, denn „es ist der Geruch nach zwei Kontinenten"; vgl. ders., Explosion, S. 92, S. 123, S. 336, S. 396 und S. 427.
461 Hubert Fichte: Hamburg Hauptbahnhof Register, S. 45.
462 Hubert Fichte: Die Geschichte der Nanã, S. 90.
463 Hubert Fichte: Hamburg Hauptbahnhof Register, S. 101.
464 Henry James: Washington Square, S. 62.

nem Vater der Heiligen tut."⁴⁶⁵ Auch behauptet er einen unbegründeten „Traum von Männlichkeit, der sich nötigenfalls durch brutale Handlung Ausdruck verschafft".⁴⁶⁶

Wo Immanuel Kant in seiner Vorlesung zur pragmatischen Anthropologie (1798) noch zu unterscheiden wusste: „Die Empfindungsfähigkeit aus Stärke (sensibilitas sthenica) kann man zarte Empfindsamkeit, die aus Schwäche [...] zärtliche Empfindsamkeit (sensibilitas asthenica) nennen",⁴⁶⁷ muss Hubert Fichte zwei Jahrhunderte später klarstellen: „Empfindsamkeit. Das was mich reagieren lässt, was über das Unbewusste hinausgeht."⁴⁶⁸ In dem Roman „Washington Square" von Henry James heißt es geradezu programmatisch für Hubert Fichte, weil stark empathisch ausgedrückt: „Dein Stolz ist mein Stolz, und deine Empfindungen sind auch die meinen."⁴⁶⁹ Mit Kant sieht Fichte die Empfindung nicht als eine „Anschauung, die Raum oder Zeit enthielte", denn zwischen „der Anschauung der Zeit" und „der Erfüllung des Raumes"⁴⁷⁰ liege eine Antwort in der „transzendentalen Ästhetik", denn: „Vermittelst der Beschaffenheit unserer Sinnlichkeit, nach welcher sie [die Empfindung] auf die ihr eigentümliche Art von Gegenständen, die ihr an sich selbst unbekannt und von jenen Erscheinungen ganz unterschieden sind, gerührt wird." Darum „muss die Geschichte der Sexualität [...] in erster Linie vom Gesichtspunkt einer Geschichte der Diskurse angegangen werden".⁴⁷¹ Und diese Geschichte der sexuellen Diskurse ist die „Problematisierung der sexuellen Lüste durch die Praktiken des Selbst".⁴⁷²

Mit Immanuel Kant verbindet Hubert Fichte die Empfindsamkeit mit einem Prinzip von Sexualität, allerdings lasse „Empfindsamkeit den Zustand sowohl der Lust als auch der Unlust zu". Zudem behauptet Kant, dass die Empfindsamkeit „männlich" sei.⁴⁷³ Die Frau hingegen sei „empfindlich, er empfindsam" und nicht zuletzt: „Der Mann ist eifersüchtig, wenn er liebt, die Frau auch, ohne dass sie liebt."⁴⁷⁴ In der „Grundlegung zur Metaphysik der Sitten" (1785) sieht Kant die Empfindung vermittelt

---

465 Hubert Fichte: Explosion, S. 170.
466 Hubert Fichte: Der Blutige Mann, S. 149.
467 Immanuel Kant: Anthropologie in pragmatischer Hinsicht. Herausgegeben von Reinhard Brandt. Hamburg: Meiner 2000, S. 49. Vgl. hierzu auch S. 57.
468 Dieter E. Zimmer: Genauigkeit, ein Versteck. Gespräch mit dem Autor Hubert Fichte. In: Die Zeit vom 9.4.1971.
469 Henry James: Washington Square, S. 219.
470 Immanuel Kant: Prolegomena zu einer jeden künftigen Metaphysik, die als Wissenschaft wird auftreten können. Herausgegeben von Konstantin Pollok. Hamburg: Meiner 2001, S. 74.
471 Michel Foucault: Sexualität und Wahrheit, S. 90.
472 Michael Fisch: Werke und Freuden. Michel Foucault – eine Biographie. Bielefeld: Transkript 2011, S. 403.
473 Immanuel Kant: Anthropologie in pragmatischer Hinsicht, S. 148.
474 Ebd., S. 239.

"aus bloß subjektiven Ursachen" und nicht als ein „Prinzip der Vernunft".[475] Darauf zielte der Philosoph bereits zwei Jahre zuvor in der Schrift „Prolegomena zu einer jeden künftigen Metaphysik, die als Wissenschaft wird auftreten können" (1783) ab, denn die Gegenstände der Empfindung seien überhaupt Teil eines Systems der transzendentalen Philosophie, die wiederum Teil einer „Kritik der Vernunft" sei.[476] Seine „Kritik der reinen Vernunft" (1781) definierte jenes als „wirklich", welches „mit den materialen Bedingungen der Erfahrung (der Empfindung) zusammenhängt".[477] Fichte hält dagegen: „Ich kann nicht so tun, als wären meine Empfindungen Material für meine Reflektion."[478]

Gert Mattenklott fragt darum „nach dem Verhältnis von zeitgenössische[m] Material und Formgestalt [...] auch und gerade, wenn sein Autor alles unternimmt, um selbst den Sinn der Unterscheidung von Sachgehalt und Bedeutung der Form zu hintertreiben".[479] Empfindung und Erotik, Geschlechtlichkeit und Sexualität sind Fichtes große Themen, anders aber als bei Hans Henny Jahnn, James Joyce, Marcel Proust und Thomas Mann ist für Hubert Fichte „das Geschlechtliche nicht bloß ein wesentlicher Rohstoff des Lebens, sondern es bestimmt dessen logischen Aufbau bis in alle Verästelungen".[480] Seine Poetik wird darum unausweichlich zur Erotologie der sich wiederholenden innovativen Form.

Vielleicht wird auf diese Weise aus Lawrence Sternes „Empfindsamer Reise" (1768) Hubert Fichtes „Geschichte der Empfindlichkeit", verstanden als ein Prozess der Begriffsbefragung und Formfindung von mindestens fünfzehn Jahren. Dass das neunzehnbändige opus magnum (1987-2006) die siebenbändige „A la recherche du temps perdu" (1913-1927) von Marcel Proust zum Vorbild hat, dürfte inzwischen bekannt sein: „Verlorene Zeit. Für zehn Mark wiedergefundene Zeit. Der Tisch der Sehnsucht, der nie leer wird, für 15 Mark."[481] 1982 betont Fichte, dass er „so hochgestochen den Roman über den Kiez schreiben will. Warum nicht wie Marcel Proust? [...] Aber ich meine, es gibt überhaupt keinen Roman, der den Kiez mal anständig behandelt."[482]

Ähnlich wie bei Proust ist die Erinnerung die handwerkliche Grundlage für Fichte. Sicher lassen sich in diesem Kontext auch „Ulysses" (1922)

---

475 Immanuel Kant: Grundlegung zur Metaphysik der Sitten. Herausgegeben von Bernd Kraft und Dieter Schönecker. Hamburg: Meiner 1999, S. 35-36.
476 Immanuel Kant: Prolegomena zu einer jeden künftigen Metaphysik, S. 98.
477 Immanuel Kant: Kritik der reinen Vernunft. Herausgegeben von Jens Timmermann. Hamburg: Meiner 1998, S. 313.
478 Hubert Fichte: Die Geschichte der Nanā, S. 91.
479 Gert Mattenklott: Hubert Fichte: Erotologie als Form, S. 70.
480 Ebd., S. 70. Vgl. hierzu auch Hubert Fichte: Hotel Garni, S. 142.
481 Hubert Fichte: Der Kleine Hautobahnhof oder Lob des Strichs, S. 112. „Jäckis verlorene Zeit"; vgl. ebd. S. 38.
482 Hubert Fichte: Hamburg Hauptbahnhof Register, S. 75 und S. 76.

von James Joyce und „Der Zauberberg" (1924) von Thomas Mann aber auch „Fluss ohne Ufer" (1935-1947) von Hans Henny Jahnn nennen.[483] Doch immer wieder scheinen Anspielungen auf Marcel Proust bei Hubert Fichte durch: „Wonnen der Gewöhnlichkeit mit Sonnenreflexion aus der Verlorenen Zeit"[484] und später das Kompliment: „Proust ist der Größte. Manchmal furchtbar langweilig. Aber er ist der Größte."[485]

2. Der Kleine Hauptbahnhof oder Lob des Strichs

Sowohl der zweite als auch der letzte Band des Zyklus' „Die Geschichte der Empfindlichkeit" tragen bereits im Titel Fichtes Romanthema und Handlungsort. Diese Kurztitel lauten „Lob des Strichs" (Band II) und „Hamburg Hauptbahnhof" (Band XIX). Sozusagen mit dem Beginn und mit dem Ende seiner Beschreibung von Prostitution reist der Autor von Hamburg in die Welt und kehrt nach zahlreichen Reisen in seine Heimatstadt Hamburg zurück. Die Herausgeberin dieses Romans erwähnt, dass Projektierung und Niederschrift des Textes nahe beieinander liegen. Der Roman „Der Kleine Hauptbahnhof oder Lob des Strichs" spielt in den sechziger Jahre, wird aber verfasst in jener Zeit als dessen „Haupthalle abgerissen und durch eine provisorische Brücke vom Glockengießerwall zur Kirchenallee ersetzt wurde, was der weitgehenden Vernichtung einer Halb- und Unterweltkultur gleichkam".[486] Der Autor berichtet beispielsweise von einem Pavillon zwischen dem Hamburger Hauptbahnhof und der Neuen Kunsthalle, der nicht nur als Imbissbude diente, sondern auch ein einschlägiger Treffpunkt war. Jäcki dachte: „Das war ein Strichjunge. [...] Der Stricher umrundete den salzgurkenförmigen Pavillon, trödelte am Bali vorbei und ging auf die Brücke zu. [...] Der Stricher auf der Brücke verschwand im Wolkendampf der Eisenbahn."[487] Später resümiert dieser:

> Jäcki lernte einen geheimen Hauptbahnhof begehen. Den Kleinen Hauptbahnhof der Stricher mit seinen Kursen, Weichen, Signalen, Umsteigehaltestellen,

---

483 Hans Robert Jauss: Zeit und Erinnerung in Marcel Prousts „A la recherche du temps perdu". Ein Beitrag zur Theorie des Romans. Heidelberg: Winter 1970. „Zeit also, nicht im Bergson'schen, Proust'schen Sinne, nicht als geklaute Madeleine, sondern als „portion", als Portion einer Torte der Ideen"; vgl. Hubert Fichte: Homosexualität und Literatur 1, S. 435.
484 Hubert Fichte: Hotel Garni, S. 24
485 Hubert Fichte: Explosion, S. 445.
486 Gisela Lindemann: Editorische Notiz. In: Hubert Fichte: Der Kleine Hauptbahnhof oder Lob des Strichs, S. 227.
487 Hubert Fichte: Der Kleine Hauptbahnhof oder Lob des Strichs, S. 86.

Depots. [...] Das salzgurkenförmige Pavillönchen wieder. Züge. Jäger. Kain. Cap Horn. Der Kleine Hauptbahnhof.[488]

Dass vor der posthum erschienenen „Geschichte der Empfindlichkeit" andere Texte entstanden, die einen durchschlagenden Erfolg bei Kritik und Publikum erzielten, zeigt beispielsweise der 1968 erschienene Roman „Die Palette". Dieser narrative Text sorgte bei seiner Veröffentlichung für großes Entsetzen und allgemeine Aufregung, so dass sich Hubert Fichte und der Rowohlt Verlag gegen zahlreiche Strafanzeigen zur Wehr setzen mussten. Allerdings wurde das Buch auch von der Darmstädter Jury zum Buch des Monats im April 1968 gekürt. Mit dem Namen „Die Palette" existierte seinerzeit ein Kellerlokal in Hamburg, in dem sich – von der Hauptfigur Jäcki so bezeichnete – Gammler und Ganoven, Huren und Stricher, entlassene Häftlinge und Beatniks trafen. Inzwischen zählt dieser Roman zu den Klassikern einer neueren deutschsprachigen Literatur.[489]

Nur ein Jahr nach dem Erscheinen dieses Romans führte Hubert Fichte zahlreiche Interviews mit Wolfgang Köhler, einem Bordellpächter auf St. Pauli und dessen Lebensgefährtin Linda. Diese Gespräche und weitere Interviews mit Prostituierten gingen in den Rowohlt-Band „Interviews aus dem Palais d'Amour" (1972) ein. Im Klappentext zur Buchausgabe heißt es, „dass einige jener Männer und Frauen zu Wort kommen, die in jeder Gesellschaft als Außenseiter gelten". Die kaum als sentimental zu bezeichnenden Selbstdarstellungen würden deutlich machen, dass jene, „die sich ihre Opfer suchen, selbst Opfer sind – Opfer eines Milieus". Diese Gespräche präsentieren den Autor als einen fragenden Beobachter und zeigen noch heute, dass Hubert Fichte das Interview zu einer ästhetische Kategorie erweiterte, aber

> Jäcki nimmt Interviews nicht sehr ernst. [...] Man weiß doch, was man jeden fragen will. Und meistens weiß man ja auch die Antworten. Und welche Antworten man nie kriegt. [...] Zu einem Interview braucht man eine halbe Stunde. Die Fragen kann man auch weglassen.[490]

Die zwei großen Interviews mit Wolli Köhler vom Sommer 1969 (in zwei Teilen) und vom Herbst 1976 gehen in den erweiterten Gesprächsband „Wolli Indienfahrer" ein und werden von dem Befragten leicht gekürzt und mit Anmerkungen versehen. Später hat sich die Literaturwissenschaft

---

488 Ebd., S. 105-106.
489 Ebd., S. 114, 129, 130, 155, 171, 178, 182 und 193.
490 Hubert Fichte: Explosion, S. 57. „Forschen: Häufen. Schreiben: Weglassen"; vgl. ebd., S. 655.

um eine Rekonstruktion dieser Gesprächssituation verdient gemacht.[491] Ein drittes Gespräch mit Wolfgang Köhler entsteht im Dezember 1982 und wird von Hubert Fichte in den Abschlussband seiner „Geschichte der Empfindlichkeit" aufgenommen. Dieses letzte Interview erscheint im neunzehnten Band „Hamburg Hauptbahnhof Register" (1993). Der Text setzt an: „Wolli fing eigentlich davon an. Noch mal ein Interview und so weiter. Das wäre dann das dritte. Aber es fiel in eine Zeit, wo Jäcki überhaupt keine Lust hatte zu interviewen."[492]

Der Abschlussband „Hamburg Hauptbahnhof Register" (1993) umfasst Aufzeichnungen aus den Jahren 1982 bis 1985. Sie beginnen am Hamburger Hauptbahnhof, der in dieser Zeit renoviert wird. Der Erzähler Jäcki spürt das Alter, denn er schreibt:

> Das Pech war, dass Jäcki in die Wechseljahre kam, als der Hauptbahnhof umgebaut wurde. Und überlegte, ob das richtig sei. Dem Gesetz der wachsenden Glieder nach stimmte es. Doch folgte Jäcki sein Leben lang dem Gesetz sich verkürzender Glieder.[493]

Die Beziehung zwischen Jäckis Wechseljahren und dem Umbau des Hamburger Hauptbahnhofs ist eine typisch Fichte'sche Gleichsetzung, die zu bestimmen versucht, wer hier eigentlich wer ist: Jäcki und der Bahnhof, der Bahnhof und Fichte, der Ort und die Zeit? Fichte erinnert an die Möglichkeiten, den Bahnhof als einen Ort des Älterwerdens, des Sprechens und der Sexualität zu betrachten und darum zwingend als einen Ort der Kommunikation, denn „freier bin ich am Hauptbahnhof".[494] Der Autor und seine Figur wollen nicht mehr unterscheiden, ob es „die Wechseljahre waren oder war es der Hauptbahnhof. Der Hauptbahnhof wurde umgebaut. Jäcki kam in die Wechseljahre."[495]

Sein Roman „Der Kleine Hauptbahnhof oder Lob des Strichs" hat zudem ein starkes Credo, denn es ist ein „Buch zum Lobe des Mannes. Ich will mit allen Männern der Welt schlafen – ich will alle Männer der Welt beim Schlafen beobachten." Der Autor möchte das Verhalten der Zuhälter und der Stricher studieren, wenngleich er wiederholt: „Ein Freier bin ich nicht"[496] und doch zu berichten weiß: „Wie die Strichjungen, die dem letzten Freier die Adressen der vorhergehenden Freier zeigen. So dass ein deutscher Schriftsteller in Paris plötzlich weiß, dass er die Zärtlichkeiten des Gigolos mit einem deutschsprachigen Rechtsanwalt aus Kapstadt

---

491 Vgl. Jan-Frederik Bandel: Fast glaubwürdige Geschichten. Über Hubert Fichte. Aachen: Rimbaud 2005, S. 113-220. und ders.: Nachwörter. Zum poetischen Verfahren Hubert Fichtes. Aachen: Rimbaud 2008, S. 141-174.
492 Hubert Fichte: Hamburg Hauptbahnhof Register, S. 51.
493 Ebd., S. 7.
494 Hubert Fichte: Explosion, S. 199.
495 Hubert Fichte: Hamburg Hauptbahnhof Register, S. 22.
496 Hubert Fichte: Der Kleine Hauptbahnhof oder Lob des Strichs, S. 212.

teilt", aber auch den Hinweis notiert: „Die Stricher haben Rasierklingen in der Tasche. Sie drohen, den Freiern das Gesicht zu zerschneiden."[497]

Der Rückblick auf sein Leben im Jahr 1985 ist konsequent und Hubert Fichte erliegt den Folgen einer HIV-Infektion (*human immunodeficiency virus*) und stirbt kurz vor seinem 51. Geburtstag im Folgejahr. In „Hamburg Hauptbahnhof Register" schilderte der Autor seine Furcht vor der Krankheit AIDS (*acquired immunedeficiency syndrome*): „Lungenkrebs, Syphilis, Gelenktripper, Aids. Jäcki wusste, an einer dieser Todesarten würde er sterben."[498] Mit diesem Leben endet zugleich die einzigartige Lebensreise eines bis heute unterschätzten Schriftstellers und auf lange Sicht außergewöhnlichen Erotikers, denn immer noch „provoziert in unserer Literatur das Unverständliche ein verwerfendes Urteil".[499] Fritz J. Raddatz erinnert sich an den Tag von Hubert Fichtes Beisetzung am 11. April 1986:

> Leonore Mau (sehr gealtert), kein Senator, vom S. Fischer Verlag kein Kranz und der Lektor Beckermann auf eigene Kosten, die Lindemann als Witwe Nummer zwei, kein Vertreter auch nur einer Zeitung. [...] Auch nichts von seiner „eigentlichen" Welt, halb verborgen und von niemandem „wahrgenommen" ein Bahnhofsstricher mit einer gelben Tulpe.[500]

3. Eine Glückliche Liebe

Die frühen Reisen führen Hubert Fichte nach Südeuropa: Frankreich, Spanien, Griechenland und Portugal. 1964 reist er nach Cezimbra in der Nähe Lissabons, liest dort die Korrekturfahnen zu dem Roman „Das Waisenhaus" (1965) und beginnt mit den Vorarbeiten zu dem Text „Die Palette" (1968). Der Roman „Detlevs Imitationen Grünspan" (1971) entsteht darüber hinaus parallel.[501] In dieser Zeit beschäftigt er sich mit dem Zyklus „A la recherche du temps perdu" (1913-1927) von Marcel Proust, der nicht zuletzt zu einem gestalterischen Muster für seinen „roman fleuve" wird. Zwanzig Jahre später vollendet Fichte seinen Portugal-Roman mit dem Titel „Eine Glückliche Liebe" und integriert diesen in den Zyklus „Die Geschichte der Empfindlichkeit". In dem Roman „Washington Square" spricht Morris Townsend von sich selbst, wenn er sagt: „Normalerweise tut dies der junge Mann, der glückliche Liebhaber."[502] Vermut-

---

497 Hubert Fichte: Explosion, S. 622 und S. 719. Vgl. auch ebd., S. 721.
498 Hubert Fichte: Hamburg Hauptbahnhof Register, S. 280. „Die Angst vor dem Tode, an den ich täglich denke"; vgl. ebd., S. 211. „Ein putziger Aufsatz über eine neue Krankheit – wie immer im Spiegel"; vgl. ders., Explosion, S. 846.
499 Gert Mattenklott: Hubert Fichte: Erotologie als Form, S. 74.
500 Fritz J. Raddatz: Tagebücher. Jahre 1982-2001, S. 122-123.
501 Hubert Fichte: Der Kleine Hauptbahnhof oder Lob des Strichs, S. 181 und S.198.
502 Henry James: Washington Square, S. 74.

lich kommt von hier der Fichtesche Romantitel. Neben Marcel Prousts Großroman stehen August von Platens Tagebücher (1796-1835) Pate, vielleicht als eine „Geschichte der Unempfindlichkeit",[503] denn Hubert Fichte hofft, eine Art kommentiertes Tagebuch des verwandelten, des fragwürdigen gewordenen Tagebuchs mit erarbeiten zu können.[504]

Der Romantext hebt – ähnlich wie in seinem Brasilienroman „Explosion" (1990) – mit der Schilderung der Meeresbrandung, der Beschreibung der Steinfelsen und der Fischer, die sich in den Kliffs herumtreiben, an. Sein alter ego Jäcki lüftet alsbald das Geheimnis, denn in einer der Kliffhöhlen verdient eine „dicke Frau" Geld als Prostituierte: „Jäcki sah zwei helle Schenkel, und rechts und links hingen die Brüste unter dem hochgerissenen Pullover heraus. [...] Der nächste Fischer rückte vor. [...] Die Frau ergriff den Geldschein."[505] Diese Szene ist eine der wenigen, in denen der Autor über weibliche Prostitution spricht. Jäckis Partnerin Irma ist konsterniert: „Ich kann nicht verstehen, dass man dafür Geld nimmt." Für Jäcki ist Prostitution eine alltägliche Erscheinungsform, wie er am Beispiel der Beziehung zwischen Verleger und Autor schildert: „Man [der Autor] würde es ja wahrscheinlich deshalb mit einem [dem Verleger] machen, weil er [der Verleger] bereit ist, so viel Geld für einen [den Autor] hinzulegen."[506]

Auch wenn sich Jäcki als bisexuell definiert, ist sein Interesse am eigenen Geschlecht deutlich höher als am anderen, denn Jäcki möchte „das Buch über die Schönheit des Mannes schreiben. [...] Über die Schönheit aller Männer der Welt", und „die Fischer von Cezimbra sind die schönsten Männer der Welt".[507] In seinen weitreichenden Erfahrungen mit jenen schönen portugiesischen Männern, scheut Jäcki weder jung noch alt: „Ein junger Mann, der Jäcki so schön vorkam, dass er sofort bereit war, das ganze Leben mit ihm zu verbringen" und ein alter Mann „mit der übertriebenen Fleischlichkeit alter Fischer".[508] Warum der bisexuelle Protagonist sich mehr den Männern nähert wird lediglich metaphorisch erhellt: „Frauen gebrauchen ein Teleobjektiv. [...] Männer den Weitwinkel." Seine Lebensgefährtin unterstreicht ironisch: „Kleiner Weitwinkel [...] großes Teleobjektiv." Die Fotografin Leonore Mau begleitete den Schriftsteller Hubert Fichte auf seinen zahlreichen Reisen.[509] Sie ging als die Figur Ir-

---

503 Hubert Fichte: Eine glückliche Liebe, S. 87.
504 Gisela Lindemann: In Grazie das Mörderische verwandeln. Ein Gespräch mit Hubert Fichte zu seinem roman fleuve „Die Geschichte der Empfindlichkeit". In: Sprache im technischen Zeitalter 104 (1987) S. 315.
505 Hubert Fichte: Eine glückliche Liebe, S. 10.
506 Ebd., S. 37.
507 Ebd., S. 52.
508 Ebd., S. 31.
509 Ebd., S. 83.

ma in dessen Werk ein. Der Kritiker Fritz J. Raddatz lästert in einem Tagebucheintrag vom 5. April 2012: „Leonore Mau, die außer Hubert Fichtes Gefährtin eine nicht sonderlich aufregende Fotografin war."[510]

Als Jäcki den jungen Portugiesen Mario kennenlernt, beginnt eine glückliche Liebe, die dem Roman den Titel gibt. „Ich liebe dich, sagte Mario."[511] Dass Mario davon träumt, sein Land, das unter der Regierung des Diktators Antonio Salazar leidet, zu verlassen und in sich die Hoffnung trägt, dass Jäcki ihn mit nach Deutschland mitnimmt, gibt dieser glücklichen Liebe einen unglücklichen Beigeschmack. Jäcki, der mit Irma ein Paar bildet, sich zudem promisk mit vielen Männern trifft, kann diese Gefühle nicht erwidern. Zwischen dieser vermeintlichen Liebesbeziehung würde das erhoffte Visum ein entscheidendes Faktum darstellen. Gelegentlich zeigt sich Prostitution also auch in dem verbal geäußerten Wunsch nach Sicherheit und Wohlstand, Frieden und Freiheit. In dem nachgelassenen Roman „Explosion" schreibt Hubert Fichte rückblickend: „Hier hatte alles angefangen. Die dunklen Massen der Fischer, die stürzten. Der Gesang beim Einholen der Fische. [...] Portugal war frei. Salazar war tot. [...] Europa lag im Vorfrühling."[512]

4. Der Platz der Gehenkten

Der erst fünfzehn Jahre nach seiner Marokko-Reise vollendete Roman „Der Platz der Gehenkten" gilt in der literaturwissenschaftlichen Forschung als ein besonders ästhetischer und aufgrund seiner Rezeption wirksamer Text innerhalb der „Geschichte der Empfindlichkeit". Auf der Folie von Islam und Koran beschreibt der Autor den Alltag mit seinen Riten und Erscheinungsformen an diesem besonderen, mythisch aufgeladenen Ort. Hierbei interessieren ihn nicht nur die Beschreibungen von Religion und Widersprüchen, sondern – wie so oft in seinen Texten – auch Fragen von Tabubrüchen und Widerstandsformen.[513]

Ähnlich wie Michel Foucault in seiner „Histoire de la sexualité" (1976-1984) trennt Hubert Fichte das Wissen von der Macht, den Text vom Leben, den Menschen von der Tradition, denn „das Problem ist nicht das Wissen, wir wissen viel zuviel. Ich bin für das Vergessen. [...] Ich bin für das Zerschlagen der Computer."[514] Foucaults Geschichte der Sexualität problematisiert das Subjekt, so wie Fichte in seiner „Geschichte der Empfindlichkeit" sein eigenes Subjekt (über sein alter ego Jäcki)

---

510 Fritz J. Raddatz: Tagebücher. Jahre 2002-2012, S. 650
511 Hubert Fichte: Eine glückliche Liebe, S. 68.
512 Hubert Fichte: Explosion, S. 842. Vgl. ebd, S. 844-845.
513 Ebd., S. 436.
514 Ebd., S. 646.

ins Zentrum der Darstellung rückt. Wie Fichte will auch Foucault „die Grenzen zwischen Subjekt und Gesellschaft aufzeigen".[515]

Michel Foucault versteht seine Geschichte der Sexualität als einen Beitrag zu einer Historie der allgemeinen Formationsbedingungen der bürgerlichen Gesellschaft, insbesondere weil für ihn „Sexualität lediglich ein Korrelat wissenschaftlicher Anstrengungen ist" und er genauer „eine politische Geschichte des Willens zum Wissen" verfolgt.[516] Nicht nur deshalb trägt der erste Band seiner „Histoire de la sexualité" den Titel „Der Wille zum Wissen" (1976). Hier analysiert er nicht nur Fragen wie Sex und Macht, Sex und Unterdrückung, Sex und Wahrheit, vielmehr geht es ihm um die Beschreibung jener Machttechnik, welche sich „keineswegs auf Repression reduzieren" lässt, nämlich die Diskursstrategie in ihrem „Willen zum Wissen".[517]

Als Hubert Fichte für seinen Roman den Marokkaner Fatni interviewt, antwortet dieser ihm überraschend: „Ich habe mit Freunden zusammen eine Garçonniere gemietet. Da treffen wir uns mit Mädchen. Auch mit Nutten. Ich trinke Alkohol. Ich esse Schweinefleisch. Wenn der Junge niedlich ist. Aber Schwule kann ich nicht ausstehen!" Seine Ausführungen beendet Fatni mit den Worten: „Natürlich ist der Koran Gottes Wort! Es gibt keinen Menschen, der eine Sure des Koran erfinden könnte."[518] Diese Aussagen, die zwischen dem heiligen Text gläubiger Muslime und der alltäglichen Lebenspraxis marokkanischer Männer stehen könnten, offenbaren den Widerspruch von Religion und Kultur, von Tradition und Glauben, von Text und Leben. Der Koran rückt in dem Buch „Der Platz der Gehenkten" in den Mittelpunkt des poetischen Verfahrens, wie auch die Gestaltung dieses Textes zentral wird:

> Der rein optische Eindruck der Seiten seiner Bücher und Manuskripte ist der von einem Autor als Setzer. Er setzt die Buchstaben, die Wörter, die Sätze, die Seiten fast wie ein Graphiker. Das Gewebe einer Seite ist locker: manche Sätze haben auf halben Zeilen Platz und geben den Rest frei. [...] Die Leeräume erlauben dem Leser das Atmen, Zustimmen, Widersprechen, es stellt sich auch eine Leichtigkeit des Lesens her: nicht vergraben, sondern von der Oberfläche her nehmen.[519]

---

515 Michael Fisch: Werke und Freuden, S. 410. Zu dieser „Histoire de la sexualité" gehören die Bände „Der Wille zum Wissen" (1976), „Der Gebrauch der Lüste" (1984), „Die Sorge um sich" (1984) und mindestens der (noch) nicht publizierte Band „Die Geständnisse des Fleisches".
516 Hubert Fichte: Explosion, S. 399.
517 Michel Foucault: Sexualität und Wahrheit, S. 22.
518 Hubert Fichte: Der Platz der Gehenkten. S. 116.
519 Gisela Lindemann: Der Dichter als Setzer. In: Die Zeit vom 1.3.1985.

In Henry James' Roman »Washington Square« steht es ganz ähnlich: „Sie musste sich ihre Freude gewissermaßen aus dem Gewebe seiner Worte herausschneiden."[520]

Hubert Fichte formuliert seine schriftstellerische Intention folgendermaßen: „Alle falschen Töne, um das Ganz Unten. Ganz Tief Hinten, das Äußerste mit Wörtern noch zu erreichen und alles der Wahrheit gemäß zu berichten",[521] denn: „Es waren die Wörter und die Wörter waren Gift. Die Wörter waren das Zerbrechen des Bewusstseins."[522] Im Roman „Der Kleine Hauptbahnhof oder Lob des Strichs" notiert der Autor: „Die Rundungen der Muskeln, die kein Gedicht, nicht einmal Johannes Bobrowski, keine Prosa, kein Proust, kein Jahnn, kein Genet ausdrücken konnte."[523] Und in dem Buch „Hotel Garni" heißt es: „Die Wörter begannen in Haut überzugehen. [...] Man kann beim Erzählen jemandem die Hand an die Hüften legen."[524] Diese Verbindung von Körperlichkeit und Literatur, von Empfindung und Erzählung erscheint einzigartig in der deutschen Literatur:

> Man riecht den anderen und der riecht anders. Aber das ist keine Wahrnehmung am eigenen Körper. Das ist was anderes. [...] Der Körpergeruch. Man weiß nicht mehr, ob es der eigene ist oder der des anderen. Man weiß nicht, welches Herz klopft. [...] Die Eindrücke beschleunigen sich. [...] Die Empfindungsfähigkeit entwickelt sich.[525]

Dagegen notiert der Schriftsteller:

> Les Mots d'Amours. Ironisch sozusagen, sozusingen. Gedankenfluchten, dachte Jäcki: Vermodernde Schichten von Erinnerungen, von Wörtern auf jeder Geste, auf jedem Fetzen Haut. Alle Anspielungen. Ein Text nur aus Anspielungen. Alle.[526]

Hubert Fichte, der mit seinem umfangreichen Erzählprojekt „Die Geschichte der Empfindlichkeit" also von der Schönheit der Männer erzählen will, denn: „Ein Mann ist immer schön. Auch wenn er hässlich ist, ist er schön", lässt einen europäischen Freier auf der Suche nach marokkanischen Strichjungen schwärmen: „Sie haben göttliche Popos hier! [...] Ein Männerpopo ist das Schönste, das es auf der Welt gibt."[527] Dieser traum-

---

520 Henry James: Washington Square, S. 31.
521 Hubert Fichte: Der Kleine Hauptbahnhof oder Lob des Strichs, S. 78.
522 Hubert Fichte: Explosion, S. 390.
523 Ebd., S. 88. Fritz J. Raddatz, der in Hubert Fichtes Werk gelegentlich porträtiert wird, fragt in seinem Tagebuch am 7. April 1988: „Was stimmt und was stimmt nicht. Wie weit darf, muss, kann ein Romancier die ‚Wahrheit' verfälschen?"; vgl. ders., Tagebücher. Jahre 1982-2001, S. 245.
524 Hubert Fichte: Hotel Garni, S. 121.
525 Ebd., S. 124-125.
526 Hubert Fichte: Der Kleine Hauptbahnhof oder Lob des Strichs, S. 22.
527 Hubert Fichte: Der Platz der Gehenkten, S. 149.

wandlerische und auch kolonialistische Blick auf die Schönheit arabischer, zumeist junger Männer erfährt spätestens seine Realität, wenn es um das Bezahlen von Dienstleistungen geht: „Und hinterher fangen die Probleme an. Da will er hundert Dirham und den Pullover und das Hemd und die Hose."[528] Fichte, der dieses Verhalten mittels seiner Erzählfigur Jäcki literarisch darstellt, sammelt selbst Erfahrungen mit marokkanischen Männern und gesteht: „Arafa hat den makellosen Körper. Er schenkt mir den schönsten Arsch unter der Sonne."[529]

Diese Schilderung zeigt die vermutlich falsche Erwartungshaltung europäischer Reisender in Marokko in den 1970er Jahren, als sich dort eine Hippiebewegung festsetzte und glaubte, durch freie Liebe eine monarchistisch und islamisch geprägte Gesellschaft wie auch immer beeinflussen zu können, nämlich eine ansonsten käufliche Liebe nunmehr kostenlos zu erhalten. Dabei sind doch die „deutschen Touristen in Freizeithemden" für ihren Ausspruch „Wir geben nicht" weltweit bekannt, denn „die Deutschen versichern sich gegenseitig, dass sie aus Prinzip nichts geben".[530] Fichtes Erzählfigur Jäcki gelingt es, einen „Star-Neger", mit dem weiße Europäer etwas erleben wollen, zu gleichberechtigten sexuellen Handlungen aufzufordern: „Er will, was ich will", aber: „Zum Bezahlen habe ich keine Lust."[531] Jäcki ist durchaus bewusst, dass er trotz reflektierter Haltungen und differenzierter Ansichten in einem kolonialistischen Verhalten gefangen ist und von neokolonialen Gesten befangen sein wird, allerdings: „Dem Kolonialismusverdacht nachgebend, widersteht er der Versuchung, sich das Fremde im Verstehensprozess zu unterwerfen, ebenso wie es selbst nicht verstanden und also aufgespürt werden will."[532]

Ein deutscher Jurist aus München, den Hubert Fichte in Marrakesch interviewt charakterisiert sich selbst wie folgt: „Eigentlich altern wir Tunten doch ganz gut. Zweimal Syphilis, achtmal Tripper, mit 48, da kann man nichts sagen. Ich bin selbst auf den Strich gegangen im Krieg."[533] Der alternde deutsche Homosexuelle, der von der Gestapo verhört wurde, seinen Freund im KZ verlor und später unter der Gesetzgebung des § 175 zu leiden hatte, holt sich quasi seine verlorene Kindheit und Jugend zurück, indem er die Seite vom Stricher zum Freier wechselt: „Eines liefern sie gratis – ihre Traurigkeit."[534] Immerhin waschen sich „die meisten Stricher der Djemma el Fna öfter den Unterleib als ihre Freier aus Europa", weiß der Jurist zu berichten. Und Hubert Fichte ergänzt:

---

528 Ebd., S. 149.
529 Ebd., S. 158.
530 Ebd., S. 121.
531 Ebd., S. 113
532 Gert Mattenklott: Hubert Fichte: Erotologie als Form, S. 73.
533 Hubert Fichte: Der Platz der Gehenkten, S. 124.
534 Ebd., S. 168.

„Sie waschen sich einmal, spülen sich blank, waschen sich. Sie waschen sich dreimal."[535] Nicht nur darum beansprucht der Autor für sich: „Ich lobe den Strich. [...] Der Strich ist die wahre Kunst."[536] Dennoch heißt es: „Geschlechtskrankheiten sind epidemisch. [...] Es liegt an der Promiskuität. [...] Es gibt Prostitution", aber es gibt eben auch „Pillen und Spritzen".[537] Dabei weiß der interviewte Jurist einzuschätzen, dass der Verdienst von einhundert Dirham vielleicht nicht seine Familie ernährt, aber er könne entweder die Freiheit aufgeben oder Geld „erstricheln" und dabei ein Vergnügen haben. Diese postkoloniale Haltung zeugt von einem mangelnden Verständnis einer anderen Kultur gegenüber, sowohl in ökonomischer als auch in moralischer Hinsicht, zudem leugnet sie das Individuum. Wenn Jäcki auf Arafa trifft und dieser sich ihm hingibt, dann liefert der Autor dem Leser alsbald den Grund: „Arafa will, dass ich ihn mit nach Deutschland nehme."[538]

5. Schwarze Psyche und schwarze Stadt

Ein theoretisches Vorbild für diese in der deutschsprachigen Literatur einmaligen Projektionen und erstaunlichen Vorstellungen findet der Autor in Erwin Rohdes Buch „Psyche. Seelencult und Unsterblichkeitsglaube der Griechen" (1890-1894). Hubert Fichte fragt sich grundsätzlich stets selbstkritisch: „Woher nehme ich die Kühnheit, aus dem Filz von Handlungen, Gesten, Vorstellungen, Wörtern, Betonungen, Eindrücken eine ganze Zeremonie zu beschreiben."[539] Eine wesentliche Motivation, die diesen Autor antreibt, ist „die Gier, sprechend zu überleben", denn er möchte, dass „ihm alle Wörter der Welt noch einmal zur Verfügung stünden" und für ihn gilt, dass „seine Welt alles Papier ist". Darum folgt er einer so formulierten Ehrlichkeit und man könnte hinzufügen einer schmerzlichen Offenheit in diesen Beschreibungen, die eben nicht nur zu Provokationen führen, sondern den Autor selbst zweifeln lassen: „Vergiftet der Bericht? Warum berichte ich dann?"[540]

Ein Jahrhundert nach Erwin Rohdes „Psyche" erscheint Fichtes Glossenbuch mit der gleichen Titelbezeichnung „Psyche". Das antike Modell der Psyche kommt dessen Vorstellungen des „Doppelten" und des „bi" entgegen, denn Fichte interessieren neben Homosexualität ebenso Androgynität, Hermaphrodismus und Bisexualität. In seinem Text „Die Rasierklinge und der Hermaphrodit" (1975) thematisiert der Autor bereits Dop-

---
535 Ebd., S. 96 und S. 162.
536 Hubert Fichte: Der Kleine Hauptbahnhof oder Lob des Strichs, S. 122.
537 Hubert Fichte: Forschungsbericht, S. 80.
538 Ebd., S. 158.
539 Ebd., S. 58.
540 Ebd., S. 35, S. 62 und S. 98.

pelbezeichnungen (Andros und Gynae / Hermes und Aphrodite) und nimmt als Metapher die doppelschneidige Rasierklinge der Marke Gillette.[541] In der Thematisierung dieser Perspektivmöglichkeiten auf das biologische und soziale Geschlecht ist Fichte seiner Zeit weit voraus. Es ärgert ihn zuletzt, wenn arrivierte Forscher dieses Thema umgehen: „Wie soll ich von einer Frau etwas über Androgynie und Transvestismus der Schamanen in einer afroamerikanischen Religion erfahren? Eliade spart das ja freundlicherweise aus!" Dabei verfügt Fichte selbst über angreifbare Erkenntnisse: „Ich habe so viele Bücher über Transvestiten gesehen. Ich könnte sie in der Realität nicht mehr von Frauen unterscheiden."[542]

Diese Fragen des versteckten oder exponierten Geschlechts, die Thematik von Bi- oder Transsexualität, von Prostitution und von Möglichkeiten einer praktizierten Liebe in Freiheit und Glück beschäftigen Hubert Fichte insbesondere in seiner „Geschichte der Empfindlichkeit" und finden bekanntlich ihren Höhepunkt als Zitat auf seinem Grabstein: „Schon irgendeinmal nämlich war ich Knabe und Mädchen und Baum und Raubvogel und auch aus der See ein stummer Fisch."[543] Das Empedokles-Zitat endet mit einem See-Geschöpf. Hubert Fichtes Strichjunge Antonio in dem Roman „Forschungsbericht" antwortet auf dessen Fragen, ob er lieber mit Männern oder Frauen schlafe, geradezu poetisch: „Einer isst Fisch, der andere Fleisch."[544] In „Explosion" heißt es: „Ich esse alles. Fisch oder Fleisch."[545]

Im November 1978 führt Hubert Fichte in New York ein Interview mit dem 1953 in New York geborenen 25jährigen Eddie. Nach schwerer Kindheit in einem problematischen Elternhaus wurde der 14jährige Junge, der schon vorher durch kleinkriminelle Geschäfte auf sich aufmerksam machte, drogenabhängig, zunächst von Marihuana und schließlich von Heroin. Um den Drogenkonsum zu finanzieren, geht er, um nicht größere Straftaten wie Einbruch oder Raub zu begehen, seit seinem 14. Lebensjahr auf den Strich: „Ich wollte mich nicht als Mensch erniedrigen, statt dessen erniedrigte ich meinen Körper."[546] Auch wenn sich trotz der sozialen Missstände Eddie seiner Familie verbunden fühlt, berichtet er, dass seine Schwestern ebenfalls Prostituierte sind und „sie hatten ihre Zuhälter". Seine Schwestern werden ebenfalls heroinabhängig und er, der

---

541 Michael Fisch: Von der Sprache der Wissenschaften und der Fundierung des Poetischen bei Hubert Fichte. In: Hubert Fichte: Ketzerische Bemerkungen, S. 38.
542 Hubert Fichte: Forschungsbericht, S. 49 und S. 42.
543 Ebd., S. 85 und vgl. hierzu auch S. 65, S. 132, S. 142, S. 143 und S. 148.
544 Ebd., S. 56.
545 Hubert Fichte: Explosion, S. 27.
546 Hubert Fichte: Die schwarze Stadt. S. 111.

Ältere [sic!] fühlte eine Verantwortung, die er zuletzt doch nicht ausfüllen kann und sieht ein: „Ich musste diese warme Höhle verlassen."⁵⁴⁷

Zu diesem Zeitpunkt hatte der adoleszente Eddie zahlreiche homosexuelle Kontakte, ist aber der Überzeugung: „Ich bin nicht schwul. [...] Ich bin auch nicht bisexuell." In dieser Zeit machte er mit Freiern positive Erfahrungen, weil diese ihn gut behandeln und bezahlen, aber er hat auch negative Erfahrungen, denn „sie wollten mehr als abgemacht war. Sie versuchen, einen zu vergewaltigen. Einige schneiden einem die Kehle durch. Einigen ist alles egal. Ich hatte keine moralischen Grundsätze mehr."⁵⁴⁸ New York erscheint wie ein gesichtsloser Moloch, vielleicht weil es „immer nur Stadt aufwärts geht – das ist die Richtung, in die sich New York entwickelt [...] So lebt man in New York – alle drei bis vier Jahre zieht man um [...] ständig höher hinauf."⁵⁴⁹

Zur gleichen Zeit führt Hubert Fichte am gleichen Ort ein Interview mit Michael Chisholm, der sich selbst als heterosexuell bezeichnet und sich im Alter von fünfzehn Jahren prostituiert: „Und dann ging es los. Ich wurde eine Hure. Eine Prostituierte. Ich übertreibe." Interessanterweise benutzt er bei der Bezeichnung die weibliche Form, wenngleich er Sex nicht nur mit Männern macht: „Ich kam mit Frauen zusammen. Ich fickte mit Frauen. [...] Mit Jungen. Das lief nebenher. Seit ich 14 war."⁵⁵⁰ Michael fühlt sich als „Out-Cast" (Außenseiter), denn „ich sonderte mich ab, als ich zehn war", wenngleich er bestätigt: „Sex war Sex. Sex ist immer noch Sex."⁵⁵¹ Zuletzt definiert er sich als „ein Homosexueller, der mit einer Frau schläft", denn er „betrachtet sich selbst als bisexuell".⁵⁵² Hubert Fichte selbst beschreibt das als „die doppelte Einsamkeit des Bisexuellen"⁵⁵³ und Henry James nennt es „Einsamkeit und Gefahr".⁵⁵⁴

Der beschriebene Alltag eines Strichers, der sowohl mit heterosexuellen Frauen als auch mit homosexuellen Männern Sex für Geld praktiziert, ist nicht leicht. Michael berichtet unter anderem: „Ich fahre zu einer Konferenz und ficke eine hässliche Frau und die gibt mir auch noch Trichomonaden." Oder er spricht über „eine Kälte der Homosexuellen unterein-

---

547 Ebd., S. 121.
548 Ebd., S. 115.
549 Henry James: Washington Square, S. 35 und S. 36.
550 Hubert Fichte: Die schwarze Stadt, S. 319.
551 Ebd., S. 320. In dem Romankapitel „Der Fluss und die Küste" handelt der 36. Abschnitt von einem Wiedersehen zwischen Michael Chisholm und Hubert Fichte in Sao Luiz de Maranhão. Der Autor gesteht, dass er „noch nie in einen Mann so verliebt gewesen sei"; vgl. ders.: Explosion, S. 629.
552 Ebd., S. 323. Vgl. Hubert Fichte: „La Lame de Rasoir et l'Hermaphrodite". In: Psychopathologie Africaine. Jahrgang XI, Nummer 3, Dakar 1975, S. 395-406.
553 Hubert Fichte: Der Platz der Gehenkten, S. 205.
554 Henry James: Washington Square. S. 149.

ander", konstatiert zugleich: „Ich akzeptiere die Zurückweisung."[555] Hubert Fichte ergänzt hier polemisch: „Männer streicheln sich nicht lange."[556] New York bietet dem Schriftsteller mehrere Möglichkeiten der Aufdeckung und Beschreibung männlicher Prostitution. In dem großen Geschichtswerk des Herodot, das Fichte bei seinem New York-Aufenthalt im Winter 1980 mit sich führt, entdeckt er Möglichkeiten für eine Beschreibung dieser und anderer Praktiken des Alltags: „Verwörterung der Welt. Magie und Tragödie. Zauberspruch und Schriftstellerei."[557] Fichte behauptet, dass Herodot in seinen „Historien" ähnliche Motive verfolgt habe wie er selbst: „Männerschönheit ist eines der großen Motive, das sich durch die neun Bücher des Riesenwerks über die Welt zieht und vielleicht war es überhaupt dies Motiv, das ihn durch die Welt zog und an den Griffel",[558] weiß aber auch zu berichten: „Herodot hat einen schlechten Ruf."[559]

Aber nicht nur Herodots Werk, das „im Grauen, in Riten des Sadismus, ganz pessimistisch" endet, sondern auch die Bücher von Jean Genet und Daniel Casper von Lohenstein, Marcel Proust und Donatien Alphonse François de Sade integriert Hubert Fichte in dieses Projekt. Es entstehen zahlreiche Aufsätze und Hörstücke zur Literatur, beispielsweise „Jeder kann der nächste sein" (Pasolini, 1976), „Die Löwen sind mein Pferd" und „Ach des Achs!" (Lohenstein, 1977 und 1979), „Die Sprache der Liebe" und „Wortwurst und Strichmännchen" (Genet, 1982 und 1983) und „Zu Prousts Homosexualität" (Proust, posthum 1998). Vor allem aber den Roman „Washington Square" von Henry James macht er quasi zum Ausgangspunkt dieser Perspektive, wenn er – Pier Paolo Pasolini betrachtend[560] – „vom Häuten redet und von der Kastration des Sohnes im Angesicht des Vaters" spricht.[561] Männliche Sexualität und männliche Prostitution stehen für Hubert Fichte im Kontext des Ödipus-Komplexes, beispielsweise als „Exhibitionismus, Voyeurtum, möglicherweise als Ausdruck verdrängter Homosexualität oder von Impotenz".[562]

---

555 Hubert Fichte: Die schwarze Stadt, S. 325.
556 Hubert Fichte: Forschungsbericht, S. 84.
557 Ebd., S. 353 und S. 359.
558 Hubert Fichte: Die schwarze Stadt, S. 353.
559 Ebd., S. 355. Die neunzehn Bücher der Herodot'schen „Historien" sind die Inspiration für die neunzehn Bände der Fichte'schen „Geschichte der Empfindlichkeit".
560 In der Nacht vom 1. zum 2. November 1975 wurde Pier Paolo Pasolini von dem Strichjungen Pino Pelosi am Strand Idrascolo bei Ostia ermordet. Die näheren Umstände seines Todes sind bis heute ungeklärt. Er wurde wegen Mordes zu neun Jahren und sieben Monaten verurteilt und verbüßte seine Strafe bis 1982. Vgl. hierzu auch Hubert Fichte: Jeder kann der nächste sein. Über Pier Pasolinis Film „Salò". In: Ders., Homosexualität und Literatur. Polemiken. Band 1, S. 133.
561 Hubert Fichte: Die schwarze Stadt, S. 352.
562 Ebd., S. 335.

Die beiden Texte „Washington Square" (1881) und „The Turn of the Screw" (1898) von Henry James werden für Hubert Fichte zu Schlüsseltexten in dieser Zeit: „Washington Square zu Ende gelesen. Die Sprache ein Überenglisch, das den beflissenen Amerikaner verrät. (The Morrow!) Er schreibt ein bisschen so, wie ein New Yorker über französischen Wein redet." Später revidiert er sein Urteil: „Ich habe Henry James Unrecht getan. Wenn nichts anderes Literatur ist, im Gegensatz zum Forschungsbericht [...], dann ist James der moderne Schriftsteller."[563] Henry James hat die Idee von einer Lektüre als Daumenschraube in „The Turn of the Screw" (1898) deutlich vorgeführt.[564]

Fichtes Polemik „Der objektive und der subjektive Autor" mit seinen Anmerkungen zu dem Roman „Washington Sqaure" von Henry James entsteht im März 1981 in Agadir. Dieser Essay wird eineinhalb Jahre später im Oktober 1982 vom Norddeutschen Rundfunk als Hörstück gesendet. Schon 1979 wird dem Autor das englische Taschenbuch von „Washington Sqaure" in der Ausgabe der Penguin Books aus dem gleichen Jahr empfohlen, denn es ist „das geraffte, raffinierte Werk von 174 Seiten in der Taschenbuchausgabe".[565] Während seiner Reise über die Inselgruppe der Bermudas und die mittelamerikanischen Staaten Panama und Belize liest er diesen Text. In seinem Roman „Forschungsbericht", der im Februar 1980 in Dangriga in der Hauptstadt der Provinz Stann Creek in Belize spielt, berichtet der Leser von seiner Lektüre.

Die Verbindung von Geld und Schein, Strich und Schuld kommt insbesondere in seinem Essay über Henry James zum Ausdruck. Hubert Fichte schreibt: „Liebe und Sexualität bestimme Psyche und Gesellschaft nur zum Schein – Macht, Eitelkeit, Ichbestätigung, Penunse treiben unser Verhalten an". James habe seine Homosexualität ähnlich wie Proust camoufliert und statt des „coming-out" setze er ein „dining-out" mit Hilfe „noch unverbrauchter nachromantischer Ironie". Es sei eine Art „doppelte Verachtung", die diesen Schriftsteller antreibe, so Hubert Fichte.[566] Gisela Lindemann gestand Hubert Fichte, welche Bedeutung das literarische Verfahren von Henry James für seine eigene Arbeit habe:

> Es geht um das, was Henry James „Private History" nennt, im Gegensatz zu „History", Geschichte überhaupt, und im Gegensatz auch zu dem, was er „Public History" nennt. Diese private Geschichtlichkeit, private Entwicklung

---

563 Hubert Fichte: Forschungsbericht, S. 106 und S. 140.
564 Henry James: Washington Square, S. 230.
565 Hubert Fichte: Die schwarze Stadt, S. 434.
566 Ebd., S. 466-467. Als doppelte Verachtung übersetzt Hubert Fichte den Terminus „La double Méprise" (die doppelte Verwechslung) nicht ganz richtig, „Le double Mépris" (die zweifache Missachtung) wäre gegebenenfalls besser. Vgl. ebd. S. 445. (Die Erkenntnis der Verachtung") und S. 453. („Ironie ist Verachtung".) Vgl. hierzu auch Henry James: Washington Square, S. 117.

heißt hier, abkürzend gesagt, Sexualität. „Die Geschichte der Empfindlichkeit" soll die sexuelle Entwicklung eines Mannes darstellen, das empfindliche Kaputtgehämmerte durch Sexualität. Sie soll an der privaten individuellen Entwicklung eines Mannes die Geschichte der Homosexualität seit 1900 darstellen.[567]
Auch das erinnert an das ambitionierte Projekt der „Histoire de la sexualité" von Michel Foucault.

6. Forschungsbericht und Register

Im Februar 1980 unternehmen Hubert Fichte und seine Lebensgefährtin eine zehntätige Forschungsreise in die Karibik. Der Protagonist Jäcki sieht sich, wie gesagt, in der Tradition des Historikers Herodot und möchte als Berichterstatter die Situation in der sogenannten Dritten Welt beschreiben. Des Autors Fazit erscheint erschreckend, denn sowohl dessen ethnologische Forschung als auch das geplante Romanprojekt scheitern.[568] In elf Kapiteln wird jeder Tag dieser Reise bis ins Detail protokolliert und im gleichen Jahr niedergeschrieben. Wie für Herodot bedeutet für den Schriftsteller Hubert Fiche das Forschungsunternehmen immer reisen, denn: „Reisen! dachte er: Alle umarmen! Die Welt! Ja! Reisen ist das Auslöschen der Welt, dachte Jäcki: Überall sein – nirgends."[569] Wenn er Reisen mit Forschung verbindet, meint er ebenso Schreiben (und Leben) in Kombination mit Freiheit, denn Freiheit „hat etwas mit Gehen zu tun. Gehen wohin man will".[570] Forschung bedeutet für Hubert Fichte, „das Ganz-Andere, das Fremde, das Uralte Ungeteilte, das Rasende"[571] zu suchen und zu finden. Sich auf Herodot berufend, geht es Fichte um das Erkennen, Feststellen und Überprüfen, denn „historíä heißt die Forschung und kommt von histämi, feststellen". Von Herodot übernimmt Fichte dessen Freiheitsbegriff, denn „die Freiheit Eleutheria" und Herodot selbst sind für Fichte gegenwärtig: „Er hatte das Gefühl, Herodot sähe ihm zu und zirpte durch die Zähne."[572]

Nicht nur Jäcki kam in die Wechseljahre. Der 1935 geborene Autor beschreibt die Probleme eines Mannes von fünfzig Jahren im Jahr 1985. Den Frühling seines 50. Geburtstages, in dem Freud abgeschafft werden

---

567 Gisela Lindemann: In Grazie das Mörderische verwandeln, S. 309.
568 Hubert Fichte: Forschungsbericht, S. 127, S. 128 und S. 138.
569 Ebd., S. 12.
570 Ebd., S. 11.
571 Ebd., S. 26.
572 Ebd., S. 33, S. 11 und S. 53.

sollte,[573] beschwört Hubert Fichte im zehnten Kapitel von „Hamburg Hauptbahnhof Register": „Jäcki versuchte zum fünfzigsten die Wärme von Paris zu erreichen; als er an der Gare du Nord eintraf schneite es zum Frühjahrsanfang."[574] Seine Sehnsüchte nach den Orten der Vergangenheit lauten Meknes, Casablanca, Fes, Dakar, Benin, Ouagadougou. In diesem Frühjahr versucht der Autor seinen frühen Roman „Das Waisenhaus" für ungültig zu erklären, indem er zwanzig Jahre später den abschließenden Band seiner „Geschichte der Empfindlichkeit", den Roman „Hamburg Hauptbahnhof Register" niederschreibt.

---

573 Am 24. Dezember 1984 erschien eine Titelgeschichte des Hamburger Wochenmagazins „Der Spiegel" mit dem reißerischen Titel: „Zweifel an Freud". In: Der Spiegel 52 (1984) S. 99-116. Vgl. Hubert Fichte: Explosion, S. 277.
574 Hubert Fichte: Hamburg Hauptbahnhof Register, S. 283.

VII. Ich verstehe nur etwas von der Revolution sexueller Verhaltensweisen
Hubert Fichtes Fragen nach Gewalt und Sadomasochismus

1. Architektur der Angst

In seinem Hörspiel „Gesprochene Architektur der Angst" (1973) heißt es, dass die Geduld die „Mutter der Schrecken"[575] sei. Nicht namentlich genannte acht Personen tauschen sich in diesem Hörext über diverse Themen aus. Sie lassen kaum einen roten Faden erkennen. Diese Rundfunkcollage mit ihren verschiedenen Stimmen und ihren verschiedenen Aussagen nimmt allerdings biografische und literarisierte Themen aus der Schaffenszeit dieses Autors vorweg.

Ein Mann und sein Begleiter sind „in zu enge Kleidung" eingeschnürt, so dass „die Muskeln und die Genitalien" aus dem Stoff wuchern und ein weiterer Mann „trägt zu enge Kleidung".[576] In diesem nicht klaren Kontext lesen sich Hubert Fichtes Beschreibungen überraschend eindeutig. Das „Zerbrechen des Bewusstseins"[577] und die „Zerstörung des Bewusstseins"[578] sind also nahe beieinander. In einer Art oberflächlichem Partygespräch tauschen sich jene acht Personen über existentielle Dinge aus und benutzen Schlagwörter wie „Angst vor Lustseuchen", „kostspielige Endemien", Tourismus und Promiskuität", „unzulängliche Antikörper", „Kastration und Exekution", „Brutalität und Greueltaten", „Verschleppung und Sonderbehandlung", „Zärtlichkeit und Folter" und nicht zuletzt „Furcht und Tod" oder „Angst und Schrecken".[579] Diese Sprachhandlungen erinnern an die Wortwahl in dem Hörspiel „Der Blutige Mann" (1975). Sie lassen ebenso an die Haltung von europäischen Touristen in den Ländern der sogenannten Dritten Welt denken, denn bekanntlich liebt Hubert Fichte den Tourismus, denn dieser „ersetzt die Völkerwanderung".[580] Das „Geschäkere, Gebeiße und Geschlecke"[581] findet demnach nicht (nur) auf einer Party statt, sondern hält Einzug in den touristischen wie sexuellen Alltag.

---

575 Hubert Fichte: Gesprochene Architektur der Angst. In: Ders., Schulfunk. Hörspiele. Herausgegeben von Gisela Lindemann. Frankfurt a.M.: S. Fischer 1988, S. 75. (Die Geschichte der Empfindlichkeit. Paralipomena 1.)
576 Ebd., S. 76 und S. 86.
577 Hubert Fichte: Explosion, S. 431.
578 Hubert Fichte: Gesprochene Architektur der Angst, S. 98.
579 Ebd., S. 79, S. 85 und S. 95, S. 87 und S. 88, S. 91 und S. 92, S. 97 und S. 98.
580 Hubert Fichte: Alte, Welt, S. 570.
581 Hubert Fichte: Gesprochene Architektur der Angst, S. 79.

Der Mangel an „verschiedenen Traditionen von Brutalität"[582] im zwischenmenschlichen Miteinander könnte, so der Autor „ein Mangel an Phantasie"[583] sein, dennoch „weiß ich nicht, was ich empfinde – Furcht oder Angst".[584] In einem melodischen Stakkato schreibt dieser über die „Bedingung, Bekräftigung und Belohnung" menschlichen Verhaltens, insbesondere des Verhaltens sogenannter schwuler Ledermänner. Das wird zum einen als eine „Phalanx von Motorradfahrern (auf den Totenmessen in der Kathedrale)"[585] beschrieben und zum anderen heißt es „die Cuthose ist vorne geöffnet" und „heraus hängt bis auf den Boden mein blutiger Darm" und „ich wandere zurück den Weg meines Blutes".[586] An dieser Beschreibung hätte Larry Townsend[587] seine große Freude und Morris Townsend[588] seine deutliche Abscheu. In dem Hörspiel „Der Blutige Mann" ergänzt es sich fast von selbst: „Immer wenn es abends voll war, ging da eine phantastische Action los. Männer im Kreis, denen die Rute raushing oder -stand und ein Masochist auf den Knien, der sich eine nach der anderen verpassen ließ."[589]

Hubert Fichte geht es „um die Varianten der menschlichen Verhaltensweisen",[590] egal ob es sich um die „Leopardenmänner" oder „Panthermänner" in Westafrika oder um die „Ledermänner" in Nordamerika oder in Europa handelt. „Die Riten der Leopardenmänner ähneln sich alle", behauptet Fichte, denn „ein Ausgangspunkt ist das Menschenopfer und das Ritualverbrechen".[591] Die wenigen Schlachten der Leopardenmänner haben immer das gleiche Motiv: „Die Toten beweinen und sie zu rächen."[592] Ihre Vereinigungen sind „Geheimgesellschaften", die das Ritual und das Böse und das Sadistische kennen, denn „nur der Sadismus gibt der Ästhetik des Melodramatischen eine Rechtfertigung im alltäglichen

---

582 Ebd., S. 87.
583 Ebd., S. 81.
584 Ebd., S. 82.
585 Ebd., S. 89.
586 Ebd., S. 92.
587 Larry Townsend (1930-2008) ist der Verfasser eines Handbuches für Ledermänner. Vgl. Hubert Fichte: Der Blutige Mann. Larry Townsend, Friedrich Hölderlin, Marcel Proust und andere sprechen sich über den Blutigen Mann aus. In: Ders., Schulfunk. S. 127.
588 Morris Townsend ist jener Verehrer von Catherine Sloper, dem der Vater – der New Yorker Arzt Austin Sloper – zutiefst misstraut. Siehe hierzu Henry James: Washington Square. Vgl. hierzu auch Hubert Fichte: Der objektive und der subjektive Autor. Anmerkungen zu Henry James' „Washington Square". In: Ders., Homosexualität und Literatur. Polemiken. Band 1. Herausgegeben von Torsten Teichert. Frankfurt a.M.: S. Fischer 987, S. 431-467. (Die Geschichte der Empfindlichkeit. Paralipomena 1.)
589 Hubert Fichte: Der Blutige Mann, S. 127.
590 Hubert Fichte: Gesprochene Architektur der Angst, S. 94.
591 Hubert Fichte: Der Blutige Mann, S. 131 und S. 132.
592 Ebd., S. 163.

Leben".[593] Immer jedoch dominieren der männliche Sexus und eine Sexualität der Männlichkeit. Die Minorität von männlicher Gleichgeschlechtlichkeit wird ebenfalls thematisiert und auch das Bisexuelle und das Bikontinentale paradigmatisch vorgeführt, denn „dies war ein absurder Versuch der Bisexualität",[594] so der Autor. Eine „Architektur der Angst" führt bei diesem literarischen Versuch auf der Suche nach den frühen und aktuellen Schichten (einer verlorenen Kindheit, einer vergessenen Identität, eines verdrängten Bewusstseins, einer verschütteten Sexualität und weiterer Phänomene) zu einer „Angst übergeordneten Typus".[595] Im Radiostück „Der Blutige Mann" spricht Larry Townsend:

> Lars stand bereit. Er konnte sich kaum mehr bewegen. Seine Haut war milchweiß und sah wie Marmor in dem weichen, gelben Licht aus. Das Ledergeschirr lag kreuzweise über Brustkorb und Rücken und war an einem Band über der Hüfte befestigt. Eine Kette war hinten eingeklinkt, wo beide Seitenstränge sich begegneten. Diese Kette hielt das ganze Gewicht des Gefangenen. Das obere Ende war an einem Haken in der Mitte des Türrahmens befestigt. Ernie befestigte zusätzlich Gewichte und Riemen an dem Dänen, um die Hüften, wo mehrere Eisenscheiben verankert werden sollten, mehrere Ketten an das Hüftband, um ein Paar Metallzylinder aufzuhängen. Er befestigte einen Cockring an den Genitalien, rückte ihn zurecht und hängte einen Stiefel daran. Ernie schob einen Stuhl hinter die Beine des Gefangenen, damit er von dem Platz abrücken musste, wo er einen leichten Stand hatte. Lars stellte sich auf die Zehenspitzen, schwang von einer Seite auf die andere, als er versuchte, das Gleichgewicht zu halten. Ernie fing an, den Stiefel mit großem, stählernen Wappenfiguren zu füllen.[596]

2. Homosexualität und Literatur

In seinem Roman „Die Palette" (1968) entwickelt der Autor ein geradezu militantes Bekenntnis zu (seiner eigenen) Homosexualität, was in seiner Zeit nicht üblich ist. Auch darum wird er allzu schnell auf diese Thematik festgelegt und festgeschrieben. Inzwischen erscheint es selbstverständlich, dass sein Werk auch ohne das Konzept einer schwulen Ästhetik oder homosexuellen Identität auskommt. Hubert Fichte verteidigt sich allerdings auch noch ein Jahr vor seinem Tod in einem Gespräch mit der Aussage: „Die Perspektive muss sein: jeder sei das, was er sei, ohne eine sexuelle Spezifizierung. Jeder muss sexuell machen dürfen, in jeder Situa-

---

[593] Ebd., S. 147. „Durst nach dem Bösen"; vgl. ebd., S. 147 und „Anschein des Bösen", vgl. ebd., S. 163.
[594] Hubert Fichte: Explosion, S. 427.
[595] Hubert Fichte: Gesprochene Architektur der Angst, S. 98.
[596] Hubert Fichte: Der Blutige Mann, S. 145.

tion, was er möchte."⁵⁹⁷ Diese (Selbst-)Aussage unterschlägt allerdings Einschränkungen bei der Frage mit wem eigentlich was zu machen sei – wollte dieser denn die Freiwilligkeit des Anderen und das Einverständnis des Fremden nicht unterlaufen. Sicherlich dachte der Autor nicht an eine kriminalisierte sexuelle Handlung oder an ein pönalisiertes sexuelles Verhalten.

Sexualität ist für Hubert Fichte eine wesentliche Überschreitung des Lebens und seiner Grenzen. Diese Überschreitung hat ihr Ziel in einer Ekstase, die den Tod mindestens phantasiert, formuliert Martin Danecker 1985. Diese Phantasie äußert sich allerdings weniger in jenem Moment eigentlicher sexueller Handlungen als vielmehr in diesen schriftstellerischen Arbeiten – beispielsweise in den Arbeiten über die Schriftsteller Donatien Alphonse François de Sade (1975), Pier Paolo Pasolini (1976) und Daniel Casper von Lohenstein (1977).⁵⁹⁸ Diese und viele weitere literaturkritische Arbeiten werden posthum in den beiden „Polemik"-Bänden zur „Geschichte der Empfindlichkeit" mit dem Titel „Homosexualität und Literatur. Band 1 und 2" (1987 und 1988) neu herausgegeben und zum Teil erstmals veröffentlicht.

Jene Interviews aus der Zeit von Fichtes Aufenthalten in New York (1978 bis 1980), die posthum in den „Glossen"-Band „Die Schwarze Stadt" (1990) eingehen, zeugen ebenfalls von diesem – vermutlich nicht nur theoretischen – Interesse an der Konstellation von Sexualität und Gewalt.⁵⁹⁹ Der Untertitel mit der unüblichen Gattungsbezeichnung „Glosse" verweist übrigens „auf die frühmittelalterliche Praxis der Textbearbeitung

---

597 Gisela Lerch und Claus-Ulrich Bielefeld: Freiheit kann ja nur Ritenlosigkeit heißen. Ein Gespräch mit Hubert Fichte. In: Frankfurter Rundschau vom 23.3.1985.
598 Hubert Fichte: Vaudouesche Blutbäder – Mischreligiöse Helden. Anmerkungen zu Daniel Casper von Lohensteins „Agrippina". In: Ders., Homosexualität und Literatur. Polemiken. Band 1, S. 141-192.
599 Walter Benjamins gesellschaftskritischer Aufsatz „Zur Kritik der Gewalt" (1921) kann als eine theoretische Grundierung für diese Ausführungen nützlich sein. Es wird an dieser Stelle jedoch darauf verzichtet, die allgemein bekannten Theoreme wiederzugeben. Vgl. Walter Benjamin: Zur Kritik der Gewalt. In: Ders., Gesammelte Schriften Band II.1. Herausgegeben von Rolf Tiedemann und Hermann Schweppenhäuser. Frankfurt a.M.: Suhrkamp 1977, S. 179-203. Tim Trzaskalik nutzt die Benjaminschen Desiderate und nennt nicht von ungefähr den Titel eigener Überlegungen „Hubert Fichtes Kritik der Gewalt". Vgl. ders. in: Hubert Fichte. Texte und Kontexte. Herausgegeben von Jan-Frederik Bandel und Robert Gillett. Hamburg: Männerschwarm 2007, S. 159-170. Der Autor formuliert meist unverständlich überhöhte Kontexte von Gewalt und Gott, Lüge und Katharsis, Nichts und Sprache, die kaum nachvollziehbar sind, darum erklärt er frappierend oft, das „sei dahingestellt" oder das „sei wohl nicht zu klären" (S. 160 und S. 162). Ertragreicher in diesem Themenfeld erscheint der Aufsatz von Volker Woltersdorff mit dem Titel „O, Foltern! O, die große Kasteiung! Hubert Fichtes Flirt mit Leder und SM", der ebenfalls in dem oben genannten Sammelband abgedruckt ist, vgl. S. 171-187. Der Titel ist dem Fichteschen Hörspiel „San Pedro Claver" (1975) entnommen. Vgl. Hubert Fichte: Schulfunk, S. 197.

in Form von Übersetzung und Erläuterungen, die zwischen den Zeilen oder am Rande des lateinischen Bezugstextes geschrieben wurden. Die Glosse ist das Gegenstück zum Zitat."[600]

Glossen und Polemiken entstehen ebenfalls zu Jean Genets Roman „Querelle de Brest" (1947) und dem Buch „Saint Genet" (1952) von Jean-Paul Sartre.[601] Auch die Verfilmung von „Querelle" von 1982 durch Rainer Werner Faßbinder wird von Hubert Fichte hier mindestens zur Kenntnis genommen.[602] Und nicht zuletzt berücksichtigt er das Werk von Marcel Proust, etwa in dem Hörspiel „Der Blutige Mann" (1975). Die Figur des Barons de Charlus in dem Zyklus „Auf der Suche nach der verlorenen Zeit" ist für Hubert Fichte besonders interessant, aber auch Jean Genets Gesamtwerk, denn „die Morde der Genet'schen Helden vollziehen sich nach strengen Ritualen, wie die Morde in den Pasolinischen Filmen. Genet, der schnell antwortet, dass seine eigenen Mordimpulse durch dichterische Arbeit abgelenkt wurden."[603]

Sowohl die Romanfigur des Monsieur de Charlus als auch der Romanautor Marcel Proust selbst kommen als Hörspielfiguren in Hubert Fichtes Rundfunktext „Der Blutige Mann" vor. Charlus spricht: „Ich flehe Sie an, Gnade, Gnade, Erbarmen, binden Sie mich los, schlagen Sie mich nicht so sehr! Ich küsse Ihnen die Füße, ich unterwerfe mich!" Proust sagt:

> Und ich hörte das Knallen der Peitsche, die wahrscheinlich mit Nägeln verschärft war, denn es folgten Schmerzensschreie. [...] Maurice versetzte ihm Schläge mit der Peitsche, die wirklich mit Nägeln besetzt war. [...] Ich sah, dass die Marter nicht zum ersten Mal statt hatte, ich sah Monsieur de Charlus vor mir.[604]

Diese Autor-Figur-Konstellation ist eine eigenwillige und doch überzeugende Darstellung, die dem Flaubertschen Motto zu folgen scheint: „Madame Bovary c'est moi."[605]

---

600 Wolfgang von Wangenheim: Roman eines Romans, S. 204.
601 Hubert Fichte: Die Sprache der Liebe. Polemische Anmerkungen zu „Querelle de Brest" von Jean Genet. In: Ders., Homosexualität und Literatur. Polemiken. Band 2. Herausgegeben von Torsten Teichert. Frankfurt a.M.: S. Fischer 1988, S. 7-28. (Die Geschichte der Empfindlichkeit. Paralipomena 2.) Hubert Fichte: Wortwurst und Strichmännchen. Polemik zu Sartres Essai über Genet. Vgl. ebd., S. 29-37. Siehe auch ders., Explosion, S. 63.
602 Rainer Werner Faßbinders Cousin Egmont Fassbinder gründete den ersten deutschen Verlag der Nachkriegszeit, der sich speziell schwulen Themen widmete. Der Verlag rosa Winkel existierte von 1975 bis 2005 und machte für die homosexuelle Emanzipationsbewegung relevante Texte (wieder) zugänglich. Später veröffentlichte er auch historisch wichtige Werke und Anthologien, Lyrik und Prosa.
603 Hubert Fichte: Jeder kann der nächste sein, S. 135.
604 Hubert Fichte: Der Blutige Mann, S. 146. „Ich bin entzückt [...], aber er müsste trotzdem ausgepeitscht werden"; vgl. Henry James: Washington Square, S. 225
605 Hubert Fichte: Der objektive und der subjektive Autor, S. 461 und S. 463.

Erst nach dem Tod seiner Mutter wagt sich Charlus auf eine „öffentliche Bedürfnisanstalt auf den Champs Elysées",[606] um an diesem öffentlichen Ort homosexuellen Lüsten nachzugehen. Auch Jupiens Angst vor Schmutz und Beschmutzung verschwindet – selbst Querelle achtet darauf, „dass er nicht vom Blut seines Opfers bespritzt wird" – und Marcel Proust steckt „Albert ins Kleid der Albertine".[607] Und Hubert Fichte sieht in der Schlammmutter Nanã, die ihm das Blutbad verspricht, das literarische Motiv für seine Abrechnung mit der Mutterfigur.[608] In der Schöpfung der Welt „aus Matsch" entsteht der „Neue Mensch": „Riten aus der Steinzeit. Und das Bewusstsein. Ewig das Bewusstsein."[609]

Sein Projekt um den „Blutigen Mann" sollte ursprünglich einen eigenen Band im Rahmen der „Geschichte der Empfindlichkeit" ergeben. Dieses Buch ist nicht nur dem Marquis de Sade, sondern auch Martin Luther, Henry James und weiteren disparaten Textakteuren gewidmet. Stichworte zu diesem Projekt, das als ein fertiges Manuskript vorliegt und gegebenenfalls als achter Band noch publiziert werden sollte, sind Begriffe wie Bibel und Christentum (Propheten des Untergangs), Einweihung und Löwenmann, Sadismus (Geschichte der Grausamkeit), Strafe und Folter, Dionysos und Urin.[610] Ein Text mit dem Titel „Der Blutige Mann" ist einmal in dem Nachlassband mit Polemiken „Homosexualität und Literatur" und ein weiteres Mal in das Paralipomenabuch mit Hörspielen „Schulfunk" dokumentiert. Der Aufsatz widmet sich dem Leben und Werk von Donatien-Alphonse-François de Sade und der Radiotext collagiert historische und aktuelle Textauszüge zur Thematik von Sadismus und Masochismus. Beide sehr ungleichen Texte sollten also in das umfangreiche Buch mit dem gleichen Titel „Der Blutige Mann" eingehen. Ein Erscheinen dieses Bandes steht noch aus.

Hubert Fichtes Interesse an eben dieser Thematik von Sexualität und Gewalt steht parallel zu den Büchern und Texten von Michel Foucault oder aber Bruce Chatwin.

Der französische Philosoph entdeckt seine Vorliebe für sadomasochistische Erotik während eines Aufenthalts in Berkeley in Kalifornien 1975; die Folsom Street in San Francisco ist das Zentrum der homosexuellen Lederszene, und diese bietet ihm ein breites Spektrum der Sinnesfreuden. Der englische Schriftsteller, der 1977 in New York den Fotografen Robert Mapplethorpe

---

606 Hubert Fichte: Der Blutige Mann, S. 166.
607 Hubert Fichte: Die Sprache der Liebe, S. 9 und S. 18. Vgl. ders., Explosion, S. 639 und ders., Der Blutige Mann, S. 148.
608 Hubert Fichte: Explosion, S. 313.
609 Ebd., S. 428 und S. 455.
610 Michael Fisch: Vorschläge zu einer historisch-kritischen Ausgabe der Werke von Hubert Fichte. Berlin: Freie Universität 1993. (Magisterarbeit) Vgl. Wilfried F. Schoeller: Hubert Fichte und Leonore Mau, S. 213.

kennenlernt, besucht die S&M-Clubs „Anvil" und „Mineshaft" in der Washington Street.[611]

Auf Einladung von Leo Bersani ist Michel Foucault im April und Mai 1975 zum ersten Mal in Kalifornien am Department of French Literature der Universität Berkeley. Neben seiner akademischen Tätigkeit macht er Erfahrungen mit LSD im Death Valley und entdeckt alsbald eine für ihn neue „hedonistische Kultur", die im Zusammenhang von Drogen und Sexualität steht.[612] Ein halbes Jahr später spricht er übrigens an der Universität von Columbia über das Werk von Marquis de Sade.

Foucault geht es um das Sagen des Unaussprechlichen und des Unsagbaren am Beispiel der Texte von Sade, denn dessen Romane streben auf eine Grenze jener Sprache zu, welche die Dinge darstellen will, die außerhalb des Sagbaren, des rational Erfassbaren sind: Ekstase, Verstummen und Gewalt. Diese Darstellung kulminiert im Werk von Sade.[613]

Aber auch: „Sade war kein Sexualverbrecher. [...] Sade war ein herrschaftlicher Libertin."[614]

Das Doppelleben eines weithin bekannten amerikanischen Schriftstellers wird posthum in „The Journal of John Cheever" (1991) entzaubert, und im „Sadomasochismus"-Kapitel des Buches „The Burning Library" (1994) beschreibt der US-amerikanische Autor Edmund White jene faszinierend „dunkle Welt" der siebziger Jahre des 20. Jahrhunderts. Die zeittypischen Bilder zu dieser inzwischen allgemein vergessenen Welt liefern die Filmregisseure William Friedkin mit „Cruising" (1980) und Rainer Werner Faßbinder mit „Querelle" (1982). Offenkundig handelt es sich mindestens in ästhetischer Hinsicht und vermutlich ebenso in praktischer Handlung um ein beliebtes Szenario in einer kaum definierten männlichhomosexuellen Intellektuellen-Szene. Und wie Hubert Fichte scheinen diese sich zumindest intellektuell in einer vorzugsweise im französischen Umfeld definierten „schwarzen Aufklärung" beheimatet zu fühlen. Der prominenteste Vertreter ist wohl Donatien-Alphonse-François de Sade.[615]

---

611 Vgl. Hubert Fichte: Explosion, S. 630-631.
612 Vgl. beispielsweise den Hinweis von Hubert Fichte: „Der Gebrauch von Amylnitrit oder Poppers ist sehr verbreitet. [...] Amylnitrit wird inhaliert, und alles, was es bewirkt, ist im Grunde nur eine Erweiterung der vom Herz wegleitenden Blutbahnen. Dadurch schlägt es heftiger"; vgl. ders., Der Blutige Mann, S. 132.
613 Michael Fisch: Werke und Freuden, S. 287. Vgl. Michel Foucault: Die Ordnung der Dinge. Eine Archäologie der Humanwissenschaften. Aus dem Französischen von Ulrich Köppen. Frankfurt a.M.: Suhrkamp 1971, S. 262. Vgl. ders., Die Anormalen. Vorlesungen am Collège de France 1974-1975. Herausgegeben von Valerio Marchetti und Antonella Salomoni. Aus dem Französischen von Michael Ott. Frankfurt a.M.: Suhrkamp 2003, S. 106 und S. 136-137.
614 Hubert Fichte: Jeder kann der nächste sein, S. 136.
615 Volker Woltersdorff: „O, Foltern! O, die große Kasteiung!", S. 181.

3. Sexualität und Gewalt

Hubert Fichte stellt auf der Folie determinierter Beobachtung und logischer Ableitung die Thematik um Sexualität und Gewalt dar. In seiner Rede „Ketzerische Bemerkungen für eine neue Wissenschaft vom Menschen" (1977) definiert der Autor darum: „Bei den Einweihungsriten der Leopardenmänner müssen einem ‚The Leatherman's Handbook' aus New York und zu Jean Genets ‚Enfant Criminal' das Verhalten der Oasis Gabès einfallen dürfen."[616] Allerdings betont er in einem Interview ebenfalls, dass er selbst keine Neigung und keine heimliche Bewunderung für Sadismus und Brutalität hege.

> Was nun die sadomasochistische Szene anlangt, sie übt keinerlei Thrill auf mich aus. [...] Damit es ganz klar ist, die Befassung mit Sadismus und Brutalität in meinen Büchern drückt keine private Neigung aus und keine heimliche Bewunderung. [...] Anders geht es mir bei religiösen Zeremonien.[617]

Als Anhänger von Gewaltlosigkeit stelle er sich vielmehr die Frage: „Warum quält ein Mensch den anderen?"[618] Fichte fragt Genet: „Wie erklären Sie es sich, dass wir so gerne von Morden, Foltern lesen und schreiben und dass wir im alltäglichen Leben so große Hemmungen haben, den Körper, die Integrität eines anderen zu verletzen?"[619] Es geht Fichte also neben der Frage: „Wie wird einer so?" um die Beziehung sexuell stimulierender und spielerischer Gewalt und um ihren aggressiven und zerstörerischen Ausbruch. Auch geht es ihm um eine persönliche Distanznahme zur Gewalt und zugleich um eine literarische Annäherung an Phänomene des Sadismus'. In einem Gespräch erklärt er darum: „Ich habe versucht, Dinge bei mir wiederzuentdecken, die in jedem von uns sind."[620]

In seinem Roman „Versuch über die Pubertät" (1974) stellt der Autor diesen Impuls deutlich heraus: „Ichbewusstsein zwischen Ichverlust und Ichverlust. So imitieren, dass ich bin, was ich imitiere und Imitation wieder für eine [...] Ewigkeit umschlägt in Identifikation."[621] Bereits im Roman „Eine Glückliche Liebe" formuliert es der Autor: „Unwiderstehlich wurde er angezogen von dem, was er nicht mochte."[622] Ein bekanntes Fo-

---

616 Hubert Fichte: Ketzerische Bemerkungen, S. 16. Vgl. ders., Der Blutige Mann, S. 131, S. 163 und S. 167.
617 Dieter E. Zimmer: Leben, um einen Stil zu finden – Schreiben, um sich einzuholen. Gespräch mit Hubert Fichte. In: Die Zeit vom 11.10.1974.
618 Ebd.
619 Hubert Fichte: Jean Genet. Frankfurt a.M./Paris: Qumran 1981, S. 56. Eine vollständige Edition des kompletten Gesprächs erschien 1992 im Rimbaud Verlag
620 Gisela Lerch und Claus-Ulrich Bielefeld: Freiheit kann ja nur Ritenlosigkeit heißen.
621 Zitiert nach Michael Fisch: Von der Sprache der Wissenschaften und der Fundierung des Poetischen bei Hubert Fichte. In: Hubert Fichte: Ketzerische Bemerkungen, S. 54.
622 Hubert Fichte: Eine glückliche Liebe, S. 15.

toporträt zeigt Hubert Fichte mit Lederhemd (sowohl mit einer Körperals auch Gesichtsmaske der Vodun), fotografiert von dem sich selbst so bekennenden Ledermann Kenn Duncan.[623]

Ichverlust könnte im Kontext der Thematik von Sexualität und Gewalt als Transgression verstanden sein, denn Hubert Fichte sucht nach jenem Material, welches das Leben ausmacht – nach jenem Material, welches verschüttet ist und ausgegraben werden muss. Er beantwortet die Frage: „Das eigene Erlebnis als Material?" mit der schlichten Antwort: „Ja, immer."[624] Und in dem Sinne des Lebensmaterials stellt sich ihm folglich auch die Frage nach Angriffslust (Aggression) und Gewaltlust (Sadismus).

Diese Konstellation ist bereits in seinem Interviewbuch mit Hans Eppendorfer „Der Ledermann spricht mit Hubert Fichte" (1977) umrissen.[625] Diese intimen Gespräche unterscheiden sich deutlich von den bekannten St. Pauli-Interviews „Interviews aus dem Palais d'Amour" (1972), denn Eppendorfer weiß seine Schmerzlust und Unterwerfungsphantasie durchaus auszuleben und zu benennen. Eppendorfer, der ein Leben zerschlägt, benötigt für seine Form der Zärtlichkeit (oder Empfindlichkeit) Ketten und Leder. Fichte weiß allzu gut, dass „dem Sadismus des Fragers der Sadismus des Antwortenden entgegengesetzt"[626] wird. Über die Bedeutung und Funktion des Fetischs Leder (auch von Tierhäuten im Allgemeinen, von Halsband und Fußeisen, von Gürtel und Stiefel, Eisenketten und Eisenperlen, Augenbinde und Lederpeitsche) berichtet Fichte in seinem Hörspiel „Der Blutige Mann".[627]

Dass sich Sexualität und Gewalt wie ein roter Faden durch das Werk von Hubert Fichte ziehen, scheint inzwischen in der Literaturwissenschaft angekommen zu sein.[628] Dessen Bezugnahme hinterlässt seine zeittypischen Spuren in den genannten Texten, das heißt dessen Beschäftigung

---

623 Hans Eppendorfer: Berührungen. Über das Knacken normaler Männer und andere Texte. Mit Photographien von Kenn Duncan und Herbert Tobias. Berlin: Visavis 1987.
624 Rüdiger Wischenbart: Ich schreibe, was mir die Wahrheit zu sein scheint. Ein Gespräch mit Hubert Fichte. In: Text und Kritik 72 (1981) S. 76. Vgl. Hubert Fichte: Explosion, S. 413.
625 Hans Eppendorfer ist das Pseudonym des Schriftstellers und Drehbuchautors Hans-Peter Reichelt (1942-1999), der im Alter von nur siebzehn Jahren wegen Mordes an seiner Ziehmutter zu zehn Jahren Jugendstrafe verurteilt wurde. Nach seiner Entlassung aus dem Gefängnis begegnete er 1970 in Hamburg Hubert Fichte, der mit ihm mehrere Interviews führte, die sieben Jahre später als Buch erschienen. Siehe den Hinweis von Hubert Fichte: „Der Mörder verteidigte sich. Hans Peter Reichelt"; vgl. ders., Explosion, S. 225.
626 Hubert Fichte: Das Haus der Mina in São Luiz de Maranhão. Materialien zum Studium des religiösen Verhaltens. Zusammen mit Sergio Ferretti. Herausgegeben von Ronald Kay. Frankfurt a.M.: S. Fischer 1989, S. 17. (Die Geschichte der Empfindlichkeit. Paralipomena 2.)
627 Hubert Fichte: Der Blutige Mann, S. 133-140 und S. 150-153
628 Michael Fisch: Gesten und Gespräche, S. 68-74.

mit Sexualität und Gewalt äußert sich in Fragen von Macht, Gewalt, Männlichkeit, homosexueller Lederszene und Sadomasochismus. Insbesondere enthalten sadomasochistische Erscheinungs- und Darstellungsformen eine ästhetische Dimension, die durch Text- und Bilderwelten der siebziger Jahre des 21. Jahrhunderts aufgeladen sind und möglicherweise auf diese Weise heute kaum mehr ihre Wirkung erzielen – vermutlich gehören sie einer vergessenen Welt und untergegangenen Subkultur an, die sich typisch weiterentwickelt und folgerichtig von ihren Ursprüngen entfernt hat.

Problematisch muss dessen Vermischung von Begrifflichkeiten wie Sadismus (Donatien-Alphonse-François de Sade) und Masochismus (Leopold von Sacher-Masoch) erscheinen. Zudem differenziert Hubert Fichte nicht zwischen Ledermann und Sadomasochist, denn schließlich sind nicht alle Ledermänner Sadomasochisten und umgekehrt. „Der Begriff Lederszene ist heute ohnehin fast historisch geworden, da die Ausschließlichkeit des Fetischs Leder in der schwulen Fetischszene zum gegenwärtigen Zeitpunkt nicht mehr gegeben ist", erklärt Volker Woltersdorff und ergänzt, dass in Fichtes Zeit sich „schwuler SM allerdings sehr eng mit dem Fetisch Leder verband, sodass der Begriff ‚Leder' beziehungsweise ‚Ledersexualität' auch mit der Bedeutung von ‚SM praktizierend' aufgeladen wurde".[629] Überfällige Differenzierungen und notwendige Variierungen setzten sowohl in der Szene als auch in der Wissenschaft wesentlich später ein.

4. Lederszene und Sadomasochismus

In dem Eppendorfer-Interview aus dem Jahr 1973 erhält Fichte von Eppendorfer zunächst noch zurückhaltende Informationen über die Bilder und Rituale der Leder- und S&M-Szene: „Ein bisschen Sadomasochismus, ein bisschen Koketterie mit Leder, ein bisschen Fetischismus, mehr ist da eigentlich nicht."[630] Eppendorfers nüchterne Beschreibungen der Hamburger Subkultur veranlassen Fichte schließlich, einen Vergleich mit der Szene in New York anzustellen. Schließlich taut der Interviewpartner auf und schildert eine sogenannte „Heavy Scene":

> Dann wird praktisch eine Art von Sadismus und Masochismus zelebriert, indem man den einen Jungen auf diese Streckbank schnallt, mit dem passiert eben dieser ganze Vorgang der Geißelung, der Überschwemmung mit Urin, der Vergewaltigung, des Mundverkehrs und eben diese ganzen Spielregeln.[631]

---

629 Volker Woltersdorff: „O, Foltern! O, die große Kasteiung!", S. 172.
630 Hans Eppendorfer: Der Ledermann spricht mit Hubert Fichte. Frankfurt a.M.: Suhrkamp 1977, S. 98.
631 Ebd., S. 99.

Hans Eppendorfer beschreibt eine imaginäre Hoffnung, Fleischeslust zu erleben und Fleischesgier zu befriedigen, zuletzt Hemmungsverlust zu erfahren. Zu Misshandlungen kommt es nicht, denn es ist eine Art Vertrauen, wenn der eine Ledermann sich aus der Defensive heraus ans Licht wagt, seine Wünsche und Begierden artikuliert und quasi mit dem (fremden) Anderen seine Lüste sich und ihm erfüllt. Das erscheint als eine Sache des Vertrauens und braucht Zeit. „Tausend Schwule kurven um die Stände mit Büchern. Kein einziger Ledermann."[632] Bestimmte Rituale scheinen sich zu ähneln, etwa wenn Larry Townsend berichtet:

> Ein sehr fest genähter Stift aus Leder, etwa so dick wie ein Bleistift. Er darf nur an einem sehr erfahrenen Masochisten angewendet werden und von einem Sadisten, der weiß, was er tut. Der Stift kann vorne in den Penis hineingesteckt werden – anlässlich einer sehr schweren Szene der Erniedrigung.[633]

Der französische Ethnologe Paul-Ernest Jones fügt hinzu: „Der Fetischmeister ergreift eine Nadel von fünf bis sieben Zentimetern Länge und führt sie in den Penis des Bewerbers ein. Die Nadel bleibt für eine Viertelstunde darin. Es bedarf zur Heilung zweier Monate."[634] Volker Woltersdorf ergänzt: „In der afrikanischen Geheimsekte der Ngo schiebt der Priester dem Novizen eine 5 bis 7 Zentimeter lange Nadel in das Glied – genau wie es Larry Townsend von den Leathermen in den USA berichtet."[635] Nur ein Jahr nach dem ersten Interview mit Hans Eppendorfer gesteht Hubert Fichte öffentlich:

> Ich wurde durch Hans Eppendorfer näher mit den Riten der Lederszene, des S&M-Verhaltens bekannt. Ich habe mit Eppendorfer an einem Lederfestival teilgenommen und ich muss die Harmlosigkeit des Ganzen betonen, die vergleichsweise Harmlosigkeit. Es waren nicht die 120 Tage von Sodom.[636]

Fichte erkennt also, dass er von den Riten und Ritualen der homosexuellen Leder- und S&M-Szene, ihren sadomasochistischen Praktiken und Spielen fasziniert ist, dennoch distanziert er sich. Es scheint, als sei er mehr an der ästhetischen Überwindung als an der realen Praxis dieser Riten und Rituale interessiert, schließlich vergleicht er diese mit den Riten und Ritualen afroamerikanischer Religionsgemeinschaften, denn „die Religion ist eine der Möglichkeiten, menschliche Beziehungen auszudrücken. Religion ist, Religion existiert, in Büchern kodifiziert oder oral. Ein Kult besitzt eine integrierte Kraft."[637] Auf die Frage, warum er die afro-

---

632 Hubert Fichte: Explosion, S. 435, S. 587 und auch S. 708.
633 Hubert Fichte: Der Blutige Mann, S. 154.
634 Ebd., S. 154.
635 Volker Woltersdorf: „O, Foltern! O, die große Kasteiung!", S. 177. Der Autor zitiert den Text „Leder, S&M" (1974) von Hubert Fichte.
636 Dieter E. Zimmer: Leben, um einen Stil zu finden – Schreiben, um sich einzuholen.
637 Hubert Fichte: Explosion, S. 510.

amerikanischen Religionen erforscht, antwortet Fichte mit vier Gegenfragen: „Lücken füllen? Ein paar Riten zu Ende kriegen? Ein paar Rezepte? Eine Reise in die Vergangenheit?"[638]

Sicherlich interessiert Fichte an den drastischen Darstellungen von Eppendorfer das unerwartet Neue und zunächst Unbekannte, denn er entdeckt hinter der Leder- und S&M-Kultur eine andere (fremde) Konzeption der Lust.

> Die Flagellationen der S&M-Szene, ihre Kot- und Urinriten, ihre Fetische, ihre Mutilationen und Heavy Scenes werden nicht nur im Werk von Proust und Genet und Sartre vorweggespiegelt – sie finden eine genaue Entsprechung in Einweihungsritualen der ganzen Welt, vor allem der afrikanischen Geheimgesellschaften.[639]

Auch werden Einweihungsrituale zunehmend weniger begangen, denn „der sehr geheime Ritus" und „der Kult verendet" und es kommt vermehrt zu einer „Vernichtung des Kultes" und zum „Verfall der Riten".[640] Es sind zudem auch „die Riten des Ritenverrats, des Ertapptseins, der deutlichen Lüge".[641]

In „Der Blutige Mann" lässt Hubert Fichte die Hörspielfigur Larry Townsend sagen:

> Es ist klar, dass eine rückhaltlose S&M-Action tief in der Phantasie verwurzelt sein muss. Es ist letztlich die Vorstellungskraft, die den Masochisten an seinen Platz bindet. Wenn ich bei einem solchen Abtausch mitgemacht oder zugesehen habe, drehte es sich immer um Disziplinarverfahren, die Bestrafung und manchmal Erniedrigung einleiteten – „Holzschuppen", „Militär", „Einweihung in eine Bruderschaft".[642]

In dem Hörspiel heißt es: „Nur der Sadismus gibt der Ästhetik des Melodramatischen eine Rechtfertigung im alltäglichen Leben."[643]

Doch kann dieser Autor im Bewusstsein über die eigene Sexualität seine Lust und sein Verlangen nicht tilgen. Martin Dannecker schreibt darum: „Fichte ist ein Sexualaufklärer im besten Sinne. Er beteiligt sich nicht an der herrschenden Verharmlosung der Sexualität und hält an einer anarchistischen Konzeption von Lust fest."[644] Da – wenn man so will – S&M für Hubert Fichte ein ethisches Problem ist, verhält er sich dieser

---

638 Ebd., S. 532.
639 Hubert Fichte: Jeder kann der nächste sein, S. 135. Vgl. ders., Die Sprache der Liebe, S. 21 und ders., Der Blutige Mann, S. 167.
640 Hubert Fichte: Das Haus der Mina in São Luiz de Maranhão, S. 274, S. 16 und S. 97.
641 Hubert Fichte: Explosion, S. 317.
642 Hubert Fichte: Der Blutige Mann, S. 130.
643 Ebd., S. 163.
644 Martin Dannecker: Engel des Begehrens. Die Sexualität der Figuren in Hubert Fichtes Werk. In: Der Körper und seine Sprachen. Herausgegeben von Hans-Jürgen Heinrichs. Frankfurt a.M./Paris: Qumran 1985, S. 28.

Thematik gegenüber nicht wertfrei, im Gegenteil befindet sich seine ästhetische Faszination an diesem Thema zwischen Anerkennung und Ablehnung, zwischen Anziehung und Absage. Es ist sozusagen ein rein intellektuelles Interesse an S&M, das Fichte an diesem Thema hat.

Fichtes Strategie ist biografisch, emotional und funktional. Er bietet Eppendorfer die Möglichkeit des (auto-)biografischen Geständnisses und der emotionalen Mitteilung. Er verwandelt den einstigen Täter in einen Aufklärer. Eppendorfer teilt sich Fichte und den Lesern mit. Fichte nimmt die Leser an die Hand auf eine Reise in ein unbekanntes Terrain. Er erklärt später:

> Als ich mich mit Eppendorfers Aussagen beschäftigte und mit dem Kodex der Ledergewalt, fiel mir auf, dass es dort fast keine Ritualisierungen gibt, die nicht bereits in religiösen Handlungen der sogenannten „primitiven" Gesellschaften angewendet worden wären. Inzisionen, Urin-Riten, Beschmutzungen der Geheimgesellschaften im Kongo sind die gleichen wie in „The Leatherman's Handbook".[645]

Diese seien sogar eine „Passion mit Urin",[646] heißt es bei Hubert Fichte.

Das „Leatherman's Handbook" (1972) von Larry Townsend ist, wie es der Titel anzeigt, ein Handbuch für Ledermänner. Zu Beginn der Lektüre warnt der Autor ausdrücklich seine Leser: „Diese Texte sind nicht für ein schwaches Herz geschrieben. Sie enthalten vielfältige Beschreibungen homosexueller S&M-Wechselwirkungen. Wenn diese Texte des Lesers Gleichgewicht stören, dann sollte er hier aufhören."[647] Der Text geht den Fragen nach von Ledersex, Sadismus und Masochismus, Fesselung ohne S&M oder S&M ohne Fesselung und so weiter. Er erläutert die Ausstattung, die Partnersuche und die Rollengestaltung von Ledermännern, erklärt auch die Beziehung zu Liebhabern, den Gruppenzwang und bietet zum Abschluss weiterführende Literatur und Adressen.

In seinem Roman „Hamburg Hauptbahnhof" (1993) schreibt der Autor rückblickend: „In New York kam ‚The Leatherman's Handbook' heraus. Pissen wurde modern. In den Lagerhäusern wurde gefoltert. Sie langten ineinander hinein wie in Hühner, die man ausnimmt. The Toilet hieß die neueste Bar."[648] In Hubert Fichtes Kosmos hat „The Leatherman's Handbook" den gleichen Stellenwert wie Herodots „Historien".

---

645 Dieter E. Zimmer: Leben, um einen Stil zu finden – Schreiben, um sich einzuholen.
646 Hubert Fichte: Explosion, S. 313.
647 Larry Townsend: The Leatherman's Handbook. Los Angeles: L.T. Publications 1994. Der Autor (1930-2008) veröffentlichte mit seinem Sachbuch „The Leatherman's Handbook" einen weltweit ersten systematischen Leitfaden für homosexuelle Ledermänner, der erstmals 1972 im US-amerikanischen Verlag Olympia Press erschien. Das Buch wurde unter dem Kürzel „TLH" zu einem internationalen Erfolg. Bis heute erlebt es zahlreiche Nachauflagen.
648 Hubert Fichte: Hamburg Hauptbahnhof Register, S. 45.

Mit dem Ende der Reiseführer für Homosexuelle „Spartacus Guide" und dem Handbuch für Ledermänner sieht dieser das Ende (s)einer Welt gekommen:

> Ende der Welt. Ende des Spartacus Guide. Dann wurde gemunkelt, der Spartacus Guide sei der beste. Und jedes Jahr wartet man auf die neue Welt. Ledermänner auf Leatherman's Handbook. Hybris. Dicke Bücher. Rufen sie Spartacus Guide ist der beste. Bestes S&M-Jahrbuch 82/83. Das blieb übrig von der Welt.[649]

Immer noch wenig beachtet ist der erste Untergang der Welt für den achtjährigen Hubert Fichte im Jahr 1943 bei der Bombardierung und Zerstörung seiner Heimatstadt Hamburg durch die Alliierten. Ein zweites Mal geht für den siebenundvierzigjährigen die Welt unter, als im Angesicht der Hysterie um die Immunschwächekrankheit AIDS der Spartacus Guide zunächst nicht mehr erscheinen soll und die Einrichtungen der Schwulen schließen werden. In seinem Roman „Hamburg Hauptbahnhof Register" (1993) notiert der Autor: „Aus dem Bain de Penthième, dem Proust-Bad, dem Cocteau-Bad, dem Johandeau-Bad, aus dem ältesten Tempel der Liebe mit dem Achilles als Badewärter, machten sie Eigentumswohnungen."[650] Die Orte homosexueller Freizügigkeit schließen ihre Pforten, denn: „Die neue Krankheit fing im Kopf an."[651]

5. Verschwulung der Welt

Seine Idee einer „Verschwulung der Welt" geht wesentlich auf dessen Konzept der „Verwörterung der Welt" zurück, wenngleich diese männlich-homosexuelle Perspektive den Blick auf die Welt zwangsläufig verengen muss. Schon im Roman „Detlevs Imitationen Grünspan" (1971) spricht der Autor von einer „gigantischen weltweiten Verschwulung" und er sieht im „Tourismusroman eine Liebeskunst der Homosexualität". Fichte legitimiert sein biographisch motiviertes Unternehmen als einen Wunsch nach einer „Verschwulung der Welt" und nach einer „Verwörterung der Welt", in der insbesondere rituelle Barrieren aufgehoben werden sollen. Neben der Vertextung von Welt in Form von Literatur ist der Autor sich durchaus bewusst, dass Gewalt eine Frage von Wörtern und Bildern sein kann. Gewalt erscheint ihm durchaus als eine Repräsentation sowohl der Bilder von Realität als auch der Wirkung von Bildern zu sein.

---

649 Ebd., S. 31.
650 Ebd., S. 35.
651 Hubert Fichte: Explosion, S. 847.

Wenn er etwa den Film „Salò" von Pier Paolo Pasolini sieht, dann in der Perspektive durch das „Opernglas des Voyeurs.[652] Auf diese Weise wird Gewalt ästhetisiert, aber, nicht zu vergessen, auch reflektiert. Der Voyeur befindet sich auf der Ebene von Ästhetik und Reflexion, der Teilnehmer (an Gewalt) ist Teilhaber an einer Auslöschung oder Transgression. Fichte stellt fest: „Wie kaum ein anderer Dichter oder Filmer war Pasolini von Gewalttaten abgestoßen und fasziniert."[653] Und er differenziert:

> Sades „Sodom" besteht aus Wortfetzen, Begriffskulissen – es sind schwarze Schemen auf weißem Grund; Pasolinis „Salò" besteht aus schönen Bildern. „Salò" ist auch vom Bild-Ästhetischen her ein Vermächtnis [...] Pasolini geht weiter als Sade, Freud oder Genet. Sein Film ist eine ganz neue Spezies: eine ästhetische Phänomenologie der Gewalttat.[654]

Hubert Fichtes Beschäftigung mit Folter und Gewalt, Brutalität und Zerstörung, Aggression und Sadomasochismus durchzieht seit den Interviews mit Hans Eppendorfer dessen Gesamtwerk. Im vierten Kapitel des Romans „Versuch über die Pubertät" (1974) erscheint dieses Porträt von Eppendorfer. Im Februar 1975 in Caracas schreibt Fichte seine große Polemik über de Sade, die der Westdeutsche Rundfunk als Hörspielfassung unter dem Titel „Der Blutige Mann" im Juni 1976 sendet. Im Dezember 1975 interviewt er den französischen Schriftsteller und Skandalautor Jean Genet. Im Februar 1976 schreibt er in Hamburg seine Kritik über Pasolinis Film „Salò". Im Mai 1977 verfasst Fichte erneut in Caracas seine Polemik über Lohensteins Trauerspiel „Agrippina" und im Oktober 1978 in Hamburg zu dessen „Ibrahim Bassa". Von Herbst 1973 also bis mindestens Herbst 1978 lässt ihn diese Thematik in seiner literarischen Tätigkeit nicht mehr los, in seinem Leben vermutlich bis zum Schluss nicht. Der Autor bekennt: „Ich verstehe nur etwas von der Revolution sexueller Verhaltensweisen."[655]

6. Körper und Ritual

Bei Hubert Fichte geht das Interesse am Sadomasochismus in ein Interesse an den Ritualen des Magischen und an einer Sprache der Körpers über. Transgression von fiktiven Texten und Übertretung von realen Grenzen werden hierbei zu einem Hauptthema. In seinem Aufsatz über Pasolini

---

652 Hubert Fichte: Zur Gewalt. In: Tintenfisch 11 (1974) S. 86. Vgl. ders., Jeder kann der nächste sein. Über Pier Pasolinis Film Salò (1976). In: Ders., Homosexualität und Literatur. Polemiken. Band 1, S. 133-139.
653 Hubert Fichte: Jeder kann der nächste sein, S. 134.
654 Ebd., S. 137 und S. 138.
655 Hubert Fichte: Alte Welt, S. 185.

von 1974 fragt Fichte darum: „Religiöse, magische Riten denaturieren in säkularisierten Gesellschaften, in der Konsumgesellschaft zu Randverhalten, Neurosen, Spaltungssystemen?"[656] Er beantwortet diese Frage in einem Interview ebenfalls aus dem Jahr 1974, indem er mitteilt: „Vielleicht sind die sogenannten Perversionen nichts anderes als säkularisierte magische Rituale."[657]

Das Thema der Kastration, das sich als Angstresultat aus dem Mythos vom Ödipus ergeben könnte, durchzieht ebenfalls Hubert Fichtes Werk.[658] Der ödipale Mord an der Mutter und die Phantasien von Kastration und (Selbst-)Zerstörung setzen als literarische Umsetzung mit dem frühen Theaterstück „Ödipus auf Håknäss" (1961) ein und werden vom Autor in seinen drei „Ledermann"-Gesprächen (1970, 1973 und 1976) und in der Bearbeitung „Agrippina" des Lohenstein (1978) fortgeführt und finden, wie bereits angedeutet, in zahlreichen weiteren Texten (zur Literatur) ihre Ausformung in den „fürchterlichsten Blutbädern: Menschenopfer, Kastration, Hinrichtungen".[659] Auch in den brasilianischen Nachlassbänden finden sich zahlreiche Bezugnahmen hierzu, beispielsweise wenn „Akossi die Zerstörung des Körpers" will.[660] Der Hörtext „Der Blutige Mann" endet mit einer kuriosen Hommage an die Mutter von Hans Eppendorfer, Hubert Fichte, Marcel Proust und vermutlich vieler anderer: „Er vergötterte seine Mutter. [...] Sie ist tot. [...] Im Grund ist er ein armer Junge."[661]

Besondere Körperlichkeiten zeigen sich im S&M und also auch in den Darstellungen von Hubert Fichte beispielsweise in Körperausscheidungen wie Blut und Schweiß, Kot und Urin – und nicht zuletzt in Sperma. „Es handelt sich um Abwässer, Samen, Blut, Kot, Verwesung", beschreibt Hubert Fichte den Ort der brutalen Ermordung von Pier Paolo Pasolini[662] und den Ort der rituellen Einweihung in Brasilien: „als das Urmaterial, das Blutbad, die Kotsuppe".[663] Die unmittelbare Bezugnahme beispielsweise zu den Einweihungsritualen in der Casa das Minas sieht entsprechend aus, wenn Deni berichtet:

In unserer Einweihung wird nicht geschnitten. Kein einziger Schnitt. [...] Was nicht gebraucht wird, auch die Hoden nicht, ist unheilig und wird weggeschmissen. [...] Der Opfer der Tiere ist der Tausch unseres Blutes gegen das

---

656 Hubert Fichte: Jeder kann der nächste sein, S. 136.
657 Dieter E. Zimmer: Genauigkeit, ein Versteck.
658 Hubert Fichte: Explosion, S. 156.
659 Hubert Fichte: Jeder kann der nächste sein, S. 136.
660 Hubert Fichte: Das Haus der Mina in São Luiz de Maranhão, S. 200.
661 Hubert Fichte: Der Blutige Mann, S. 174.
662 Hubert Fichte: Jeder kann der nächste sein, S. 133.
663 Hubert Fichte: Explosion, S. 195. Vgl. auch ebd., S. 441.

seine. [...] Das Blut, verteilt unter uns. Tierblut zu essen ist besser, als unser Blut zu trinken."[664]

Ein Einweihungsritual beschreibt Hubert Fichte mit den Sätzen: „Aber überall das Blut. Soviel Blut, dass die Seiten zu kleben schienen. Haufen von Tieren geschlachtet über den Köpfen der Novizen. Blut in den Augen. Blutige Körper. Wie Gefolterte. Geschächtete."[665]

Folgende Szene schildert Larry Townsend:

> Er nähert die Klinge dem enthaarten Hoden und macht einen Einschnitt. Der Doktor sucht und findet die Hoden und drückt sie aus der Öffnung. Dort hängen sie, zwei kleine, rote Orben. Der Doktor schneidet die dünnen Gefäße durch, welche die Tentikel mit dem Körper des Masochisten verbinden. Er hebt die Hoden hoch und steckt sie dem Masochisten in den Mund.[666]

Zwei weitere Sprecher in diesem Hörtext ergänzen, dass „der Medizinmann ihm den linken Hoden herausoperiert" hat und dass „die Augäpfel über die Wangen heruntergedrückt" werden und „die Wangenhaut mit Hilfe von langen Nadeln eingeschnitten"[667] wird. Die Beispiele der schwulen Lederszene und von Ritualen aus Haiti zeigen eine gewisse rituelle Verwandtschaft.

Allerdings geraten diese Körperflüssigkeiten im Kontext von Ritualen und Ritualisierungen in die Fichteschen Texte, denn „der rituelle Körper gilt als Garant für Unmittelbarkeit und Authentizität".[668] In dem Hörspiel „Der Blutige Mann" lässt Hubert Fichte die Hörspielfigur Marcel Proust fragen: „Haben Sie das Tier geschlachtet? [...] Blutete es sehr? [...] Haben Sie das Blut berührt?"[669] Und in einer Polemik über Jean Genet schreibt Hubert Fichte: „Ein Ritus existiert, unmittelbar" und fügt hinzu: „Die Idee eines Mordes kann schön sein. Der wirkliche Mord ist etwas anderes."[670]

Und Hans Eppendorfer gesteht in einem Gespräch mit Hubert Fichte: „Man war nur noch Körper unter Körpern, eine brünstige, dampfende Masse. Einfach aus einer imaginären Hoffnung heraus, Fleisch zu erleben, Gier zu erleben, Hemmungslosigkeit zu erleben."[671] Demnach geht

---

664 Hubert Fichte: Das Haus der Mina in São Luiz de Maranhão, S. 303-304.
665 Hubert Fichte: Explosion, S. 102. Vgl. ebd. S. 146, S. 364 und S. 537.
666 Hubert Fichte: Der Blutige Mann, S. 172.
667 Ebd., S. 172.
668 Volker Woltersdorff: „O, Foltern! O, die große Kasteiung!", S. 179. Der Autor betont mit Recht, dass „AIDS der Lust an frei zirkulierenden Körpersäften ein jähes Ende gesetzt" habe und „die Fantasien von Vermischung und Verschmutzung sind heute viel gezügelter. Safer Sex hat das Anarchische der Lust vielleicht nicht völlig diszipliniert, doch aber in andere Gebiete verlagert, als sie von einem Besucher der schwulen Lederszene in den siebziger Jahren, in die Fichtes Auseinandersetzung mit dem Sadomasochismus fällt, erlebt werden konnten." Vgl. ebd., S. 187.
669 Hubert Fichte: Der Blutige Mann, S. 129.
670 Hubert Fichte: Die Sprache der Liebe, S. 20 und S. 7.
671 Hans Eppendorfer: Der Ledermann spricht mit Hubert Fichte, S. 101.

es nicht nur um die Fleischwerdung von Körpern, sondern auch um Affekte des Animalischen und Authentizitäten, die (nur) in der Außeralltäglichkeit erlebt werden können. Im Kontext von Fleischwerdung und Körpererleben steht eine rohe Phantasie nach Zerstückelung. Körperlichkeit und Sadomasochismus, Ritual und Magie werden auch in dieser Hinsicht zu einer spezifisch Fichteschen Ästhetik zu der auch Zerstückelung und Kastration gehören.

Auch die reale Erfahrung des Tötens findet öfter als zunächst erahnt in dem Werk von Hubert Fichte ihren Platz. Gewalt und Lust, Schmerz und Tod werden allerdings kathartisch aufgelöst, wie er in seinem Lohenstein-Aufsatz betont: „Aristoteles' Katharsis findet auch im Vaudou statt. [...] In der Trance rechnen die Gläubigen mit ihren Zwängen ab. Das Théâtre de la Cruauté von Antonin Artaud versprach den Parisern etwas Gleiches."[672] Und an anderer Stelle: „Die Idee der Katharsis bei Aristoteles, die Idee des Théâtre de la Cruauté bei Artaud gehen von der Voraussetzung aus, dass die horrende Darstellung des Zerfleischens den Menschen von seinen Nöten und Ängsten befreie."[673]

Diese so von Fichte akzentuierte Katharsis beschreibt ebenso Hans Eppendorfer, wenn dieser fragt: „Das Entzücken an blutigen magischen Szenen wäre, weil dort die Angst gebannt wird? [...] Wir tun das kleinere Schreckliche und hoffen dadurch – instinktiv – dem größeren Schrecken zu entgehen?"[674] Diese theatralische Therapie eines Theaters der Grausamkeit findet ihren Höhepunkt in der Präzision ihrer Inszenierung. Allerdings „gibt es einen Ort auf der Welt, wo die Theatralität keine Macht birgt – das Theater".[675] Henry James lässt seine Hauptfigur sprechen: „Und genau darauf baue ich – auf den Schrecken, den ich einflöße!"[676]

Für Hubert Fichte erhält mindestens an dieser Stelle das Schreiben darüber eine therapeutische Absicht und ein heilendes Ziel. Seine Strategie lautet: „Vermeidung sexueller Aggression durch karnevaleske Übertreibung."[677] Zügellose Übertreibung und disziplinierte Harmlosigkeit gehen hierbei also Hand in Hand, wenn Fichte bei seinen Beschreibungen sowohl die Codiertheit als auch die Künstlichkeit betont. Auch der Hollywood-Film „Cruising" (1980), der einem größeren Kinopublikum die Geheimnisse einer homosexuellen Leder- und S&M-Szene zeigt und den Hubert Fichte in einem New Yorker Kino sieht, vermag diesen Widerspruch nicht aufzuheben – eher noch gelingt das dem Hollywood-Film „Querelle" (1982), der die Codes und die Kunst „nur noch" ästhetisiert,

---

672 Hubert Fichte: Vaudoueske Blutbäder – Mischreligiöse Helden, S. 142.
673 Hubert Fichte: Jeder kann der nächste sein, S. 139.
674 Hans Eppendorfer: Der Ledermann spricht mit Hubert Fichte, S. 174 und S. 175.
675 Hubert Fichte: Jean Genet, S. 44-45.
676 Henry James: Washington Square, S. 94.
677 Hubert Fichte: Vaudoueske Blutbäder – Mischreligiöse Helden, S. 185.

so dass sich das Fragen nach der Bezugnahme zu einer vermeintlichen Realität von selbst beantwortet. Ursprünglich plante Fichte, seinen Verriss des Faßbinder-Films unter dem Titel „Die unendliche Misere. Polemische Anmerkungen zur Uraufführung von Faßbinders Querelle" in der Wochenzeitung „Die Zeit" zu publizieren. Nachdem die Feuilleton-Redaktion unter der Leitung von Fritz J. Raddatz sich nicht zu einem Druck entscheiden konnte, wurde der Text unter dem Titel „Die Sprache der Liebe" in dem Periodikum „Freibeuter" veröffentlicht. Da dieser Text nicht nur die Besprechung des Films zum Thema macht, sondern auch das Leben und Werk von Jean Genet, konnte Hubert Fichte produktiv auf die bereits 1975 in Paris geführten Interviews zurückgreifen.[678]

1982 ist nicht nur das Jahr des Faßbinder-Films, sondern auch der deutschsprachigen Übersetzung des umfangreichen Autorenbuches von Jean-Paul Sartre. Dessen „Comédien et martyr" (1952) erschien erst drei Jahrzehnte nach der französischen Erstveröffentlichung in der Bundesrepublik Deutschland und Hubert Fichte stellt fest: „Der Essay ‚Saint Genet' ... – die Fama machte aus den langen 573 Seiten sogleich 800 – erschien 1952 als erster und dickster Band der ‚Œuvres Complètes'. Er wird sehr gelobt, ich kenne niemanden, der ihn gelesen hätte."[679] Fichte bemängelt mit Recht, dass die Monografie des französischen Philosophen als ein erster Band der Werkausgabe von Jean Genet erscheint – auch aufgrund der Tatsache, dass Simone de Beauvoir im Verlag Gallimard arbeitet und dieses Projekt durchsetzt – und seit dem „die Grundlage für die Kenntnis des Werks bildet" und damit „der Existentialphilosoph die Zensur" deckte.[680]

Um Jean Genet ranken sich viele Gerüchte und Jean-Paul Sartre weiß einige wiederzugeben oder aber aufzuklären. In seinen umfangreichen Autorenbüchern über Baudelaire (1947), Mallarmé (1953), Flaubert (1971) und eben Genet (1952) geht es Sartre selbstredend um die Darstellung seiner Philosophie. Dabei steht das Werk von Genet für sich selbst und bildet eine eigene Theorie. Die vier frühen Romane „Notre-Dame-des-Fleurs" (1944), „Miracle de la rose" (1946), „Pompes funèbres" (1947) oder eben „Querelle de Brest" (1947) stehen monolithisch in der Weltliteratur und benötigen die Existentialphilosophie zu ihrer Interpretation wohl nicht.

Den Haupttitel „Saint Genet" (Heiliger Genet) empfindet Hubert Fichte als „unkeusch", denn der ungläubige Sartre habe in einer Art „Schamver-

---

678 Hubert Fichte: Jean Genet, 1981.
679 Hubert Fichte: Die Sprache der Liebe, S. 7.
680 Ebd., S. 8. In dem Romankapitel „La Double Méprise" notiert der Autor angeekelt: „Dieses verdammt reizende Ehepaar Sartre Beauvoir. Und dann schreiben sie auch noch über alles, was sie nicht verstehen." Vgl. ders., Explosion, S. 331.

letzung" Genet als „heilig verspottet". Den Untertitel „Comédien et martyr" sieht Fichte als ein Missverständnis an, da „Martyros" als ein „Blutzeuge des Frühchristentums" Genets „Todeswunsch" evoziere und „Komödiant" diesen Autor als einen „Schauspieler" denunziere.[681] Der fleißige Schreiber Sartre verfasst die knapp sechshundert Seiten seiner Genet-Darstellung in mehr als zwei Jahren und veröffentlicht in dieser Zeit unter anderem die Romane „La mort dans l'âme" (1949) und „La dernière chance" (1949) und viele hundert Seiten mehr. „Wie Genet die Kräfte der Schwäne in Zentimetern verzeichnet, beweist sich Sartre seine Potenz in dicken Bänden."[682] Schon früher stellt Fichte fest: „Sartre interessieren Menschen nur, wenn sie elend sind. [...] Ich halte Sartre für dumm. Jäcki hatte keine Lust mehr [...] schon wieder über Sartre anchzudenken."[683]

Fichtes Kritik an Sartre ist heftig, denn in der deutschen Übersetzung lesen sich die Beschreibungen von Genet wenig einladend:[684]

> Er nennt ihn Gauner, Ratte, Homunkulus (mehrmals), Affe, Schmoller, Simpel, Matratze, Schwätzer, Gottesanbeterin, Paria (mehrmals), Paranoiker, Marionette, Parasit (immer wieder), Virus, krätziges Schaf, Eiter, Aussätziger.[685]

Die Verwendung der Bezeichnung „Päderast" ist ungelenk, da diese schlichtweg falsch ist, denn sie bezeichnet den „Knabenschänder", „die Wörter des Untergrunds: enculé, enculeur, emmanché etc. bezeichnen eigentlich und drastisch die Spielarten des normalen Schwulen".[686] Auch wenn Sartre behauptet „der Mensch ist Päderast" und „wir sind seine Brüder" täuscht das nicht über die „Entwürdigung der Person und des Werkes von Jean Genet"[687] hinweg.

Es wird bislang kaum vermerkt, dass Jean Genet schon früh durch die Lektüre der Bücher von Marcel Proust beeinflusst ist. Insbesondere die Titelähnlichkeit von „A l'Ombre des Jeunes Filles en Fleurs" (1919) und „Notre-Dame-des-Fleurs" ist augenfällig. Neben Prousts Zyklus „Auf der Suche nach der verlorenen Zeit" ist Dostojewskis letzter Roman „Die Brüder Karamasow" (geschrieben in den Jahren 1878-1880, in deutscher Übersetzung zuerst 1919) ein wichtiger Impulsgeber. Arthur Rimbauds Gedicht „Neujahrsgeschenke für die Waisenkinder" (1869),[688] Charles Baudelaire, François Villon und Paul Verlaine klingen an, aber auch Charles duc d'Orléans und Donatien Alphonse François Marquis de Sade.

---

681 Hubert Fichte: Wortwurst und Strichmännchen, S. 29.
682 Ebd., S. 30.
683 Hubert Fichte: Explosion, S. 152.
684 Fichte lobt die deutsche Übersetzung als eine „kolossale Arbeitsleistung"; vgl. ebd., S. 36.
685 Hubert Fichte: Wortwurst und Strichmännchen, S. 33.
686 Ebd., S. 35.
687 Ebd., S. 34.
688 Arthur Rimbaud: Poesie. Aus dem Französischen übertragen von Michael Fisch. Berlin: Hans Schiler 2015, S. 13-17.

In Jean Genets Büchern dreht sich also alles um die gleichgeschlechtliche Liebe, „wie sie vorher nie besungen worden war",[689] so Hubert Fichte.

Insbesondere „Querelle de Brest" handelt von „Inversion, von sogenannter gleichgeschlechtlicher Liebe, von Mördern, Brüdern, Dieben, Verrätern und Lügnern".[690] Die eine Hauptfigur Gil mordet, um der Homosexualität zu entfliehen. Um homosexuell handeln zu können, muss die Titelfigur Querelle erst gemordet haben. Das Thema des Mordes (im gleichgeschlechtlichen Kontext) steht also im Vordergrund als ein „Mord an der Realität".[691] Auf Fichtes Interviewfrage, warum der Autor Genet nicht selbst einen Mord begangen habe, antwortet dieser: „Wahrscheinlich weil ich meine Bücher geschrieben habe."[692]

Nicht zum ersten Mal, aber überzeugend macht Fichte auf die Bedeutung des Meeres für Genets „Querelle"-Roman aufmerksam. „‚Querelle de Brest' beginnt mit der ‚Idee des Meeres' und selbst, wenn Genet immer ‚idée de mère' hörte, ‚Idee der Mutter' meinte, so sind das ‚mörderische Meer' und die ‚mörderische Mutter' doch wohl beide Begriffe, Umgriffe der Natur."[693] Auf das Diachron des französischen Wortes „mer" (Meer) und „mère" (Mutter) ist wiederholt hingewiesen worden. Zwischen den Aussagen „Les vents de la mer" (Die Winde des Meeres) und „Les dents de la mère" (Die Zähne der Mutter) liegen Welten. Dennoch kann der Einsatz dieses Diachrons psychologische Ursprünge haben: „Die Idee des Mordes evoziert oft die Idee des Meeres. [...] Die Idee des Mordes evoziert oft die Idee der Mutter."[694] Das wiederkehrende Thema von Vatermord und Muttermord findet sich auch im Text über den „Blutigen Mann".[695]

Beide – Genet wie Fichte – wurden als Kinder von ihren Müttern im Stich gelassen und in ein Waisenhaus gesteckt. Fichtes Roman „Die Geschichte der Nanã" und Genets Text „Querelle de Brest" könnten als Bücher über den fiktiven Mord an der Mutter gelesen werden – ein Mord, den keiner beging. „Die Geschichte de Nanã, Jäcki flieht seine Mutter. Er beginnt in Rio de Janeiro die Geschichte seiner Mutter. Die Geschichte

---

689 Hubert Fichte: Die Sprache der Liebe, S. 10.
690 Ebd., S. 14.
691 Ebd., S. 15.
692 Ebd., S. 16.
693 Hubert Fichte: Wortwurst und Strichmännchen, S. 32.
694 Hubert Fichte: Die Sprache der Liebe, S. 27. In seinen Arbeiten über die afroamerikanischen Religionen erwähnt der Autor wiederholt, dass für die Gründung einer „Casa das Minas" ein „Stein aus Afrika" notwendig sei, „ein kompletter Stein [...] vom Grunde des Meeres"; vgl. ders., Das Haus der Mina in São Luiz de Maranhão, S. 55, S 79 und S. 171-172. In dem Romankapitel „Die Puppen und die Gedörrten" notiert der Autor emphatisch: „Ins Meer! Weg mit den Kleidern"; vgl. ders., Explosion, S. 23.
695 Hubert Fichte: Der Blutige Mann, S. 168 und S. 170.

der Nanã".⁶⁹⁶ Sowohl Genet als auch Fichte haben beschrieben, dass „Liebe mit Diebstahl, Verrat mit Mord zu tun hat".⁶⁹⁷ Das frühe Langgedicht „Le condamné à mort" („Der zum Tode Verurteilte" von 1942), welches in einer Auflage von einhundert Exemplaren und auf eigene Kosten gedruckt erschien, zeugt hiervon. „Le vent qui roule un coeur sur le pavé des cours" (Der Wind, der ein Herz über das Pflaster der Höfe rollt).⁶⁹⁸

Vor allem aber geht es sowohl Genet als auch Fichte um die Darstellung von Riten – oder anders gesagt, interessieren Fichte die „Vorstellungen, Bilder, Falsifikationen [...] Entfremdungen, Verfremdungen, Riten"⁶⁹⁹ in den Texten von Genet. „Für Genet ist homosexuelles Verhalten klassenloses Verhalten",⁷⁰⁰ betont Fichte. Er sieht Homosexualität nicht als eine heilbare Krankheit, ein sühnendes Verbrechen oder eine lasterhafte Sünde – im Gegenteil betont er den unmittelbar existierenden Ritus, wobei die Beschreibung dieser Riten „bei Genet einer eigenen Ritualisierung"⁷⁰¹ unterliegt, so wie bei Fichte selbst.

Hubert Fichtes Idee von einer Explosion der Forschung mündet in den Gedanken, dass die Welt und die Zeit nun doch nicht explodieren oder implodieren. „Ich erinnere eine Zeit, da löste sich die Welt auf."⁷⁰² Über dieser Idee von Bewegung und Zerstörung, von innen und außen steht seine „Faszination vor den Riten", denn er besitzt diesen „Zwang Riten zu verletzen" und diese Idee „Riten aufzulösen".⁷⁰³ Hubert Fichte will diesen Schritt „von der Analyse des Verhaltens, der Riten und der Sprache" weg gehen"⁷⁰⁴ um „von den verrotteten Riten zu weniger verrotteten zu gelangen".⁷⁰⁵ In seinem Roman „Explosion" zitiert er programmatisch: „Schichten. Immer Schichten aus Lehm, Kaolin, Erz. Immer Schichten aus Zeit. [...] Ablagerungen sind nicht möglich ohne Schichten. [...] Kontinente sind immer auch Geschichten. [...] Ich reise meinen Sätzen nach. Ich reise mir selbst nach. Schichten."⁷⁰⁶

---

696 Hubert Fichte: Explosion, S. 440. „Ich schreibe gerade an einer Untersuchung über Nanã"; vgl. ebd., S. 443 und: „Jäcki, um sich zu beruhigen, schreibt ‚Die Geschichte der Nanã'"; vgl. ebd., S. 661.
697 Hubert Fichte: Wortwurst und Strichmännchen, S. 36.
698 Hubert Fichte: Die Sprache der Liebe, S. 11. Vgl. ders.: Wortwurst und Strichmännchen, S. 30.
699 Hubert Fichte: Die Sprache der Liebe, S. 14.
700 Ebd., S. 20.
701 Ebd., S. 21.
702 Hubert Fichte: Explosion, S. 363.
703 Ebd., S. 426.
704 Ebd., S. 276.
705 Ebd., S. 427.
706 Ebd., S. 437.

7. Die Geschichte der Empfindlichkeit

Band I – *Hotel Garn*. Roman. Herausgegeben von Torsten Teichert. Frankfurt a.M.: S. Fischer 1987.
Band II – *Der Kleine Hauptbahnhof oder Lob des Strichs*. Roman. Herausgegeben von Gisela Lindemann. Frankfurt a.M.: S. Fischer 1988.
Band III – *Die Zweite Schuld*. Glossen. Herausgegeben von Ronald Kay. Frankfurt a.M.: S. Fischer 2006.
Band IV – *Eine Glückliche Liebe*. Roman. Herausgegeben von Gisela Lindemann. Frankfurt a.M.: S. Fischer 1988.
Band V – *Alte Welt*. Glossen. Herausgegeben von Wolfgang von Wangenheim und Ronald Kay. Frankfurt a.M.: S. Fischer 1992.
Band VI – *Der Platz der Gehenkten*. Roman. Herausgegeben von Gisela Lindemann und Leonore Mau. Frankfurt a.M.: S. Fischer 1989.
Band VII – *Explosion*. Roman. Herausgegeben von Ronald Kay. Frankfurt a.M.: S. Fischer 1993.
Band VIII – *Der Blutige Mann* (Dieser Band liegt als fertiges Typoskript vor und soll noch publiziert werden.)

[Die Bände IX bis XIV fehlen.]

Band XV – *Forschungsbericht*. Roman. Herausgegeben von Gisela Lindemann. Frankfurt a.M.: S. Fischer 1989.
Band XVI – *Psyche*. Glossen. Herausgegeben von Ronald Kay. Frankfurt a.M.: S. Fischer 1990.
Band XVII – *Die Geschichte der Nana*. Roman. Herausgegeben von Ronald Kay. Frankfurt a.M.: S. Fischer 1990.
Band XVIII – *Die schwarze Stadt*. Glossen. Herausgegeben von Wolfgang von Wangenheim. Frankfurt a.M.: S. Fischer 1990.
Band XIX – *Hamburg Hauptbahnhof*. Register. Herausgegeben von Ronald Kay. Frankfurt a.M.: S. Fischer 1993.
Paralipomena 1 – *Homosexualität und Literatur 1*. Polemiken. Herausgegeben von Torsten Teichert. Frankfurt a.M.: S. Fischer 1987.
Paralipomena 1 – *Homosexualität und Literatur 2*. Polemiken. Herausgegeben von Torsten Teichert. Frankfurt a.M.: S. Fischer 1988.
Paralipomena 2 – *Das Haus der Mina in Sao Luiz de Maranhao*. Herausgegeben von Ronald Kay. Frankfurt a.M.: S. Fischer 1989.

Paralipomena 3 – *Paralipomena. Lil's Book*. Herausgegeben von Ronald Kay. Frankfurt a.M.: S. Fischer 1990.
Paralipomena 4 – *Schulfunk*. Hörspiele. Herausgegeben von Gisela Lindemann. Frankfurt a.M.: S. Fischer 1988.

Nachweis

Ich (ohne Schatten) konnte die Kluft nicht überspringen. Zu Adelbert von Chamissos wundersamer Geschichte des Peter Schlemihl. (Geschrieben für die hier vorliegende Buchveröffentlichung.)

Es kommt alles zurück, das Gute, das Schlechte, das Pech und das Glück. Der ausstehende Dialog zwischen Adelbert von Chamisso und Jacques Derrida. (Vortrag, gehalten auf der Zweiten Internationalen Chamisso-Konferenz an der Humboldt-Universität zu Berlin am 29. Mai 2013.)

Hier gleicht das Kunstwerk einer luftigen Seifenblase. Die Grundlagen der Weltdeutung bei Paul Ernst. (Vortrag, gehalten beim Ersten Internationalen Symposium der Paul Ernst-Gesellschaft in Ulm am 7. Oktober 2000.)

Die Ungleichheit besteht nur in den unwichtigen Dingen. Paul Ernsts Blick auf Afrika. (Vortrag, gehalten beim Zweiten Internationalen Symposium der Paul Ernst-Gesellschaft in Ulm am 2. Oktober 2010.)

Ich liebe den Tourismus. Er ersetzt die Völkerwanderung. Hubert Fichtes Blick auf Islam und Koran. (Geschrieben für den Sammelband: Religion und Literatur im 20. und 21. Jahrhundert: Motive, Sprechweisen und Medien. Würzburg: Königshausen und Neumann 2015.)

Das ist mein Laster. Meine Lust. Mein Alles. Hubert Fichtes literarische Darstellung von männlicher Prostitution. (Geschrieben für den Sammelband: Körper kaufen? Prostitution in Literatur und Medien. Berlin: Christian A. Bachmann 2015. Der Beitrag wurde von mir wieder zurückgezogen.)

Ich verstehe nur etwas von der Revolution sexueller Verhaltensweisen. Hubert Fichtes Fragen nach Gewalt und Sadomasochismus. (Geschrieben für die hier vorliegende Buchveröffentlichung.)

Beiträge zur transkulturellen Wissenschaft

Herausgegeben von Michael Fisch

Band 1   Michael Fisch: »**Es kenne mich die Welt, auf dass sie mir verzeihe**«. Aufsätze zu Adelbert von Chamisso (1781-1838), Paul Ernst (1866-1933) und Hubert Fichte (1935-1986)
ISBN 978-3-89693-643-1 ♦ 147 Seiten ♦ 27,00 €

Band 2   Michael Fisch: »**Wer wusste je das Leben recht zu fassen**«. Aufsätze zu Johann Wolfgang Goethe (1749-1832), Sigmund Freud (1856-1939) und Paul Celan (1920-1970)
ISBN 978-3-89693-653-0 ♦ 149 Seiten ♦ 27,00 €

Band 3   Michael Fisch: »**Wer die Schönheit angeschaut mit Augen**«. Aufsätze zu Gotthold Ephraim Lessing (1729-1781), August von Platen (1796-1835) und Ernst Jünger (1895-1998)
ISBN 978-3-89693-663-9 *[in Vorbereitung]*

Band 4   Michael Fisch / Dalia Aboul Fotouh Salama (Hrsg.): »**Die Wissenschaft ist ein Meer ohne Ufer**«. Beiträge zum Forschungskolloquium an der Abteilung für Germanistik der Universität Kairo
ISBN 978-3-89693-682-0 ♦ 313 Seiten ♦ 8 Abb. ♦ 49,00 €

Band 5   Michael Fisch und Julia Wolbergs (Hrsg.): »**Krieg – Religion – Psyche**«. Hochschuldidaktische Herausforderungen der DAAD-Lektoratsarbeit in der MENA-Region. Dokumentation der Anträge und Beiträge
ISBN 978-3-89693-684-4 ♦ 186 Seiten ♦ 12 Abb. ♦ 38,00 €

Band 6   Shaban Mayanja, Lisa Mauritz und Meja Ikobwa (Hrsg.): »**Das Zentrum bewegt sich**«. Aufsätze zur (ost-)afrikanischen Germanistik
ISBN 978-3-89693-693-6 ♦ 286 Seiten ♦ 8 Abb. ♦ 47,00 €

Band 7   Michael Fisch: »**Wir fühlen, dass wir unter Aufgaben wandeln**«. Aufsätze zu Jacques Derrida (1930-2004)
ISBN 978-3-89693-695-0 ♦ 171 Seiten ♦ 38,00 €

Band 8   Michael Fisch: »**Ich gehe dazu über, ausführlich über Ägypten zu berichten**«. Ägypten in der deutschen Reiseliteratur (1899-1999)
[in Vorbereitung]

WEIDLER Buchverlag Berlin
Lübecker Straße 8, D-10559 Berlin ♦ Tel. +30/3948668 ♦ FAX +30/3948698
weidler_verlag@yahoo.de ♦ www.weidler-verlag.de